城市轨道交通与运输

陈波　张军　徐东 ◎ 主编

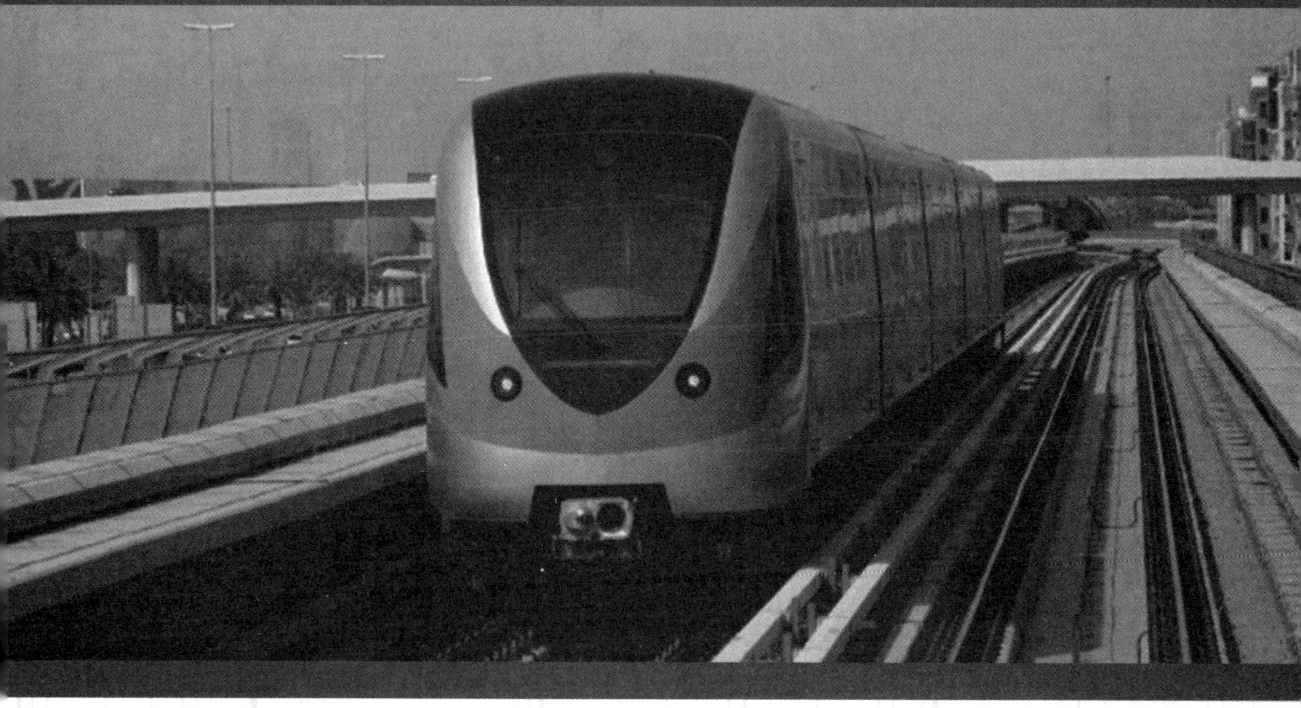

哈尔滨出版社

图书在版编目（CIP）数据

城市轨道交通与运输 / 陈波, 张军, 徐东主编. --哈尔滨：哈尔滨出版社, 2023.3
ISBN 978-7-5484-6883-7

Ⅰ.①城… Ⅱ.①陈… ②张… ③徐… Ⅲ.①城市铁路－轨道交通 Ⅳ.①U239.5

中国版本图书馆CIP数据核字(2022)第217557号

书　　名：**城市轨道交通与运输**

CHENGSHI GUIDAO JIAOTONG YU YUNSHU

作　　者：陈 波 张 军 徐 东 主编
责任编辑：韩金华
封面设计：文 亮

出版发行：哈尔滨出版社（Harbin Publishing House）
社　　址：哈尔滨市香坊区泰山路82-9号　　邮编：150090
经　　销：全国新华书店
印　　刷：北京宝莲鸿图科技有限公司
网　　址：www.hrbcbs.com
E－mail：hrbcbs@yeah.net
编辑版权热线：（0451）87900271　87900272

开　　本：787mm×1092mm　1/16　印张：13.25　字数：260千字
版　　次：2023年3月第1版
印　　次：2023年3月第1次印刷
书　　号：ISBN 978-7-5484-6883-7
定　　价：68.00元

凡购本社图书发现印装错误，请与本社印制部联系调换。
服务热线：（0451）87900279

前 言

历史的车轮跨入21世纪，城市中密集而汹涌的车流与人海已经成为一种常态，这既带来经济发展的机遇和挑战，也带来了各个城市交通的拥挤和堵塞，行路难、交通难成为制约城市发展的瓶颈。以地铁、轻轨和有轨电车为代表的城市轨道交通成为破解这一难题的有力武器。轨道交通作为现代化城市中快速、清洁、高效的交通工具，不仅体现了国家综合国力和城市经济实力，而且也已成为城市建设现代化水平的标志，与广大市民的生活环境和条件息息相关。

随着城市化进程的快速发展，城市交通需求持续增长，城市道路交通拥挤、交通事故及交通污染等问题日益加剧。解决城市交通问题的根本出路在于优先发展以轨道交通为骨干的城市公共交通系统。在城市客运交通领域，在"以人文本、公交优先"方针指引下，城市轨道交通因具有运量大、速度快、安全准点、保护环境、节约能源和用地等优点，深受人民群众的欢迎，已成为广大市民出行的首选。

编委会成员

主 编　陈　波　张　军　徐　东
副主编　陈党委　陈正威　何　冀　刘定国
　　　　刘赫勋　王庆年　袁　少

目　录

第一章　城市轨道交通发展与规划 1
　　第一节　城市轨道交通发展历程 1
　　第二节　城市轨道交通系统组成 15
　　第三节　城市轨道交通规划 30
　　第四节　城市轨道交通发展展望 37

第二章　工程总体施工组织与安排 40
　　第一节　总体施工组织管理机构 40
　　第二节　施工重难点及对策 41
　　第三节　施工组织安排 42
　　第四节　施工准备和协调方案 50

第三章　围护结构施工 53
　　第一节　工程概况 53
　　第二节　地下连续墙施工 54
　　第三节　钻孔灌注桩施工 63
　　第四节　旋喷桩施工 67

第四章　基坑土方开挖及支护施工方案 81
　　第一节　工程概况 81
　　第二节　总体施工部署及施工组织 81
　　第三节　深基坑开挖及支护施工 84
　　第四节　基坑开挖常见事故及预防、应急措施 97

第五章 城市轨道交通运输车辆ㅤ104
第一节 城市轨道交通运输车辆概述ㅤ104
第二节 城市轨道交通车辆构成ㅤ107
第三节 城市轨道交通车辆运用与检修管理ㅤ121

第六章 城市轨道交通车站机电设备ㅤ131
第一节 自动售检票系统ㅤ131
第二节 电梯与自动扶梯系统ㅤ135
第三节 屏蔽门系统ㅤ139
第四节 环境控制系统ㅤ145
第五节 给排水系统ㅤ148
第六节 防灾报警系统ㅤ151
第七节 乘客信息系统ㅤ155
第八节 低压配电与照明系统ㅤ159
第九节 车站及机电布置设备ㅤ161

第七章 城市轨道交通运输能力ㅤ172
第一节 运输能力基本概念ㅤ172
第二节 运输能力的影响因素ㅤ174
第三节 加强运输能力的措施ㅤ179
第四节 提高运行效率的措施ㅤ182

第八章 城市轨道交通信号与通信系统ㅤ186
第一节 城市轨道交通信号系统ㅤ186
第二节 城市轨道交通通信系统ㅤ199

结　语ㅤ203

参考文献ㅤ204

第一章　城市轨道交通发展与规划

第一节　城市轨道交通发展历程

一、城市轨道交通的诞生

1860年英国伦敦开始修建世界上第一条地铁，采用明挖法施工，为单拱砖砌结构，1863年1月10日建成通车，线路长6.4 km，用蒸汽机车牵引，这标志着城市轨道交通在世界诞生。其实，最早提出建议修建地下铁道的人并不是铁道专家，而是一位英国律师、下议院议员，叫查尔斯·皮尔逊。当时的伦敦公路车辆很多，交通拥挤不堪，经常发生事故，查尔斯·皮尔逊预感到这种状况将随着城市的发展而日趋严重，于是他借鉴了铁路时速高、运量大的特点，向伦敦当局提出了把铁路修建在城市街道下面的设想，该设想经论证后，被英国政府所采纳。

自1863年创建世界上第一条地下铁道以来，伦敦地铁系统历经150多年的发展，不断提高技术水平，已成为当今世界上的先进技术范例之一。尤其是地铁实现了电气化后，伦敦的地铁几乎每年都有新进展。目前，伦敦地铁已有12条线路，总长度约410 km（地下隧道171 km），共设置车站275座，地铁车辆保有量总数约419辆，年客运总量已突破8.5亿人次。

世界第一条地下铁道的诞生，为人口密集的大都市如何发展公共交通提供了宝贵的经验，特别是1879年电力驱动机车的研究成功，使地下客运环境和服务条件得到了空前的改善，地铁建设显示出强大的生命力。此后，世界上一些著名的大都市相继建造地下铁道。1863—1899年，英国的伦敦、格拉斯哥，美国的纽约、波士顿，匈牙利的布达佩斯，奥地利的维也纳及法国的巴黎共5个国家的7座城市率先建成了地下铁道。

二、世界城市轨道交通发展历程

（一）城市轨道交通发展阶段

1. 现代城市轨道交通诞生前阶段（1804—1863 年）

这一阶段轨道交通的发展，为现代城市轨道交通的诞生打下了基础，提供了条件。世界上第一台轮轨式蒸汽机车——"新城堡"号诞生于 1804 年 2 月 29 日。英国人特里维西克制造了一台铁路蒸汽机车，锅炉蒸汽压力为 0.294 MPa，锅炉顶部装有一个平放的汽缸。机车有两对动轮，由齿轮传动，轴列式为 0-2-0。机车装有一个大飞轮，借助于它的旋转惯性动力，保持汽缸活塞的往复运动。机车重 4.5 t，能牵引 10 t 货物。1804 年 2 月 29 日，这台机车牵引着 5 节车厢，载着 10 t 货物和 70 名旅客，沿着摩根夏运河 16 km 长的铸铁轨道以 8 英里（约合 13 km）的时速行驶，宣告了蒸汽机车的诞生。

1825 年 9 月 27 日，世界上第一条行驶蒸汽机车的永久性公用运输设施——英国达林顿至斯托克顿的铁路——正式通车。由机车、煤水车、32 辆货车和 1 辆客车组成的载重量约 90 t 的"旅行"号列车，由设计者斯蒂芬孙亲自驾驶，上午 9 点从伊库拉因车站出发，下午 3 点 47 分到达斯托克顿，共运行了 31.8 km。达林顿至斯托克顿铁路的正式开业运营，标志着近代铁路运输业的开始和利用铁路解决人们在城市内出行的开端。

有轨马车是英国人约翰·乌特兰于 1775 年发明的，是靠马匹牵引车辆、车轮在钢制轨道上滚动行驶的交通运输工具，载重量为普通马车的 2 倍。有轨马车减少了颠簸，乘坐较为舒适。1832 年，斯蒂芬孙在美国纽约的上曼哈顿和哈莱姆之间建立了第一条市区有轨马车线路，共运营了三年。第一个提出将马车轨道嵌入路面的是法国南特人埃米尔·巴，根据这项发明，他于 1835 年为巴黎修建了第一条嵌入式凹形马车轨道；他又于 1852 年负责修建了纽约 6 号街的马车轨道，这条有轨马车为两驾马车，开有前后车门供乘客上下。

2. 现代城市轨道交通初始发展阶段（1863—1924 年）

自 1863 年第一条地铁在英国伦敦诞生以后，不同形式的城市轨道交通如雨后春笋般在世界上建成，特别是欧美各国出现。

1881 年，德国工程师冯·西门子在柏林近郊铺设了第一条电车轨道，一条铁轨通电，另一条铁轨做回路。但这种线路对街上的交通太危险了，于是，西门子采用将输电线路架高的方式解决了供电和安全问题。

1884 年，美国人 C.J. 范德波尔在多伦多农业展览会上试用电车运载乘客。该电车用一根带触轮的集电杆和一条架空触线输电，并以钢轨为另一回路。1888 年，美国人斯波拉格将美国弗吉尼亚州里磁门德市的几条有轨马车路线改用电力牵引车行驶，并对车辆的集电装置控制系统、电动机的悬挂方法及驱动方式做了改进，于是出现了现代有轨电车，这是世界上第一辆投入商业运营的有轨电车。19世纪末，电力机车牵引开始进入城市轨道交通领域，大大提升了城市轨道交通的实用性。城市轨道交通开始进入一个较为持续快速的发展期，在世界范围逐步推广开来，并逐渐成为公共交通主要形式之一。

1890年，在英国伦敦第一条使用电动列车牵引的地下铁道建成。

1896年，匈牙利布达佩斯修建了欧洲最早的电气化地铁，这也是世界上第一条电气化地铁，解决了地铁通道的空气污染问题。这条地铁距离地面只有几米，平行运行于城市最主要的街道安德拉什大街下面，直到今天，这条线路改造后仍在使用中，就是1号红线地铁，当地居民将其称为"小地铁"。

1897年，6节编组的多节电动列车开始在美国芝加哥的南侧高架线上运营。

1904年的10月27日，时任纽约市长的乔治·麦克莱兰手握操纵杆，开始了纽约地铁的处女行，用26 min的时间跑完了全长约14.64 km、途经28个车站的全市第一条地铁线路。美国纽约成为美洲最早建立地铁系统的城市。经过一个世纪的发展，纽约地铁仍旧是全世界最有效率的地铁系统。2010年，纽约市拥有地铁线路26条，地铁车站468个，车厢6400多节，线路总长近370 km，每天载运450万人来往纽约市5大区。纽约地铁是全球唯一24 h全年无休的大众运输系统，其特色在于同路线上会有3~4条轨道，快车行驶于中间轨道，左右两侧留给慢车使用。快车原则上只停转乘站及终点站，慢车每站皆停。尖峰时刻，BMT牙买加线部分路线会采取隔站停靠的方式行驶两列（IRT百老汇—第七大道线2005年5月27日前也采用隔站停靠）。

1913年，阿根廷的布宜诺斯艾利斯建成地铁系统，成为拉丁美洲最早建立地铁系统的城市。

1890—1920年是有轨电车在世界范围大发展的时期，在第一次世界大战之前，世界上几乎每一个大城市都有有轨电车。虽然这种电车的路轨是固定的，不能让路，在交通拥挤的街上造成诸多不便，一些城市很快废弃了这样的电车，但是，还有许多欧洲大陆上的城市保留了这种有轨电车。

3. 停滞萎缩阶段（1924—1949年）

由于汽车工业的发展和第二次世界大战的爆发，又因为城市轨道交通投资大，建设周期长，城市轨道交通的发展在这时期呈现停滞甚至萎缩的局面，特别是在地面行驶的有轨电车系统被大量拆除或被汽车取代。这一阶段只有东京、大阪、莫斯科等几个城市发展了城市轨道交通，有轨电车则停滞不前，有些线路被拆除，如美国1912年已有370个城市建有有轨电车，到1970年，只剩下8个城市保留了有轨电车。

虽然呈现停滞、萎缩局面，但仍有一些国家修建了城市轨道交通系统。例如，

1926年，澳大利亚悉尼开通隧道电车，揭开了澳洲建立城市轨道交通系统的序幕。1927年，日本东京开通浅草至涩谷地下铁道线，为亚洲最早地下铁道。1931年6月，苏共（布）中央委员会通过了开工建设莫斯科地铁的决议，拉扎尔·卡冈诺维奇被任命为建设工作的总指挥。1935年5月15日，莫斯科地铁第一条线路的开通仪式隆重举行，这条线路从"索科利尼基站"到"文化公园站"，并有一条支线通到"斯摩棱斯克站"，总长11.2 km，第一条线路共设13个站点、17个人口，地铁最初以卡冈诺维奇的名字命名。

4. 重新发展阶段（1949—1969年）

这一阶段由于汽车数量过度增加，造成车辆与道路的尖锐矛盾。道路交通的通行能力下降甚至趋于瘫痪，加之不断增大的石油资源消耗、空气和噪声污染，人们又把解决城市交通问题的注意力放在占地面积小、污染少、运量大的城市轨道交通上，许多国家的城市开始兴建城市轨道交通。

在这一阶段，一些新型的城市轨道交通形式出现，如1959年跨坐式轻轨铁路在美国第兹尼兰德开始运营。1961年独轨铁路在意大利世界博览会开始营运。在此期间，苏联的圣彼得堡、基辅、巴库第比利斯，加拿大的多伦多、蒙特利尔，意大利的罗马、米兰，美国的克利夫兰，瑞典的斯德哥尔摩，日本的名古屋，挪威的奥斯陆，葡萄牙的里斯本，德国的法兰克福，荷兰的鹿特丹，墨西哥的墨西哥城，中国的北京，先后开通地铁。

5. 快速发展阶段（1970年至今）

这一阶段伴随着世界各国城市化进程的发展、客流量的不断攀升、城市内交通距离的延长、人们生活节奏的加快，大众对城市交通的要求越来越高。各国政府越来越重视城市轨道交通在解决城市交通问题中的作用，不惜花费大量人力物力财力建设城市轨道交通设施。

同时，新型城市轨道交通专业技术也在不断发展，这成为新型城市轨道交通发展的有力支持。在这一时期，出现了许多在城市轨道交通方面发展的后起之秀城市。例如，1984年，法国第一条现代化有轨电车线路在南特市建成通车；1984年，英国在伯明翰建成低速磁力悬浮式铁路并投入使用；1987年，埃及开罗开通地铁系统，非洲开始有地下铁道。

（二）世界部分城市轨道交通发展现状

1. 英国伦敦地铁

英国伦敦地铁是世界上最古老的地铁之一，伦敦是世界地铁的发源地。1863年第一条地铁建成通车，1890年蒸汽机车为电气机车取代。今天伦敦已建成总长410 km的地铁网，共有12条路线，车站数275个，乘客量约每日267万人次。现在英国伦敦地铁列车通过第三轨供直流电，电压为 600 V。列车运行速度约 32 km/h，最大运行速度达 96 km/h。伦敦地铁于 1971 年开始在维多利亚线区应用遥控和计算机技术控制列车。

伦敦地铁在英语中常被称为 The Tube（管子），名称源于车辆在像管道一样的圆形隧道里穿行。伦敦地铁线路复杂，同一条线上会有不同路线、不同终点，还有区间车，上车前必须看清列车第一节车厢上方的显示。列车到站时，大部分市中心车站会广播"请留意列车与站台的间隙（Please mind the gap between the train and the platform）"，这一短语俨然成为伦敦地铁的听觉标志。

同美国纽约地铁的喧闹相比，走进伦敦地铁，你总会有种恍如隔世的感觉，可能是站里柔和的灯光，可能是候车时的静寂无声，但更多是因为对面那些沉默的艺术，它们传递着现代城市里缺乏的一种安静。在伦敦，21:00 运输高峰期过后，自行车允许乘坐地铁，这在世界其他国家是不多见的。

2. 美国纽约地铁

纽约地铁是美国纽约市的城市轨道交通系统，是全球历史最悠久的公共地下铁路系统之一，也是国际地铁联盟（COMET）的成员。纽约地铁拥有 468 座车站，商业营运路线长度为 373 km，用以营运的轨道长度约为 1056 km（约 656 英里），总铺轨长度达 1355 km（约 842 英里）。虽其名为地铁，但约 40% 的路轨形式为地面或高架。目前，纽约地铁由纽约大都会运输署（简写为 MTA）管理，由纽约市捷运局负责营运。纽约地铁提供全年 24 小时服务。纽约地铁是世界上最著名的十大地铁之一。

纽约地铁的建筑与装饰材料很有特色。纽约地铁站台边的墙上几乎无一例外地用马赛克或瓷砖来拼贴站名和方向标记，在墙的顶端和下部一般还用这些陶瓷材料拼出花边，色彩古朴雅淡，图案的风格随着线路、地区及建造时间的不同而有所变化，说它是一座陶瓷拼镶艺术的博物馆也不为过。另外，纽约的整个地铁系统几乎是用钢材堆起来的，且不说它地面上的高架路段全由钢构件组成，即便是地底下的路，也是由钢梁、钢柱、钢板像搭积木那样在地底下搭出来的。整个地铁网络所消耗的钢材数量简直惊人。

纽约地铁还显示了它强大的包容性。纽约的地铁是不安静的，甚至是闹哄哄的，车厢里有各色人种，进入车厢就像进了联合国，一天能听到几十种语言。此外，站台上和地铁口成为表演者和打工者的舞台，在那里经常能看见来自世界各地的杂耍和其他街头艺术，地铁成了一个多元文化的交织点。

3. 俄罗斯莫斯科地铁

莫斯科地铁被公认为世界上最漂亮的地铁，是世界上规模最大的地铁系统之一，还是世界上使用效率第二高的地下轨道系统（第一是纽约）。1935 年 5 月 15 日，苏联政府出于军事方面的考虑，正式开通莫斯科地铁。地下铁道考虑了战时的防护要求，可供 400 余万居民掩蔽之用。

地铁站的建筑造型各异、华丽典雅。每个车站都由国内著名建筑师设计，各有其独特风格，建筑格局也各不相同，多用五颜六色的大理石、花岗岩、陶瓷和五彩玻璃镶嵌出各种浮雕、雕刻和壁画装饰，照明灯十分别致，好像富丽堂皇的宫殿，享有"地下的艺术殿堂"的美称。地铁车厢除顶灯外，还设计了便于读书看报的局部光源，在车厢门口安装了报站名用的电子显示屏。地铁站除根据民族特点建造外，还有以名人、历史事迹、政治事件为主题而建造的地铁站。

如今，莫斯科地铁布局与地面的布局一致，呈辐射及环形线路。地铁总共有 12 条线，包括 11 条辐射线和 1 条环行线，全长 277.9 km，有 171 个站台，4000 列地铁列车在地铁线上运行，有 5000 多节车厢。地铁每天平均开 8500 多次列车，担负全市客运量的 45%，每天运送的乘客 900 多万人次，其主要结构为中心向四周辐射，所有的线路按照其开通顺序的先后获得 1~12 的编号，其中最重要的线路便是长度约为 20 km 的 5 号线——环线，它负责连接起其余绝大部分分支线路。地铁运行速度很快，运行速度最高达 90 km/h。莫斯科地铁连接着莫斯科的各主要公共场所，大多数标志性建筑都有地铁站，以红色"M"标记，"M"是俄语中地铁 Метро 的第一个字母。

4. 法国巴黎地铁

法国的巴黎地铁系统被誉为世界上最好的地铁系统之一，是欧洲第三大地铁系统，长度排在伦敦、马德里之后。目前，巴黎地铁有 16 条线路，总长度为 221.6 km，有 14 条主线、2 条支线，合计 380 个车站、87 个交会站，现由巴黎大众运输公司负责营运。巴黎大部分地铁线路的列车用的是硬橡胶制成的车轮，车辆颜色统一为蓝白相间，这种车轮噪声小，但速度相对较慢，再加上巴黎地铁的站间距很小，巴黎地铁成了世界上车辆行驶速度比较慢的地铁系统。

法国巴黎地铁无论从建筑装饰还是到灯光色彩都散发着艺术的气息。一些地铁站按照不同主题被装扮成如同艺术馆、博物馆、剧院和音乐厅等，甚至那些涂鸦爱好者，也把地铁车厢和车站墙壁、地面当成展现"才华"与"个性"的画板。

5. 德国的柏林地铁

德国柏林是继伦敦、布达佩斯、格拉斯哥和巴黎之后建成地铁的城市。自 1902 年 2 月 15 日柏林的第一条地铁通车，虽然几经战乱分裂的波折，到如今柏林已经建成了一个地铁网，拥有 9 条地铁线、170 个地铁车站，全长 144 km，每年客运量达 4 亿多人次。

柏林地铁给人最大的印象是它的平静，每天上千万的客流量并不显得嘈杂。柏林地铁没有检票闸机和检票员，买不买票全凭自觉，德国人高度的自觉性和严格的纪律性得到了充分的体现。柏林的地铁列车通身着鲜艳而简单的明黄色，方正的车厢，十分醒目而显得有特色。

6. 日本的东京地铁

东京地铁是服务于日本东京都地区及其周边地区的城市轨道交通系统，目前有东京都交通局、东京地下铁两家公司共同营运的 13 条线路。东京地铁于 1927 年 12 月开通银座至浅草寺路段，东京由此成为亚洲最早拥有地铁的城市。东京地铁系统拥有 285 座车站，线路总长 312.6 km，日平均客流量为 1100 万人次，是世界上客流量最大的地铁系统。东京地铁线网由东南海滨的城市中心向北、向西扇形发展，呈放射式布局，并与市郊铁路衔接联运。

东京地铁发达便利，线路将东京地下连成一个网状城市，线路纵横交错，遍布于各个角落，数条地铁往往交会于几个重点车站，不出地面，乘地铁几乎可以到达东京市内任何一个地点，它是东京这座超大规模都市的神经和血管。东京地铁管理和服务上做得非常好。不同的地铁线路都有自己的标志色，换乘方便。虽然东京的地铁很拥挤，但秩序较好。

7. 墨西哥的墨西哥城地铁

墨西哥城地铁是墨西哥联邦特区（包括墨西哥州部分地区）的公共交通系统，其建造、运营和开发由公立机构 Sistema de Transporte Colectivo 承担。2006 年，墨西哥城地铁日均运送乘客 390 万人次，位居世界前列（排名在前的分别是纽约、莫斯科和东京地铁），路线总长位列世界第 5 位。墨西哥城地铁共有 11 条线路，以不同颜色和编号区分（编号从 1~9，加上 A 和 B）。其中，A 线列车使用橡胶轮胎，其余线路列车使用钢制车轮。地铁线路总长 201.388 km，共 175 个车站。106 个车站建在地下，地面车站 53 个，高架桥车站 16 个。墨西哥城辖内车站 164 个，墨西哥州辖内车站 11 个。

最有特色的是墨西哥城的地铁票价，它曾被誉为"世界上最便宜的票价"，福利性很强，目前为 2 比索，相当于人民币 1.8 元，这是源于墨西哥政府将地铁交通事业定位于公益性质的政策，政府不但出全资建设地铁，而且地铁的运营亏损由政府实行金额补贴。

墨西哥城地铁文化颇具特色，地铁专门开展科普宣传，重要地铁出入口、站厅的墙壁绘有颇具墨西哥传统文化的壁画雕塑。一些靠近市中心的站内还经常举办各种文化展览等。

8. 韩国的首尔地铁

首尔地铁又称韩国首都圈电铁，是世界上单日载客量最大的铁路系统之一。截至 2015 年底，整个铁路系统总长度已达 596.9 km，其中地铁里程 314 km，路线长度世界第六。其服务范围为首尔市和周边的首都圈，日均载客量超过 800 万人次（2015 年统计）。首都圈电铁以首尔的 9 条地下铁路为主，并辅以韩国铁道公社的盆唐线、仁川地铁、京春线、新盆唐线、爱宝线、水仁线、京义中央线、议政府轻轨等线路，共 17 条路线。

首尔地铁 1 号线是韩国首条地铁路线，于 1971 年兴建，1974 年 8 月 15 日连同京仁线九老至仁川段、京釜线首尔至水原段及京元线清凉里至城北段通车。首尔地铁 2 号线（又名绿线）是首尔地铁开通的第二条路线，是一条循环线，有两条支线。主线全程行车时间约 65 min，分顺时针和逆时针两个方向，全长 60.2 km，它不单是首尔最繁忙的铁路，也是全世界第二长的环形地铁路线。2 号线及圣水支线于 1978 年开始兴建，并于 1984 年落成。新亭支线于 1989 年兴建，1995 年落成。

首尔的地铁线路密集度很高，每条线路都会有交合点，特别是市区的那些地铁站，几乎每个站都是中转站，复杂密集的地道可以通往你想去的任何地方，地上有多少高大华丽的建筑，地下就会有多么庞大的系统。

虽然韩国的地铁历史短暂，但其地铁文化艺术列车却属世界首创。对于韩国这个不太大的国家而言，地铁的上座率一直不是很高。由于乘客少，韩国地铁列车内部总是显得空荡荡的，于是聪明的韩国人开始打扮起他们的地铁车厢，车厢被做成了各种主题，如"浪漫主题""水族馆主题""现代艺术主题""色彩主题""森林主题""丰收主题""海洋主题"等。文化艺术列车主要在韩国地铁 3 号线上。最特别的是站内还设有一个向市民开放的多媒体可视文化中心，这个文化中心由图书馆、可视厅、剪辑室、电影院等组成。

三、国内城市轨道交通发展历程

中国城市轨道交通系统的产生，也是从有轨电车开始的。

（一）我国有轨电车的历史

中国最早的有轨电车于 1899 年出现于北京，由德国西门子公司修建，连接郊区的马家堡火车站与永定门。北京的市内有轨电车在 1924 年开通。伴随着近代帝国主义瓜分中国的狂潮，受国外侵略势力的影响，一些城市开始兴建有轨电车系统。1904 年香港开通有轨电车，此后设有租界或成为通商口岸的各个中国城市相继开通有轨电车，天津、上海先后于 1906 年、1908 年开通。日本和俄国相继在大连、哈尔滨、长春、沈阳开通有轨电车线路。新中国成立后，1950 年鞍山开通了第一条通勤有轨电车线路。中国在 20 世纪初引入无轨电车。1914 年英商上海电车公司开辟了由郑家木桥至老闸桥的 14 路无轨电车，成为中国最早的无轨电车线路。

从 20 世纪 50 年代末开始，各城市陆续拆除有轨电车线路。至今仍有有轨电车运营的城市只剩下香港、大连、长春、鞍山。大连、长春有轨电车正在被改造为轻轨交通的一部分。北京前门即将恢复有轨电车线路，用于观光旅游。

（二）我国地铁建设发展阶段

我国地铁建设发展的历程，大体上可以分为四个阶段：

1. 起始阶段（1960年—1985年）

这一时期，我国先后于1969年在北京、1976年在天津开通了两条地铁，线路总长27.2 km。上海也从20世纪60年代进行了地铁的研究和试验阶段，并建成一段试验段，后被迫终止。这一时期兴建的地铁主要用于备战，完全靠政府补贴运行。这一时期地铁施工技术无论是车站还是区间，均采用明挖法。后来，地铁建设基本停滞。1979年10月，香港第一条地铁线路开始运营。

新中国修建地铁的愿望始于1953年。种种原因，直至1965年1月15日，有关部门才正式向中央呈报了《修建北京地下铁道的报告》。不久，铁道兵、铁道部地铁工程局、北京城建局共4万多建设者聚集北京，投入修建地铁的大工程。地铁第一期工程从北京火车站至石景山苹果园，全长23.6 km，设有17座车站和一座地面车辆段。当时按照"战备为主，兼顾城市交通"的主导思想，全部采用敞口放坡明挖浅埋的施工方法，埋深一般为3~5 m，最深达13 m。洞体为钢筋混凝土结构，防护能力极强。1969年9月20日，地铁一期工程建成通车；1984年9月，地铁二期工程——环城地铁正式运营。

2. 开始建设阶段（1985年—1995年）

以上海地铁十号线（21 km）、北京地铁复八线（13.6 km）、北京地铁1号线改造、广州地铁1号线（18.5 km）建设为标志，我国开始建设真正以交通为目的的地铁项目。随着上海、广州地铁项目的建设，大批城市包括沈阳、天津、南京、重庆、武汉、深圳、成都、青岛等开始上报建设轨道交通项目，纷纷要求国家进行审批。

3. 调整整顿阶段（1995—1998年）

地铁建设发展迅猛，许多地方不考虑经济的承受能力和社会发展的需要，城市轨道交通建设带有很大盲目性。针对工程造价很高、轨道交通车辆全部引进、大部分设备大量引进、城市地铁每千米造价1亿美元左右等问题，1995年国务院办公厅60号文件通知，除上海地铁2号线项目外，所有地铁项目一律暂停审批，并要求做好发展规划和国产化工作。这期间近3年国家没有审批城市轨道交通项目。从1997年底开始，国家计委研究城市轨道设备国产化实施方案，提出深圳地铁1号线（19.5 km）、上海明珠线（24.5 km）、广州地铁2号线（23 km）作为国产化依托项目，于1998年批复3个项目立项，轨道交通项目又开始启动。

4. 蓬勃发展阶段（1999年至今）

一是随着国家积极财政政策的实施，国家从建设资金上给予有力支持；二是通过技术引进，国际先进制造企业同国内企业合作，实现了城市轨道交通车辆、设备本地化，使城市轨道交通建设造价大大降低。国家先后批准了深圳、上海、广州、重庆、武汉、南京、杭州、成都、哈尔滨等十几个城市轨道交通项目开工建设，并投入40亿元国债资金予以支持，我国轨道交通建设进入高速发展期。

根据国民经济和社会发展、城镇化进程加快的需要，城市及城际轨道交通在未来十几年将处于网络规模扩展，完善结构，提高质量，快速扩充运输能力，不断提高装备水平的大发展时期。到2020年，我国将建成几千千米城市和城际轨道交通系统，基本形成布局合理、功能完善、干支衔接、技术装备优良的城际、城市轨道交通网，实现城际客运专线、城市轻轨、城市地铁同铁路客运专线之间的有机衔接，方便旅客换乘，更好地为广大群众服务。

（三）中国部分城市轨道交通发展现状

我国现有城市轨道交通系统运营的城市主要有北京、上海、天津、香港、台北、广州、南京、重庆、武汉、大连、长春、苏州等。

1. 北京城市轨道交通

北京地铁是服务于北京市的城市轨道交通系统。其规划始于1953年，工程始建于1965年，最早的线路竣工于1969年，1971年开始运营，是中国第一个地铁系统。截至2014年12月28日，北京地铁共有18条运营线路（包括17条地铁线路和1条机场轨道），组成覆盖北京市11个市辖区、拥有318座运营车站（换乘车站重复计算，不重复计算换乘车站则为268座车站）、总长527 km运营线路的轨道交通系统。2014年，北京地铁年乘客量达到34.1亿人次。2014年，北京地铁工作日日均客运量达到1008.76万人次。2015年4月30日，北京地铁创下单日客运量最高值，达到1178万人次。

2. 天津地铁

天津是中国第二个拥有地铁的城市。

天津第一条地铁于1970年4月7日决定建设，故称"7047工程"。1970年6月5日动工，1976年1月10日不载客试通车，1984年12月28日正式通车运营。天津市已开通运营地铁1、2、3号线和9号线，总长约140 km；在建地铁5、6号线，1号线东延线和4、10号线南段工程，总长约133 km。

据交通运输部消息，日前，北京、天津城市轨道交通第二期建设规划及深圳市城市轨道交通第三期建设规划调整方案获国家发改委批复，总投资超过4600亿元（截至2015年11月3日）。

津滨轻轨始建于2001年1月18日，一期工程东段于2003年9月30日建成通车，2004年3月28日开始运营。

3. 上海地铁

上海轨道交通，又称上海地铁，其第一条线路上海轨道交通1号线于1993年5月28日正式运营，是继北京地铁、天津地铁建成通车后中国大陆投入运营的第三个城市轨道交通系统。上海轨道交通由上海申通地铁集团有限公司负责运营，按照上海市物价主管部门批复的轨道交通网络票价体系计价，有多种票价优惠情况和车票种类。上海轨道交通的标徽由字母S和字母M变形组合，吉祥物是来自未来的小机器人畅畅。

截至2014年12月28日，上海轨道交通共开通线路14条（1~13号线、16号线），全网运营线路总长548 km，车站337座（不含上海磁浮示范运营线，3、4号线共9个车站的运营路程不重复计算，多线换乘车站的车站数分别计数）。在2015—2020年规划中，有5条线路延伸规划、4条线路新建计划。

4. 广州地铁

广州地铁是广州市的城市轨道交通系统，于1997年6月28日开通，广州是中国大陆第四个开通并运营地铁的城市。截至2013年12月28日，广州地铁共有9条营运路线（1~6号线、8号线、广佛线及APM线），总长为260.5 km，共164座车站。

由广州市地下铁道总公司负责营运管理，并且还是广佛地铁的实际建设及营运者，并由此间接成为佛山地铁1号线（即佛山境内魁奇路至金融高新区区间）的运营商。广州地铁已经成为广州市民最主要的交通工具之一，截至2014年12月31日，广州地铁客流达861万人次，总客流人次超过2014年"五一"当天的客流人次（794万人次）创历史新高。为更好地解决地面交通堵塞的问题，广州地铁仍在进行大规模的扩建工程。经过数次修订，广州地铁的远期规划长度将达到751 km。

5. 南京地铁

南京地铁是服务于南京市及南京都市圈内各地区的城市轨道交通，其前身可以追溯到1907年（清光绪三十三年）建造的京市铁路。第一条线路于2005年5月15日正式通车，南京是中国大陆第六个建成并运营地铁的城市，也是大陆地区唯一盈利的城市轨道交通。

截至2015年10月，南京地铁有6条线路、121座车站，线路总长225.4 km，地铁线路长度居中国第四位（仅次于北京、上海、广州）、世界第十一位，日均客流量超过225万人次，2015年5月1日的273.2万人次为最高单日客运量。

至2017年，地铁4号线、S1号线二期、S3号线、S7号线等地铁线路将陆续建成并开通运营，运营里程达到380 km；至2030年，南京地铁将建成24条地铁线路，总长超过775 km。

6. 苏州轨道交通

苏州轨道交通，又称苏州地铁，目前苏州有两条地铁线路。口号是：精诚管理，精细维修，精确调度，精致服务。图形以向左向右1号线与2号线列车为主要设计元素，如传统回纹般的语汇恰巧形成负行为"S"的图标，代表了姑苏，又似中文的"互"字，一来一回地互动，传达快速、便捷的地铁属性。蓝色象征科技、时尚，红色象征捷运、热情，环抱、融合的标志体现了和谐社会下的和谐交通。

苏州轨道交通1号线于2012年4月28日正式通车，标志着苏州正式步入"地铁时代"。苏州成为全国第一个独立拥有轨道交通系统的地级市。苏州轨道交通2号线于2013年12月28日正式通车，标志着苏州正式步入"线网运行时代"。目前，营运中的线路为苏州轨道交通1号线和苏州轨道交通2号线。近期规划有6条地铁线路，总长度200 km，车站105座；远期规划9条地铁线路，总长度约380 km，车站181座；另有6条市域轨道线。

7. 香港地铁

香港地铁（Mass Transit Railway，MTR）曾经是香港两大城市轨道交通系统之一。香港的地铁，原称地下铁路，是香港的通勤铁路线，由香港铁路有限公司（前地铁有限公司，MTR Corporation Limited）营运。地铁自1979年起为乘客提供市区列车服务。2007年12月2日，地铁与九铁的车务运作正式合并。当天，九铁营运告终。与此同时，地铁公司也易名为港铁公司。合并后的综合铁路系统全长168.1 km，由10条市区线共84个车站组成。自1979年开通至2007年两铁合并期间，香港的地铁由地铁有限公司（现称香港铁路有限公司）营运。

自1979年开通以来，香港地铁是一个既快捷又安全可靠的集体运输网络，覆盖香港心脏地带，连接内地。截至2014年，整个综合铁路系统全长214.6 km，由观塘线、荃湾线、港岛线、东涌线、将军澳线、东铁线、西铁线、马鞍山线、迪士尼线、机场快线及轻铁各线共150个车站组成。

8. 台北地铁

台湾把地铁系统称为"捷运系统"。台北"捷运系统"有高架、地下、地面等模式，连接台北市与台北县各地。

1996年3月28日启用的木栅线是台北捷运第一条营运的路线。后淡水线（含新北投支线）、新店线、中和线、板南线相继通车运营。目前仍在兴建中或即将兴建的还有土城线、内湖线芦洲及新庄线、松山线、信义线等，另有数条路线尚在规划中。

四、城市轨道交通发展的动因分析

1. 城市化趋势与经济的集聚发展

20世纪下半叶以来，伴随世界范围内城市化发展进程，世界各国的城市区域逐渐扩大，人口也逐渐增多，形成强大的轨道交通需求。市场经济的集聚发展也为建设轨道交通提供了资金条件,这是20世纪大规模迅速发展轨道交通的一个根本原因。

2. 能源紧张

20世纪70年代发生的能源危机,使各国调整了经济发展战略,时刻关注节能。从单位(每人千米)能耗看,轨道交通、道路公共汽车、小汽车的能耗比为1∶1.8∶5.9。

3. 效率与安全

小汽车在发展初期曾一度显示了快速、便捷的优点。但当居民人均汽车拥有量大幅提高后,其优势大减,尤其是在人口密集的城市主干道上过量小汽车造成道路堵塞,许多大城市机动车行驶速度下降至10~15 km/h,高峰时段6~8 km/h,并且大量汽车占用本身就拥挤的城市道路,停车易造成交通事故,轨道交通的平均速度30~40 km/h,甚至更高,占地少,并且事故率很低。

4. 环境问题

小汽车和公共汽车排出大量CO_2等有害污染物、噪声,使得城市环境越来越恶劣,为治理道路安全与环境污染,道路交通的成本大幅增加。

5. 社会公平性

小汽车是一种个人消费行为,而轨道交通是提供给公共使用的,快速、安全、舒适,具有社会公平性。

五、城市轨道交通在城市发展中的作用

随着国民经济的发展,城市规模在不断扩大,城市人口急剧增加,随之出现的交通拥堵问题日趋严重。城市轨道交通作为新的交通运输方式以其不可比拟的优势快速发展起来,在城市公共交通中发挥着越来越大的作用。城市轨道交通方式和其他城市交通方式相比具有以下优势:

1. 速度快

一般线路最高运行速度为80 km/h,旅行速度(包括启动、减速制动及停车时间在内的从起点开车到终点停车的平均速度)为30~40 km/h。快速线路运行速度为100~120 km/h,旅行速度可达60 km/h。因此,适于输送市内中长途客流。

2. 运量大

地铁的单向小时断面流量为3万~7万人次,日客运量为100万人次以上,轻轨的单向小时断面流量为1万~3万人次,日客运量可达到40万人次。因此,在市区客运繁忙而地面交通又难以解决的客运走廊修建地下(或高架)封闭式地铁或轻轨是适宜的,它可以吸引大批乘客,减轻地面交通的压力,从而使地面道路更加顺畅。

3. 安全性高

由于轨道交通一般均采用封闭线路的专用通道运行方式,无其他车辆和行人干扰,

发生交通事故的概率几乎为零。运行系统车辆设备均有自动化的保护措施，安全性能好又不受气候等因素影响，故障率低。因此，轨道交通运送相同客运量其事故率较地面交通大大降低。

4. 准点率高

轨道交通的列车按事先安排好的运行图由自动化系统指挥列车运行，包括运行中的及时调整和停车经路的排列均自动完成，因此效率比较高，列车的准点率也较高，一般均在99%以上。这对于早高峰上班人员在途时间可以准确计算、主动掌握，确保按时上班，因此受到乘客欢迎。

5. 服务优

城市轨道交通为乘客提供乘车全过程的优良服务。除列车速度快、时间短、安全准点外，购票、检票、换乘、出站均提供一系列自动化服务，候车、乘车均有空气调节，环境优美清洁，乘车过程成为一种享受。实际上它提高了市民的生活质量。

6. 污染少

电力是城市轨道交通的主要能源，和汽车交通方式比较消除了尾气排放，无空气污染。按照每天运送100万人次，平均乘距10 km计算，相当于减少了200辆可容50人乘坐的大客车每辆行驶100 km或者2000辆车每辆行驶10 km的尾气污染排放量。由此可见，城市轨道交通网络代替地面交通而减少的尾气污染足以使城市的空气逐渐清洁起来。城市轨道交通还有活跃城市经济、拉动城市发展、提高城市形象的功能。

城市居民希望外出购物、观光、约会、娱乐时有一个宽舒的交通条件，特别是在下班以后，外出活动不用担心回程的交通问题。城市轨道交通恰好能够满足广大市民的交通要求，并为市民提供了足够的活动时间，促进了市民的消费，活跃了市场。

一条城市轨道交通线路通车后，沿线原来不发达的地区，会由于交通的方便而逐步发展起来，包括接驳交通居住区建设、各种物业及围绕居住区而产生的各类服务业。随着土地的升值，房产会涨价，各种商业活动会逐渐活跃；随着大商家的投资建设，某处会发展成为地区的商业中心。

按城市发展布局，在交通并不繁忙但距离较长的发展带先行建设城市轨道交通，以期拉动城市的发展。一个发达的城市轨道交通网络是一个现代化城市不可缺少的标志。修建城市轨道交通需要城市在经济发展的基础上筹措可观的资金和有相应的客流，而二者均需城市的经济实力做后盾。实际上轨道交通真正能够以它的功能支撑一个现代化城市顺畅的交通系统，还必须按需要形成城市轨道交通网络。而真正成为现代化城市的标志还必须使城市轨道交通网络在行车保障系统、客运服务系统和运营指挥系统的配备和管理方面有较高的技术含量，跟上世界技术发展的水平，提高城市形象方面在国际国内有很大影响。可见城市轨道交通在城市发展中起着无法取代的作用。

第二节 城市轨道交通系统组成

一、城市与城市交通

（一）城市

城市的出现是人类走向成熟和文明的标志，也是人类群居生活的高级形式。城市是人类社会发展的产物，随人类社会的发展而发展，也是人类社会发展过程和发展水平的主要表现之一。

1. 城市的概念

对于城市的定义，世界各国的学者有不同的观点。第一类是偏重于城市的地理形态的定义。例如，法国地理学家潘什梅尔（P.Pinchemel）认为城市现象是一个很难下定义的现实：城市既是一个景观、一片经济空间、一种人口密度，也是一个生活中心和活动中心；更具体点说，也可能是一种气氛、一种特征或者一个灵魂。又如，德国地理学家拉采尔（F.Ratzel）认为"地理学上的城市，是指地处交通方便环境的，覆盖有一定面积的人群和房屋的密集结合体"。

第二类是偏重于城市功能与职能内涵的定义。例如，意大利地理学家波贝克（H.Bobek）提出"城市与乡村存在着公务式劳动与田园式劳动的分工，并配置于各自空间，其中城市寻求交通方便的有利环境，是对应于交通经济一定阶段的产物"；又如，德国地理学家克里斯塔勒认为"城市在空间上的结构是人类社会经济活动在空间的投影"。综上所述，现代城市的主要特征有：在一定的土地面积上聚集着相当数量的主要从事第二、第三产业的非农业人口；地理位置往往处于交通便利的地方，是一个国家或一个地区的经济、政治、军事、文化、社会、科技、交通中心；人与自然协调发展的空间体现与时间过程；节奏快、容量大、因素多的动态平衡体系；人类生产力与生产关系，经济基础与上层建筑激烈碰撞运动的表现空间，从而推动人类社会前进的最活跃社会形态；不以人的意志为转移，是社会发展的自然过程，遵循人类文明发展的必然规律。

城市是在人类社会生产发展过程中，因人们在政治、经济、文化、生活等方面活动的需要而形成的空间聚核体，是人类文明的标志，是一个时代经济、文化、科学社会的焦点，代表了一个社会发展的顶峰，集中了人类智慧成就，同时也集中了社会（空间）与时代（时间）两个方面的矛盾，是矛盾汇合集中、交错叠加、相互消弭与激化，千姿百态，错综复杂的一个时空跨度极大的动态巨大系统。

2. 城市发展概述

城市是"城"与"市"的组合词。"城"主要是为了防卫，并且用城墙等围起来的地域。《管子·度地》说"内为之城，域外为之郭"。"市"则是指进行交易的场所，"日中为市"。这两者都是城市最原始的形态，严格地说都不是真正意义上的城市。一个区域作为城市必须有质的规范性。

城市产生与发展的基本动力为社会生产力的发展。最原始的"城市"（实际应为我们现存的"城镇"）就是因商品交换集聚人群后而形成的。而城市的出现，也同商业的变革有着直接的渊源关系。最初城市中的工业集聚，是为了使商品交换变得更为容易（可就地加工、就地销售）而形成的。在城市中直接加工销售相对于将已加工好的商品拿到城市中来交换而言，则正是一种随着工业城市的出现而产生的一种商业变革。城市包括城市规模、城市功能、城市布局和城市交通，而这几方面所发生的变化，都必然地会对城市的商业活动带来影响，促使其发生相应的变革。

一般而言，城市规模发展遵循自由村落—中心村—镇—小城市—中等城市—大城市—特大城市—超级大都市城市带、城市圈、城市群等规律。在此过程中，遵循"优胜劣汰"规律，兴衰迥异。

3. 城市化进程

城市形态发展的最终趋势，一种是形成了人口高度集中的超级大城市，为了解决生态环境与城市功效问题，往往会向多中心组团式城市或大都市圈形态发展；另一种则可能会向多个城市组合而成的城市带、城市群形态发展。从一个国家，一个地区或者整个世界城市发展趋势来看，随着城市个数增加，城市人口急剧增加，出现了一个人类社会发展的大趋势—城市化。

由于城市（尤其是大城市）具有极强的吸引力和多种优势（表现为聚集效应优势）：人口集中带来了信息流通快、时间节省、费用降低、距离缩短、效率提高、竞争加剧、专业化水平提高、高新技术发展生产成本降低、经济效益提高。因此，虽然城市存在环境污染严重、交通拥挤、居住条件差、社会问题多等弊端，但仍然挡不住人口向城市流动的大势，依然无法阻止乡镇向城市发展的趋势，城市发展的高级阶段——城市化也就成为必然。

城市化特征的表现：人口高度集中到城市的过程；城市个数不断增加的过程；各类城市不断出现，尤其是特大城市、超级大都市数量增加的过程；城市中三个产业比例发生根本变化的过程，尤以第三产业的比例逐步提高为主要表现。

（二）城市交通

随着城市经济的迅速发展和城市化进程的加快，城市交通问题正困扰着经济社会发展和城市居民的生活，城市公共交通已引起了社会各界的广泛关注。城市交通在城市发展与城市化进程中起到了极其重要的作用，没有现代的交通，就没有城市的繁荣。

1. 城市交通是城市生存与发展的必要条件，是城市正常运转的"供血系统"。相适应则城市兴，不相适应则城市衰。

2. 城市交通是城市内外联系的通道。除了城市道路及铁路公路、水路、航空这些内外联系通道之外，广义的交通还应包括通信在内。

3. 城市交通是城市生活的主要组成部分。市民交通出行的时间、内容、影响均占全部生活的重要部分。

4. 城市交通是城市布局的框架。交通既是保证城市布局优化合理的可能，又是科学合理完善城市布局的主要构架依据。

5. 城市交通是城市运转的润滑剂，高效畅通的交通将使城市的运转高速顺畅。

6. 城市交通是城市现代化水平的标志之一。交通系统的水平直接表现了城市现代化水平，无论是从硬件设施方面还是从软件管理水平方面。

7. 城市交通是城市化组合的纽带。现代化交通系统是城市带、城市圈、城市群等城市组合的主要形成与发展条件。

二、城市轨道交通的基本概念与特点

1. 城市轨道交通的概念

城市轨道交通（Rail Transit）是指具有固定线路，铺设固定轨道，配备运输车辆及服务设施等的公共交通设施。"城市轨道交通"是一个包含范围较大的概念，在国际上没有统一的定义。一般而言，广义的城市轨道交通是指以轨道运输方式为主要技术特征，是城市公共客运交通系统中具有中等以上运量的轨道交通系统（有别于道路交通），主要为城市内（有别于城际铁路，但可涵盖郊区及城市圈范围）公共客运服务，是一种在城市公共客运交通中起骨干作用的现代化立体交通系统。我国国家标准《城市公共交通常用名词术语》，将城市轨道交通定义为通常以电能为动力，采取轮轨运转方式的快速大运量公共交通之总称。目前，国际轨道交通有地铁、轻轨、市郊铁路、有轨电车及悬浮列车等多种类型。城市轨道交通是城市公共交通的一个重要组成部分，随着城市的不断发展，它成为城市中越来越重要的交通工具，是"城市交通的主动脉"。

2. 城市轨道交通的特点

城市轨道交通以其鲜明的特点，在城市公共交通中占据了不可动摇的领先地位。其特点包括：

（1）采用列车编组化运行，运量大。

（2）良好的线路条件与控制体系，速度快。

（3）电力牵引，污染少，环保好。
（4）可采用地下和高架敷设方式，占地面积小。
（5）全隔离的路权方式，安全和可靠性强。
（6）良好的环控体系和候车环境，乘车舒适性佳。
（7）建设投资大、路网结构不易调整，运营成本高、技术条件要求高。

三、城市轨道交通在城市公共交通中的地位与作用

1. 城市轨道交通是城市公共交通的主干线，客流运送的大动脉，是城市的生命线工程。建成运营后，将直接关系到城市居民的出行、工作、购物和生活。

2. 城市轨道交通是世界公认的低能耗、少污染的"绿色交通"，是解决"城市病"的一把金钥匙，对于实现城市的可持续发展具有非常重要的意义。

3. 城市轨道交通是城市建设史上最大的公益性基础设施，对城市的全局和发展模式将产生深远的影响。为了建设生态城市，应把摊大饼式的城市发展模式改变为伸开的手掌形模式，而手掌形城市发展的骨架就是城市轨道交通。城市轨道交通的建设可以带动城市沿轨道交通廊道发展，促进城市繁荣，形成郊区卫星城和多个副部中心，从而缓解城市中心人口密集、住房紧张、绿化面积小、空气污染严重等城市通病。

4. 城市轨道交通的建设与发展有利于提高市民出行的效率，节省时间，改善生活质量。国际知名的大都市由于轨道交通事业十分发达方便，人们出行很少乘私人车辆，主要依靠地铁、轻轨等轨道交通，故城市交通秩序井然，市民出行方便、省时。

四、城市轨道交通的技术特性与技术等级

1. 运输能力大

城市轨道交通由于高密度运转，列车行车时间间隔短，行车速度高，列车编组辆数多而具有较大的运输能力。单向高峰每小时的运输能力最大可达到6万~8万人次（市郊、铁道）；地铁达到3万~6万人次，甚至达到8万人次；轻轨达到1万~3万人次，有轨电车达到1万人次，城市轨道交通的运输能力远远超过公共汽车。据文献统计，地下铁道每公里线路年客运量可达100万人次以上，最高达到1200万人次，如莫斯科地铁、东京地铁、北京地铁等。城市轨道交通能在短时间内输送较大的客流，据统计，地铁在早高峰时1 h能通过全日客流的17%~20%，3 h能通过全日客流的31%。

2. 准时性

城市轨道交通由于在专用行车道上运行，不受其他交通工具干扰，不产生线路堵塞现象并且不受气候影响，是全天候的交通工具，列车能按运行图运行，具有可信赖的准时性。

3. 速达性

与常规公共交通相比，城市轨道交通由于运行在专用行车道上，不受其他交通工具干扰，车辆有较高的运行速度，有较高的启、制动加速度，多数采用高站台，列车停站时间短，上下车迅速方便，而且换乘方便，从而可以使乘客较快地到达目的地，缩短了出行时间。

4. 舒适性

与常规公共交通相比，由于运行在不受其他交通工具干扰的线路上，城市轨道车辆具有较好的运行特性，车辆、车站等装有空调、引导装置、自动售票等直接为乘客服务的设备，因此具有较好的乘车条件，其舒适性优于公共电车、公共汽车。

5. 安全性

城市轨道交通运行在专用轨道上，没有平交道口，不受其他交通工具干扰，并且有先进的通信信号设备，极少发生交通事故。

6. 充分利用空间

大城市地面拥挤、土地费用昂贵。城市轨道交通由于充分利用了地下和地上空间，不占用地面街道，能有效缓解由于汽车大量发展而造成道路拥挤、堵塞，有利于城市空间合理利用，特别有利于缓解大城市中心区过于拥挤的状态，提高了土地利用价值，并能改善城市景观。

7. 运营费用较低

城市轨道交通主要采用电气牵引，而且轮轨摩擦阻力较小，与公共电车、公共汽车相比，节省能源，运营费用较低。

8. 环境污染低

城市轨道交通采用电气牵引，不产生废气污染。城市轨道交通的发展，还能减少公共汽车的数量，从而进一步减少汽车的废气污染。由于在线路和车辆上采用了各种降噪措施，因此一般不会对城市环境产生严重的噪声污染。

五、城市轨道交通基本类型

（一）城市轨道交通分类

城市轨道交通种类繁多，技术指标差异较大，世界各国评价标准不一，并无严格的分类。由于城市轨道交通在世界范围内发展较快，地区、国家、城市的不同，服务对象的不同等，因此使城市轨道交通发展成为多种类型，目前尚无十分统一的分类标准，不同的分类方法可以分出不同的结果。

1. 按容量（运送能力），可分为大容量、中容量和小容量

按小时单向运能划分：大容量系统（高峰小时单向运输能力达到30000人以上）、中容量系统（高峰小时单向运输能力达到15000~30000人）、小容量系统（高峰小时单向运输能力达到5000~15000人）。

2. 按线路架设方式，可分为地下铁路、地面铁路、高架铁路。

（1）地下铁路：位于地下隧道内的那部分铁路称为地下铁路。

（2）地面铁路：位于地面的铁路称为地面铁路。

（3）高架铁路：位于高架桥上的铁路称为高架铁路。

3. 按导向方式，可分为轮轨导向和导向轮导向

（1）轮轨导向：由钢轮轮缘和钢轨之间的作用力来提供导向力，如地铁、轻轨、有轨电车等钢轨钢轮系统就属于轮轨导向方式。

（2）导向轮导向：由导向轮引导车辆运行，如独轨及新交通系统等胶轮车辆属于导向轮导向方式。

4. 按路权专用程度划分：线路全封闭型、线路半封闭型、线路不封闭型

（1）线路全封闭型：独立路权的轨道交通系统属于全封闭系统，与其他交通完全隔离，不受平交道路与人车的干扰。

（2）线路半封闭型：半独立路权的轨道交通系统属于半封闭系统，沿行车线路采用缘石、隔离栅、高差等措施与其他交通实体隔离，但在交叉路口仍与横向的人车平交混行，受信号系统控制。

（3）线路不封闭型：共有路权的轨道交通系统属于不封闭系统，地面混合交通，不具有实体分割，轨道交通与其他交通混合出行，在路口按照规定驾停，也可享受一定的优先权。

5. 按运营组织方式，可分为传统城市轨道交通、区域快速铁路和城市（市郊）铁路

（1）传统的城市轨道交通：服务范围以中心城区为主，包括城市与郊区、机场之间的传统的城市轨道交通，通常站间距为1~2 km。

（2）区域快速铁路（Regional Express Railway，Regional Metro）：服务范围包括城市郊区的轨道交通系统，通常站间距较大，含有地面线路或高架线路。例如，德国的S-Bahn、巴黎的RER、旧金山的BART、上海的R线。

（3）市郊铁路（Suburban Railway）：指位于城市范围内，部分或全部服务于城市客运的那些城市间铁路，通常其所有权不属于所在的城市政府，而由铁路部门经营，主要运送城市郊区与闹市区间的乘客，故也称通勤铁路。这种铁路通常在郊区采用平交道口形式，在市区为高架或地下铁路。其站距长，运营组织方式与城市间铁路相近，可开行不停靠全部或部分中间站的直达列车；为减少环境污染；多采用电气化牵引方式。纽约、东京等国际大都市的市郊铁路都很发达，营业里程达到 2000 km 以上。其概念范围也在扩大，包括城际间直达的高速铁路（俗称"快轨"），如北京至天津的"京津快轨"。

6. 城市轨道交通按运能范围、车辆类型及主要技术特征划分

可分为有轨电车、地下铁道、轻轨交通。独轨交通、新交通系统（自动导轨电车 AGT）、胶轮地铁、磁悬浮交通、索道等类型。在我国已有的城市轨道交通方式有地铁轻轨、有轨电车、独轨、磁悬浮列车等。

（二）城市轨道交通主要类型概述

1. 有轨电车

有轨电车（Tram 或 Streetcar）是使用电车牵引、轻轨导向、1~3 辆编组运行在城市路面线路上的低运量轨道交通系统。有轨电车是最早发展的城市轨道交通之一，一般设在城市中心穿街走巷运行。其优点是造价低、建设容易、上下车方便；缺点是：有轨电车多与汽车和行人共用街道路权，所受干扰多，速度慢，通行能力低，平交道口多，极易与地面道路车辆冲突，引起道路交通堵塞，隔离程度和安全程度较低。

有轨电车起源于城市公共马车，为了多载客，人们把马车放在铁轨上。随着电动机的发明和牵引电力网的出现，世界上第一条有轨电车线于 1888 年 5 月在美国弗吉尼亚州里士满市开通。到 20 世纪 20 年代，美国的有轨电车总长达 2.5×10 km。到 20 世纪 30 年代，欧洲、日本、印度和中国的有轨电车有了很大发展。1906 年，中国第一条有轨电车线在天津北大关至老龙头火车站（今天津站）建成通车，随后上海、抚顺、大连、长春、鞍山、北京、南京等城市相继修建了有轨电车或电铁客车，它在当时的城市公共交通中发挥了重要作用。旧式的有轨电车单向运输能力一般在 1 万人次/h 以下，通常采用地面路线，与其他车辆混合运行，运行速度约为 45 km/h。

由于运能、挤占道路、噪声等问题，20 世纪五六十年代，世界上各大城市纷纷拆除有轨电车线路，改建运量大的地铁或轻轨道交通。中国的有轨电车在 20 世纪 50 年代末已拆得所剩无几，仅大连、长春两城市保留。大连还对有轨电车进行了改造，使其成为城市的一张名片。旧式的有轨电车已停止了发展，基本上完成了它的历史使命。经改造后的现代有轨电车与性能较差的轻轨交通已很接近，只是车辆尺寸稍小一些，运营速度接近 20 km/h，单向运能可达 2 万人次/h。

现代有轨电车在城市交通中扮演着重要的角色，对发展交通、缓解城市拥堵具有重要的意义。在交通越来越便捷的时代，现代有轨电车的功能也日益得到彰显，它既作为城市骨干交通模式，承担大量的公共交通客流；在城市经济活动密集的中心区域，有轨电车又能提供便利的交通服务；同时它又作为快速轨道交通在城市特殊地区的延伸或加密。这些功能让有轨电车受到越来越多的青睐，也让它的建设如火如荼。目前，我国建成通车或正在规划建设现代有轨电车的城市主要有北京、上海、大连、广州、深圳、淮安、南京、苏州、珠海、武汉、成都、重庆、洛阳、郑州、长春、株洲等城市。

2. 地下铁道

地铁（Metro 或 Underground Railway 或 Subway 或 Tube）是城市快速轨道交通的先驱，泛指高峰小时单向客运量为 3 万~7 万人的大容量轨道交通系统。地铁是由电力牵引、轮轨导向，具有一定规模运量、按运行图行车的轨道交通系统。地铁的运能，单向为 3 万人次/h，最高可达 6 万~8 万人次/h。地铁的最高运行速度达 120 km/h，旅行速度达 60 km/h 以上，可为 3~8 节编组，车辆运行最小间隔可低于 1.5 min。驱动方式有直流电机、交流电机、直线电机等。地铁造价昂贵，每千米投资为 3 亿~6 亿元人民币，有建设成本高、建设周期长的弊端，但同时又具有运量大、建设快、安全、准时、节省能源、不污染环境、节省城市用地的优点。地铁适用于出行距离较长、客运量需求大的城市中心区域。国家规定，常住人口超过 200 万的大城市即可修建地铁。

地下铁道由于大部分线路在地下或高架通行，因此技术水平要求较高，可靠性和安全性要求也高。地铁系统与国家干线铁路一样，主要由线网、轨道、车站、车辆、通信信号等设备构成，要求各部门能够有机结合，协同动作，最大限度地完成输送任务。

3. 轻轨交通

轻轨（Light Rail Transit，LRT）是在有轨电车的基础上改造发展起来的城市轨道交通系统，泛指高峰小时单向客运量为 1 万~3 万人次的中等容量轨道交通系统。轻轨是一个比较广泛的概念，公共交通国际联会（UTP）在关于轻轨运营系统的解释文件中提道：轻轨是一种使用电力牵引介于标准有轨电车和快运交通系统（包括地铁和城市铁路），用于城市旅客运输的轨道交通系统。轻轨原来的定义是指采用轻型轨道的城市交通系统，当初使用的是轻型钢轨。现在轻轨已采用与地铁质量相同的钢轨。所以，国内外都以客运量或车辆轴重的大小来区分地铁和轻轨。轻轨是指运量或车辆轴重稍小于地铁的快速轨道交通。

轻轨一般采用地面和高架相结合的方法建设，路线可以从市区通往近郊。列车编组采用 3~6 辆，铰接式车体。轻轨采用了线路隔离、自动化信号、调度指挥系统和高新技术车辆等措施，最高速度可达 60 km/h，克服了有轨电车运能低、噪声大等问题。

由于轻轨具有投资少（每千米造价为 0.6 亿~1.8 亿元人民币）、建设周期短、运能高、灵活等优点，因此发展很快。无论在发达国家还是在发展中国家，轻轨均方兴未艾。各国纷纷根据自己的国情，制定相应的轻轨发展战略和模式。纵观各国情况，大致有以下三类发展模式：一是改造旧式有轨电车为现代化的轻轨。这种模式以德国、苏联及东欧各国为典型代表。二是利用废弃铁路线路改建成轻轨路线。这种方式以美国圣迭戈轻轨为代表，欧洲也有类似的情况，如瑞典的哥德堡、德国的卡尔·马克思州也都采用这一方式。上海 5 号线、武汉轨道交通 1 号线一期工程也属于这种方式。

三是建设轻轨新线路的方式。对有些城市而言，修建轻轨比修建地铁更经济实惠，因此，诸如马尼拉、鹿特丹、中国香港等城市都相继新修了轻轨线路。

经过 100 多年的发展，轻轨已形成三种主要类型：钢轮钢轨系统、线性电机牵引系统和橡胶轮轻轨系统。

钢轮钢轨系统即新型有轨电车，是应用地铁先进技术对老式有轨电车进行改造的成果。线性电机牵引系统（Linear Motor Car）是由线性电机牵引、轮轨导向、车辆编组运行在小断面隧道及地面和高架专用线路上的中运量轨道交通系统。20 世纪 80 年代，加拿大成功开发了由线性电机驱动的新型轨道交通车辆。它采用线性电机牵引、径向转向架和自动控制等高新技术，综合造价节约近 20%。它与轮轨系统兼容，便于维护救援，具有较大的爬坡能力。线性电机牵引技术在加拿大、日本、美国都取得了较大的成功，由此研制的线性电机列车也投入了使用。线性电机列车在中国的广州和北京也有应用。线性电机列车具有车身矮、重量轻、噪声低、通过小半径曲线和爬坡能力强等优点，可以轻便地钻入地下、爬上高架，是地下与高架接轨的理想车型。以线性电机作动力，其意义还在于它引起了轨道车辆牵引动力的变革。

4. 独轨交通

独轨铁道是指车辆在一根轨道上运行的一种城市轨道交通系统，通常分为跨座式和悬挂式两种。一般使用道路上部空间，需要的专用空间较少，可以适应急弯及大坡度，其投资小于地铁系统。独轨电车一般均采用橡胶轮胎。独轨铁道系统的优点是占地少、投资费用少、噪声低、振动小、乘坐舒适、对城市的景观及日照等影响小、通过小半径曲线能力和爬坡能力强；缺点是运能较小、速度低、能耗大、粉尘污染、道岔等结构复杂、发生事故时疏散和救援工作比较困难。

5. 新交通系统

新交通系统（Automated Guideway Transit，AGT）是一个模糊的概念，不同国家和城市对此都有不同的理解，还没有统一和严格的定义。广义上认为，AGT 是那些所有现代化新型公共交通方式的总称。狭义上则定义为：新交通系统是由电气牵引，具有特殊导向、操作和转向方式胶轮车辆，单车或数辆编组运行在专用轨道上的中小运量轨道运输系统。

在新交通系统中，车辆在线路上可无人驾驶，车站无人管理，完全由中央控制室的计算机集中控制，自动化水平高。新交通系统与独轨道交通有许多相同之处，最大的区别在于该系统除有走行轨外，还设有导向轨，故新交通系统也被称为自动导轨交通。新交通系统的导向系统可分为中央导向方式和侧面导向方式，每种方式又可分为单用型和两用型。单用型是指车辆只能在导轨上运行；两用型则指车辆既可在导轨上运行，又可以在一般道路上行驶。

新交通系统最早出现在美国，当初多为一种穿梭式往返运输乘客的短距离交通工具,曾被称为"水平电梯"或称为"空中巴士""快速交通",在逐渐发展成一种城市客运交通工具后,又被称为"客运系统"(People Mover System)。后来日本和法国又做了进一步的技术改造和发展,并使其成为城市中的一种中运量客运交通系统。日本将其称为新交通系统(意指含有高度自动化新技术的交通系统),以区别于其他各种交通运输工具。法国将其称为VAL系统,名称源于轻型自动化车辆(Vehicle Automatique Leger)的法文字母字头的拼音,也有人认为VAL是线路起始地名的字头缩写。

主要技术特征:轨道采用混凝土道床,车辆采用橡胶轮胎,有一组导向轮引导车辆运行,列车运行自动控制,可实现无人驾驶,自动化程度较高。可归纳为侧面导向式和中央导向式两种。设有自动化的车务控制中心,负责监察和控制整个轨道系统的运转。重要的交叉口都设有车辆感应式自动信号设备。

新交通系统自1963年由美国西尼电气公司研发面世后,在世界许多地方被逐渐推广采用,日本和法国的技术和规模均处于领先的地位。世界各地已有几十条规模不等、用途不同、具体构造也有所不同的新交通系统线路。日本有10条线路。日本将高架独轨和新交通系统看作现代化的象征,故从1976年起规定新交通系统可使用国家的财政资助,因而促进了新交通系统的发展。

中国内地的新交通系统处在起步阶段,天津市于2006年为纪念天津有轨电车百年在滨海新区开通了全长7.86 km的亚洲首条胶轮导轨线路,北京市于2008年奥运会前开通了服务于首都机场T3航站楼的新交通系统,上海市也于2009年开通了胶轮导轨电车。中国台湾地区的台北市1994年建成、1996年3月投入运营的木栅线(中山中学至木栅动物园),线路全长10.8 km,其中高架线10 km、地下线0.8 km,采用VAL制式,属中运量新交通系统。中国香港20世纪90年代后期建设的新机场从登机厅到机场主楼,为接运旅客也建成了一条长约1 km、采用VAL制式的新交通系统。

6. 磁悬浮交通

磁悬浮交通(Magnified Levitation for Transportation),是指一种非黏着用直线电机驱动列车运行、悬浮于地面的新型轨道交通系统。磁悬浮列车利用常导磁铁或超导磁铁产生的吸力或斥力使车辆浮起,用复合技术产生导向力,用直线电机产生牵引动力,是高速、安全舒适、节能、环保、维护简单、占地少的新一代交通运输工具,主要分超导斥型和常导磁吸型两类。磁悬浮交通系统保留了轨道道岔和车辆转向架及悬挂系统等许多传统机车车辆的特点,克服了传统列车机械噪声和磨损等问题。

上海磁浮列车2002年12月31日全线试运行,2003年1月4日正式开始商业运营,最高时速达436 km/h,采用"常导磁吸型"技术。上海磁浮列车线路连接上海浦东机场和目前地铁2号线的龙阳路站,全长31 km,运行8 min。上海磁浮列车是目前全世界唯一一条投入商业运营的线路,它是在德国的TR08列车的基础上发展起来的,基本技术规格与 TR08 一样，在运行速度、舒适性、能耗、环境、安全性和运行维护等方面，具有铁路车辆和飞机无可比拟的优势。

城市轨道交通经过较长时间的发展，不同运量等级的线路，有不同形式的交通系统适应，在同一等级线路上，有多种可供选择的交通形式。

六、城市轨道交通系统

（一）现代轨道交通领域涉及的专业和学科

轨道交通涉及六大学科，分别是土木建筑、机械工程、供电、信号、通信和环境控制工程。

1. 土木建筑

包括轨道交通的线路轨道、高架桥、车站等。

2. 机械工程

主要是轨道交通列车、车辆段等。

3. 供电工程

包括给车站、隧道的照明、空调等的供电系统和给列车牵引的供电系统。

4. 信号系统

是保证列车运行安全，实现行车指挥和列车运行现代化，提高运输效率的关键系统设备。

5. 通信系统

是轨道交通项目的重要组成部分，是指挥列车运行、公务联络和传递各种信息的重要手段，是保证列车安全、快速、高效运行不可缺少的综合通信系统。

6. 环境控制工程

主要是指正确选用空调制式来确保地下车站和地下隧道内相应的空气湿度，环境控制工程还包括一些振动和噪声问题，随着社会的进步，振动和噪声越来越引起百姓的关注。而这六大学科又可细分为多个专业，要保证轨道交通正常运营，这些专业缺一不可。

（二）城市轨道交通的主要设备与系统

1. 线路与站场

（1）地铁线路。应为右侧行车的双线线路，并应采用 1435 mm 标准轨距。地铁工程设计必须符合政府主管部门批准的城市总体规划和城市轨道交通线网规划。线路是城市轨道交通运营设备的基础，它引导列车运行，直接承受来自列车的荷载，并将其分布传至路基或桥隧结构物。

（2）地铁车站。是乘客集散和候车的场所。车站集中设置了地铁运营设备，主要包括通信信号、环控、自动售检票、自动扶梯及电梯、供电低压配电及动力照明、屏蔽门给排水及消防、防灾报警、设备监控等设备系统，为乘客提供安全、舒适的乘车环境。地铁车站一般分站厅层和站台层，站厅和站台通过楼梯、自动扶梯及残疾人电梯贯通。站厅层设置自动售检票设备及人工票厅，为乘客提供购票及进站服务；站台层是乘客候车及上下车场所，设有候车座椅。

轨道交通线网上两条或几条线路相交的地方设轨道交通换乘站，以便实现旅客从一条线到另一条线的换乘。从广义上讲，所谓换乘不限于轨道交通之间的换乘，还包括各种不同交通方式之间的转换，如轨道交通与铁路公交、社会车辆、私家车、自行车、轮船、航空等交通方式的换乘。轨道交通的换乘按付费方式可分为付费区换乘和非付费区换乘，付费区换乘旅客不需要出站、进站和二次购票，是设计优先采用的换乘方式。

（3）地铁车辆段。是车辆停放、检查、整备、运用和修理的管理中心所在地。若运行线路较长，为了有利于运营和分担车辆的检查清洗工作量，可在线路的另一端设停车场，负责部分车辆的停放、运用、检查和整备工作。当技术经济、合理时，也可以两条或两条以上线路共设一个车辆段。城市轨道交通除车辆保养基地以外，尚有综合维修中心、材料总库和职工技术培训中心等基地，有条件时，尽量将它们与车辆段规划在一起。

2. *车辆*

城市轨道交通车辆（以下简称地铁车辆）是城市轨道交通系统的重要组成部分，也是技术含量较高的机电设备。车辆应技术成熟、安全可靠、外形美观、使用方便、便于维修，且具有相应的经济性和先进性。

地铁车辆通常分为 A 型车、B 型车、C 型车、D 型车和 L 型车等。A 型车是直流 1500 V 受电弓受电的车辆，也是尺寸最大的车辆；B 型车又分为三轨受电和受电弓受电两种，三轨受电的车辆通常由直流 750 V 供电，受电弓受电的车辆由直流 1500 V 供电，长沙城市轨道交通采用的车辆就是由受电弓受电的 B2 型车辆；C，D 型车是地板高度不同的铰接式车辆；L 型车与以上几种车型不同，是非黏着牵引的直线电机型车辆。现代城市轨道交通车辆的车体均采用整体承载式结构，其材料一般分为铝合金和不锈钢两种。我国城市轨道交通的受流制式有直流 750 V 和 1500 V 两种，北京大多采用直流 750 V，上海采用直流 1500 V，长沙采用直流 1500 V。

3. *车站机电设备*

（1）自动售检票系统（AFC）。自动售检票系统通常由清分中心（CCHS 或 ACC）、线路中央计算机（LCC）、编码分拣系统、车站计算机系统（SC）、车站现场设备（SLE）和车票组成。从总体架构来讲，系统分为四级，即清分中心级、线路中央级、车站级与现场级；整个系统经由通信传输系统和网络设备连接构成。

（2）电扶梯系统。电扶梯系统（主要包括自动扶梯、电梯、轮椅升降台等）设备作为地铁车站的大型设备，是地铁车站内与乘客接触最为紧密的设备，是为了方便乘客，提高车站的集散效率，改善乘客进、出车站时的舒适度，同时考虑到无障碍出行要求，体现城市文明形象的主要设备。电扶梯系统是一套服务于乘客的公共交通提升设施。

（3）屏蔽门系统。地铁屏蔽门是一项集建筑、机械、材料、电子和信息等学科于一体的高科技产品，使用于地铁站台。屏蔽将站台和列车运行区域隔开，通过控制系统控制其自动开启。地铁屏蔽门分为封闭式、开式和半高式，其中开式和半高式通常称为"安全门"，只起到安全和美观的作用。封闭式的通常称为"屏蔽门"，最为常用。除了保障了列车、乘客进出站时的绝对安全之外，地铁站台安装屏蔽门还可以大幅度地减少司机瞭望次数，减轻司机的思想负担，并且能有效地减少空气对流造成的站台冷热气的流失，降低列车运行产生的噪声对车站的影响，提供舒适的候车环境，具有节能、安全、环保、美观等功能。

（4）通风空调系统。为了保证地铁系统的运营环境，地铁设置通风空调系统，该系统为乘客提供"过渡性舒适"的候车环境、为地铁工作人员提供舒适的工作环境和为设备正常安全运行提供所需的运行环境；控制区间隧道空气的温度和压力变化率并满足火灾和事故时通风、排烟要求等。

通风空调系统包括隧道通风系统和车站通风空调系统两大部分：隧道通风系统分为区间隧道通风系统和车站隧道通风系统两部分；车站通风空调系统分为车站公共区通风空调系统（简称大系统）、车站设备管理用房通风空调系统（简称小系统）及空调水系统（简称水系统）。

（5）环境与设备监控系统（BAS）。为了满足轨道交通的运营要求，在车站设置了保障正常运营的照明设备、通风空调设备、给排水设备、屏蔽门系统、自动扶梯等机电设备。同时，为满足在紧急状态的报警、乘客疏散、救灾等要求，在轨道交通车站还设置了火灾报警系统、水消防系统、自动灭火系统、防排烟系统、防烟设备等机电设备和系统。为了实施这些系统和设备相互间的有序联动控制和监视，在轨道交通线上设置了环境与设备监控系统（Building Automatic System，BAS），形成了一个强大的轨道交通运营保障系统。BAS系统设控制中心、车站两级管理，实现控制中心、车站、就地三级控制。中央级和车站级监控功能由综合监控系统实现。BAS作为综合监控系统的一个子系统，通过各级的有机配合，最终实现BAS的整体功能。

（6）城市轨道交通给排水系统。城市轨道交通给排水系统由给水系统与排水系统构成。给水系统用来保证车站内生产生活及消防用水，直接利用市政自来水作为水源。排水系统用来保证车站、车辆段的生产、生活污废水、结构漏水、洞口雨水等能排入就近市政排水管网。

（7）火灾报警系统（Fire Alarm System，FAS）。火灾报警系统，一般由火灾探测器、区域报警器和集中报警器组成；也可以根据工程的要求同各种灭火设施和通信装置联动，以形成中心控制系统。FAS 具有自己的网络结构和布线系统，以保证在任何情况下都可以独立操作、运行和管理。FAS 系统由主控（控制中心）和分控（车站、车场、车辆段）两级管理。在控制中心设防灾监控中心，负责监视全线防灾设备的运行状态、接收报警信号、发布救灾指令等。车站防灾监控负责接收车站的灾害报警，及时与指挥中心联络，并接收中心防灾指令，控制设备。

（8）乘客信息系统（Passenger Information System，PIS）。PIS 是地铁里为乘客提供各类资讯的服务系统。该系统依托多媒体网络技术，以计算机系统为核心，以车站和车载播放终端为媒介向乘客提供信息服务。PIS 在正常情况下，提供乘车须知、服务时间、列车到发时间、列车时刻表、管理者公告、政府公告、出行参考、股票信息、媒体新闻、赛事直播、广告等实时动态的多媒体信息；在火灾、阻塞及恐怖袭击等非正常情况下，提供动态紧急疏散提示。

（9）低压配电与照明系统。为车站里的照明空调、通风、给排水、通信、信号、防灾报警、电梯、自动扶梯等设备提供电源。

4. 牵引供电系统

供电系统是城市轨道交通系统中重要的基础设施，其功能是为城市轨道交通中的各种用电设备提供能源，确保城市轨道交通车辆和各机电设备系统的正常运行。根据功能不同，地铁供电系统一般划分为以下几部分：外部电源、主变电所、牵引供电系统、动力照明系统、杂散电流腐蚀防护系统、电力监控系统。

地铁供电系统的外部电源就是地铁供电系统主变电所供电的外部城市电网电源。外部电源方案的形式有集中式供电、分散式供电、混合式供电。

电力监控系统的功能是实时对地铁变电所、接触网设备进行远程数据采集和监控。在城市轨道交通控制中心，通过调度端、通信通道和变电所综合自动化系统对主要电气设备进行"四遥"（遥控、遥调、遥测、遥信）控制，实现对整个供电系统的运营调度和管理。杂散电流防护本着"以防为主，以排为辅，防排结合，加强监测"的原则，采用积极的防护措施。

5. 信号与通信系统

（1）信号系统。城市轨道交通列车自动控制系统（ATC）根据闭塞方式可分为固定闭塞信号系统和移动闭塞信号系统（CBTC）。

根据列控方式，固定闭塞信号系统分为：基于分级速度控制方式的固定闭塞信号系统，即"固定闭塞"信号系统；基于目标距离控制方式的固定闭塞信号系统，即"准移动闭塞"信号系统。

根据移动闭塞信号系统的车—地信息传输方式和传输媒介,可将 CBTC 信号系统分为:基于交叉感应电缆环线(Inductive Loop)传输方式的 CBTC 系统,即 CBTC-IL 信号系统;基于无线扩频通信(Radio Frequency)传输方式的 CBTC 系统,即 CBTC-RF 信号系统。

(2)城市轨道交通通信系统。是一个为了提高地铁运输效率、保证行车安全、提高现代化管理水平,迅速、准确、可靠地传递话音、数据、图像和文字等各种信息的需要而设置的系统。按照业务类型,一般可以分为专用通信系统、商用通信系统和警用通信系统三大类,主要包括传输系统、公务电话系统、专用电话系统、无线集群通信系统、闭路电视监控系统(CCTV)、有线广播系统(PA)、时钟系统、电源与接线系统、乘客导乘信息系统(PIS)、办公自动化(OA)等子系统。

6. 综合监控系统

随着城市轨道交通的不断发展,与之相应的监控系统大致经历了 3 个发展阶段:人工监控系统、分立监控系统、综合监控系统。综合监控系统(ISCS)属于城市轨道交通系统机电设备综合自动化的范畴,以乘客、环境及设备的防灾和安全为核心,为安全行车和调度指挥提供应急处理方案及丰富的信息,进一步提高城市轨道交通服务质量和运营管理水平。

7. 运营控制中心及运营管理

(1)运营控制中心的功能。运营控制中心是轨道交通运营管理、行车、电力、环控、维修信息收集的调度指挥中心。它担负着轨道交通运营日常指挥工作,按照列车时刻表的要求实现运输服务,同时负责组织处理在轨道交通运作过程中发生的各种故障、事件、事故情况下的运营。另外,中心同时是轨道交通系统的信息收发中心、通信联络中心。

(2)运营控制中心的构成方式。按中央调度实施地点的不同,运营控制中心的构成方式可分为分散式、集中式与区域式运营控制中心。分散式控制中心在每条或两条线路上设置运营控制中心,负责本线的中央调度监控指挥,同时把运营信息上报有关部门。集中式控制中心把轨道交通所有线路的运营监控、指挥集中到一个统一的控制中心,负责全部线路的协调指挥工作。区域式控制指挥中心负责轨道交通网络中的几条线路的监控与指挥,并接受线网指挥中心的统一指挥。

(3)运营控制中心管理。运营控制中心日常工作制度主要包括交接班制度、安全管理制度、运营信息管理制度、统计工作制度等。

交接班制度有以下规定:

1)交接班会在调度工作中具有承上启下作用,接班调度员必须提前到岗;
2)接班调度员收集上一班工作情况,明确有待跟进处理的问题;
3)交接班以调度日志与各种记录为依据;

4）调度员原则上不在处理故障时交接班，须待故障处理完毕或告一段落后，方可交接班；

5）接班值班主任主持召开交接班会，听取各岗位汇报，传达上级指示与文件，布置工作重点，分配工作任务，制定完成任务的具体措施。

安全管理制度包括安全例会制度、安全检查制度、安全演练制度与事件、事故分析制度。其中安全检查制度包括运营前检查制度、每周一查制度、消防日检查制度、非正常工作日值班检查制度、安全大检查制度。

安全生产管理就是针对人们在生产过程中的安全问题，运用有效的资源，发挥人们的智慧，通过人们的努力，进行决策、计划、组织和控制等活动，实现生产过程中人与机器设备、物料、环境的和谐，达到安全生产的目标。

安全生产责任制是按照"安全第一，预防为主"的安全生产方针和"管生产必须管安全"的原则，将各级负责人员、各职能部门及其工作人员和各岗位生产人员在安全生产方面应做的事情和应负的责任加以明确规定的一种制度。

（4）运营组织。地铁的基本运营状态应包含正常运营状态、非正常运营状态和紧急运营状态。系统的运营必须在能够保证所有使用该系统的人员和乘客及系统设施安全的情况下实施。

地铁列车的旅行速度一般不低于35 km/h。设计最高运行速度大于80 km/h的系统，列车旅行速度应相应提高。

地铁线路必须为全封闭形式，同时列车应在安全防护系统的监控下运行。一般情况下，第一条线路的运营管理系统平均每千米管理人员宜控制在100人以下。列车交路一般可分为长交路、短交路和长短交路三种。地铁的线路之间及与其他轨道交通线路之间的交叉处，应采用立体交叉。

第三节　城市轨道交通规划

一、城市轨道交通规划的目的和意义

城市轨道交通系统是城市交通系统的子系统，而城市交通系统又是城市这个开放系统的子系统，城市轨道交通的发展必须和城市的发展相适应。城市轨道交通规划是城市交通规划的一个分支。城市交通规划的目的是了解城市现有的交通形态和土地的使用情况，根据城市未来发展蓝图，模拟反映城市未来交通发展状况，预测交通需求，设计科学合理的交通系统，既满足居民出行需求，又使资源得到合理配置，从而减少城市交通发展过程中的盲目性，按照城市发展规律和市场经济规律规划城市交通未来的发展方向。城市轨道交通规划则是在城市交通规划的基础上，科学分析客流发展趋势和不同交通方式在未来城市中的发展比例，同时结合城市的自然地理条件，合理规划路网，确定轨道交通发展规模并制定相应的实施对策及交通政策，为城市轨道交通的发展铺画蓝图。

城市轨道交通规划既然是城市交通规划中的重要组成部分，在规划制定和阶段划分上应该同步。城市轨道交通规划原则上可分为两个阶段，即城市轨道交通战略规划阶段和城市轨道交通项目规划阶段。城市轨道交通战略规划是长期的指导性规划，它主要内容有土地的使用、交通网络及交通政策的重大发展方向；交通需求与交通设施之间的供求关系，并使之达到动态的相对平衡；规划期的发展目标，达到目标的战略政策和行动方案，以指导轨道交通健康发展。城市轨道交通战略规划年限一般为20~30年。城市轨道交通项目规划是根据城市轨道交通战略规划的要求，对5~10年内应进行的项目做出实施性规划，它包括土地的具体使用、项目的详细规划和系统管理三个部分。

科学、合理、完善的城市轨道交通规划对城市发展具有重要而且深远的意义：为城市的未来发展模式提供借鉴，城市轨道交通的发展程度从某种程度上说是城市发展程度的标志；使解决城市交通问题成为可能；为有关决策部门制定政策和发展规划提供科学的依据。

二、城市轨道交通规划的原则

城市轨道交通规划是建设城市轨道交通的蓝图，是未来城市交通的发展目标，对城市交通发展具有导向作用，因此城市轨道交通规划必须遵守以下基本原则。

1. 可持续发展原则

城市可持续发展应重视公共交通，公共交通首选轨道交通。城市轨道交通规划作为未来城市轨道交通发展方向的指南针，必须符合可持续发展的原则，以最小的自然资源换取最大的社会效益。

2. 协同性原则

城市轨道交通规划应与社会经济协同发展。与此同时，城市轨道交通规划还应与国家的路线、方针、政策尤其是城市的发展方针和目标相一致；与城市总体规划、土地利用规划、产业布局规划相一致，并且应该结合地方特色，统筹兼顾；注重保护历史文物、城市传统风貌和自然景观等。

3. 整体性原则

城市交通系统最优化要求各种运输方式合理配置，协调发展，最终达到满足城市居民出行的需求。因此,应将城市交通系统作为一个整体,在城市总体交通规划的基础上,结合各种交通运输方式的发展规划,制定城市轨道交通的发展规划。

4. 动态性原则

城市的发展是动态的,城市交通的发展也是动态的。动态的发展需要动态的规划来适应,一成不变的静态交通规划不符合科学发展观,也不能适应现代化城市发展的需要。

5. 客观性原则

规划必须客观,要采用科学的理论和方法来指导规划工作。城市轨道交通规划应反映客观事实,提出未来城市交通模式和方向,从而为城市决策者提供真实、可靠的决策依据。

6. 可操作性原则

规划的目的是实施,一个可以实现的规划就是寻求需求与制约的各相关要素之间相互协调的过程。轨道交通规划既要满足社会经济发展的需要,又要受建设能力的制约,应在两者之间寻求一个平衡点,以保证规划是在最大可能实现前提下的对需求的适应。

7. 经济性原则

城市轨道交通规划应本着经济、节约的原则,最大限度地挖掘交通潜力,有步骤、有目的地在财力允许的基础上逐步建设轨道交通网络,而不能不顾经济实力盲目发展。

三、城市轨道交通规划的步骤与内容

(一)城市轨道交通规划的步骤

规划的核心内容是确定目标。目标决定规划,规划服务于目标。城市轨道交通规划的目标在于建立合理的轨道交通网络,使之对现有城市结构的不利影响减至最小;对未来城市发展最有利,能够最大限度地运送来往客流,满足居民出行需求。

(二)城市轨道交通规划的内容

1. 社会经济调查

社会经济调查的目的是针对交通规划的要求,对指定范围的社会经济状况进行全面的了解,详尽收集资料,并进行分析和整理,以供规划中使用。按规划阶段不同,可分为综合经济调查与个别经济调查。

综合经济调查是对一个城市以至整个区域的社会经济状况和发展远景进行全面调查,主要任务是收集编制交通网所需的全部资料。个别经济调查是按某一工程项目需要所进行的调查，主要任务是为规划线路设计确定位置、标准、施工程序及为经济评价提供依据。

2. 土地使用规划

土地使用规划的目的是合理有效地使用有限的土地，以满足城市必需的环境空间和活动需要。城市交通规划必须与土地使用规划协调运作，才能在保证合理使用土地的前提下构建轨道交通网络。

3. 出行需求的分析与客流预测

城市轨道交通规划中出行需求分析与客流预测常采用国际通行的"四阶段法"：建立出行生成模型；出行吸引模型；出行分布模型；出行分配模型，并进行分析与预测。

客流预测是确定城市轨道交通网络规模、交通方式选择、线路运输能力、车站规模、设备能力、运营组织、经济效益评价的重要依据。在规划路网时，先要根据居民出行调查及城市道路网等资料初拟路网规划图，然后预测路网客流量以证明路网设计的合理性，发现不当之处，要重新调整路网规划，并重做客流预测，多次反复，直到满意为止。

4. 轨道交通系统规划

（1）路线规划。城市轨道交通的路线规划应能满足未来城市发展对交通设施的需求，其设计也应有助于城市的健康发展并向市民提供公共服务。路线规划应采用网络结构形式，即路网结构。路线规划还应考虑能与其他公共交通方式及城市间铁路、航空、水运换乘便利，衔接紧密。

（2）站点设置。站点设置要考虑城市布局和居民出行便利，一般能在容纳大交通量的地区，尤其是能充分接近高密度居住区为最好。换乘枢纽应能满足各种交通方式的便利换乘，尽量缩短乘客的换乘时间。

（3）环境保护。为避免地面轨道交通的噪声、振动等危害及与其他交通线路平面交叉引起交通阻塞和事故发生，一般城市轨道交通都建设地下线路或高架线路。地下线路可以避免振动和噪声，但造价高昂；高架的振动和噪声也应控制在一定范围内，同时应考虑对城市景观的影响。

四、城市轨道交通线网规划

城市轨道交通规划设计可分为线网规划与线路设计两部分，两者是系统与子系统的关系。

1. 线网规划

线网规划是指规划、决策人员对城市轨道交通系统未来各个时期，包括从无到有、从线到网的不断发展的过程，进行分析、预测，并提出相应的、科学合理的规划方案与实施计划的全过程。线网规划更注重与城市发展的协调关系，强调城市整体发展的理论性、科学性、前瞻性，居宏观层面。

2. 线网规划的内容

城市轨道交通线网规划主要包括城市背景研究、线网结构研究、实施规划研究三个方面。

（1）城市背景研究。主要是对城市自然和人文背景加以研究，确立指导轨道交通线网规划的技术政策和规划原则。主要研究依据是城市总体规划和综合交通规划等。具体研究内容包括城市现状与发展规划、城市交通现状与发展规划（城市道路交通现状分析、道路网结构和布局、城市客运交通的发展和现状、城市交通发展总体战略、城市轨道交通现状）等。

（2）线网结构研究。主要包括合理规模研究、线网结构研究、线网方案客流测试、线网方案评价等。

（3）实施规划研究。实施规划是轨道交通是否具备可操作性的关键，主要研究内容是工程条件建设顺序、附属设施的规划。具体内容包括车辆段及其他基地的选址与规模研究，联络线分布研究，轨道交通线网与城市的协调发展及与环境要求、轨道交通和其他地面交通衔接研究等。

3. 线网基本结构形式

根据城市现状与规划情况编制的线网中各条线路组成的几何图形一般称线网结构形式。其形式一般要与城市道路的结构形式相适应，但在选定时，首先应考虑客流主方向，并为乘客创造便利条件，以便更多地吸引乘客。另外，由于交通与城市发展之间的相互作用关系，轨道交通建成后，将对城市发展产生重大而深远的影响。线网结构形式布置适当与否，直接关系线网建成后的经济效益、社会效益和交通服务质量。

为此，在设计线网时，不但要考虑各线的具体情况，更要考虑线网的整体布局，也就是要考虑线网总的结构形式是否合理。不同的路网结构形式，因其运输特性不同，对城市人口分布的影响也不同，因此，对城市结构的影响也不同。

（1）放射形（星形）。指所有线路只有一个换乘站的结构。其唯一的换乘站一般都位于市中心的客流集散中心，线网中所有线路间都可以实现直接换乘，但换乘站上的客流量大，换乘客流相互干扰也大，常易引起混乱和拥挤。此外，换乘车站的设计与施工难度也大，一般采用分层换乘，这使车站埋深增加，车站建设费增加，乘客换乘时间延长。由于所有线路都通达市中心，这使得郊区与市中心联系方便，郊区乘客可以直达市中心，并且由一条线到任何另一条线只要一次换乘就能到达目的地。但郊区之间联系必须经过市中心的换乘站。

（2）条带形（树状）结构。树状结构是指几条线路有 n-1 个交叉点（换乘站），且在网络中没有网格结构，形如树枝状，适合于沿江或沿山谷条带状发展的城市地域。

这种结构连通性差，线路间换乘不方便，两条树枝线间至少要换乘两次才能实现互通。此外线路上客流分布不均，同一线路上两个换乘站之间的路段因担负着大量的换乘客流，客流量较换乘站外侧路段显著增高，给线路的行车组织带来困难。

（3）棋盘式（栅格网状）结构。棋盘式结构是指由若干线路（至少4条）大多呈平行四边形交叉，所构成的网格多为四边形路网结构。这种结构一般在内城区分布较均匀，但深入市郊的线路不多；由于存在回路，连通性好，乘客换乘的选择也较多；线路多为平行分布，方向简单，一般只有纵横两个方向，能提供很大的输送能力，线路和换乘站上的客流也能分布得较均匀；由于没有通达市中心的径向斜线，市郊到市中心的出行不便。

（4）三角形（放射网状）结构。放射网状结构是指线路（至少3条）多为径向线且线路交叉所成的网格多为三角形的线网结构。这种结构中，多数线路都在市中心区发生三角形交叉，市中心区线路和换乘站密集而均匀，网络连通性好，乘客换乘方便，在规模不大的情况下，任意两条线路间都可以实现直接换乘，线网中交织成网的部分影响区范围较小，但深入市郊的射线很长。这种结构由于各个方向都有线路通达市中心区，市郊到市中心出行方便，市中心区对市郊的经济辐射距离较远，市郊之间发生交通联系必须到市中心区的换乘站换乘。

（5）复合形结构。指几种几何形状叠加在一起构成的结构，如放射加环形、棋盘加环形等。由于增加了环线，环线和所有经过的径向线间可以直接换乘，增加了整个线网的连通性，并减轻了市中心的线路负荷，起到疏散客流的作用。

（6）其他结构。国内外许多规模不大的城市，或城市地理位置特殊等原因，客流流向较为集中单一，往往不需修建更多的轨道交通线，形不成轨道交通网。目前，国外比较典型的线网有秘鲁利马1字形地铁、日本神户L形地铁、英国格拉斯哥O形地铁、巴西累西腓Y形地铁、哥伦比亚麦德林T形地铁等。

五、城市轨道交通线路设计

1. 城市轨道交通线路设计概念

线路设计是指在已经确定的城市轨道交通线网规划的基础上，研究某一条或某一段线路的具体位置，包括线路走向、敷设方式及站点选择和与其他交通路线或交通方式的换乘及分段修建计划等的确定过程。线路设计则关注线路走向的优化与沿线土地开发及地面交通的协调，强调项目实施的合理性、实用性、可操作性，居微观层面。

2. 城市轨道交通线路设计过程

城市轨道交通线路设计一般分为四个阶段，即可行性研究阶段、总体设计阶段、初步设计阶段、施工设计阶段。通过不同的设计阶段，逐步由浅入深，不断比较修正线路平面、纵剖面与坡度、线路车站间的关系，最后得到轨道交通线路在城市三维空间中的准确位置。

（1）可行性研究阶段。主要是通过实际调查确定方案，然后通过线路多方案比选，选择线路走向、车站分布、辅助线分布、线路交叉形式、线路敷设方式等；提出设计指导思想和主要技术标准。

（2）总体设计阶段：根据可行性研究报告和审批意见，初步确定线路平面规划，提出线路纵断面的标高位置；确定车站大体位置。

（3）初步设计阶段：根据总体设计文件及审查意见，完成对线路设计的原则技术标准的确定；基本确定线路平面位置和车站位置；开始进行右线纵断面设计。

（4）施工设计阶段：根据初步设计文件及审查意见，对部分车站位置和个别曲线半径等进行微调，对线路平面及纵断面进行精确计算和详细设计，并提供出施工图纸及说明。

3. 城市轨道交通线路设计内容

（1）选线。选线包括选择设计线路走向、车站分布、辅助线分布、线路交叉形式、线路敷设方式等。选线分为经济选线和技术选线。

经济选线就是选择行车线路的起始点和经过点，使城市轨道交通线路应尽可能多地经过一些大的客流集散点，如闹市区、商业区、政治文化经济中心、居民生活集中区、工矿区、地面交通枢纽等，吸引最大的客流量，提高城市轨道交通的内部效应，方便市民搭乘轨道交通。

技术选线就是按照行车线路结合有关设计规范平面和纵剖面设计要求，确定不同坐标处线路位置。一般要遵循先定点，后定线，点线结合的原则。定点就是选定车站的位置。两条轨道交通线路交叉时，应在交叉点上设换乘站。

线路敷设方式分为地面线、地下线、高架线三种情况。这三种方式有着各自的特点：地面线节约投资，但噪声大，占地大；地下线投资大，工期长；高架线占地少，噪声大，但工程投资一般能比地下线少 1/5~1/3。应根据城市环境、地形条件和总体规划要求，因地制宜地选择线路敷设方式：在城市中心区，宜采用地下线；在城市中心区外围，且街道宽阔地段，宜首选地面和高架线；在地面和高架线地段，应注意环境保护和景观效果，并维护地面道路的交通功能。在设计时，无论是地下线还是地上线，都要充分考虑利用地下和地上的空间资源。所以，规划部门要严格按路网规划用地要求控制用地，以防后患。

（2）线路平面设计：从平面上看，线路是由直线和曲线组成的，曲线包括圆曲线和缓和曲线。在线路设计时，主要是根据实地情况和技术要求考虑线路平面组成要素，即直线与曲线的技术标准，如曲线半径、圆曲线长度、缓和曲线等。

（3）线路纵断面设计：从纵断面上看，线路主要是由平道和坡道组成。在线路设计时，主要是根据地形、地质情况及工程量和施工条件等因素，考虑线路纵断面组成要素，即平道与坡道的技术标准，如最大坡度、最小坡度、坡段长度、坡段连接及竖曲线等。

（4）车站站位的选择。一般车站按纵向位置分为跨路口、偏路口、两路口之间3种，按横向位置分为道路红线内外两种位置选择。

跨路口站位。站位跨主要路口，并在路口的各个角上都设有出入口，乘客从路口任何方向进入轨道交通系统均不需过马路，增加乘客安全，减少路口的人、车交叉，与地面公交线衔接好，乘客换乘方便。

偏路口站位。车站不易受路口地下管线影响，减少车站埋深，方便乘客使用，减少施工对路口交通的干扰，减少地下管线拆迁，降低工程造价。在高寒地区，当轨道交通为高架线时，可以减少高架桥体阴影对路口交通安全的影响。不足之处是乘客集中于车站一端，降低车站的使用效能，增加运营管理上的困难。将车站出入口伸过路口，或增加路口过街人行道（天桥），并与出入口连通，或者将车站设计成上下两层式，可以改善路口车站的功能。

两路口之间站位。当两路口都是主路口且相距较近（小于400 m），横向公交线路及客流较多时，可将车站设于两路口之间，以兼顾两路口。

道路红线外侧站位。一般在有利的地形条件下采用。当基岩埋深浅、区间可用矿山法暗挖、道路红线外侧有空地或危旧房区改造时，地铁可以与危旧房改造结合，将车站建于红线外侧的建筑区内，可以少破坏路面，少动地下管线，减少交通干扰，充分利用城市土地。

第四节　城市轨道交通发展展望

一、世界城市轨道交通发展状况

1863年，世界上第一条地铁诞生在英国伦敦。现在，世界各国建造轨道交通方兴未艾，新系统、新形式层出不穷。世界主要大城市大多有比较成熟与完整的轨道交通系统。有些城市轨道交通运量占城市公交运量的50%以上，有的甚至达70%以上。巴黎有1000万人口，轨道交通承担70%的公交运量，这一比例在东京是86%，在莫斯科和中国香港是55%。

二、当前世界大城市轨道交通发展特点

1. 交通类型多样化

目前，国际上技术比较成熟、已经上线运营的城市轨道交通有地铁、市郊铁路、轻轨、单轨、导轨、线性电机牵引的轨道交通及有轨电车七种。其中，市郊铁路、地铁、轻轨和有轨电车应用最广泛，线性电机牵引系统最有发展前途。

2. 交通布局网络化

纽约、伦敦、巴黎、莫斯科、东京等轨道交通较为发达的城市，基本已形成一定的轨道交通规模和网络，可以延伸到城市的各个方向。呈辐射状分布的城市轨道交通系统已成为这些现代化大都市的重要干线交通，不仅缓解了城市交通的拥挤状况，而且绿色环保，在城市的社会活动、经济活动中发挥着不可替代的重要作用。以莫斯科为例，该市自1935年建成第一条地铁线路以来，已拥有一个遍及全市的立体交叉地铁网，总长达243 km，由一条环线和8条辐射线组成，设有140多个车站，每天运营20 h，高峰时列车间隔仅为75 s，时速41 km，日运行量高达800多万人次，居世界之首。客运密度为每千米1400多万人，高于伦敦和巴黎。同时，地铁环线的不少车站与东西南北各个方向的市郊电气化铁路相衔接，乘客换乘方便，可抵达莫斯科州的各个城镇。此外，地铁车站还与航空港、港湾站、铁路干线始发站相连接，出行远方也极为便利。

3. 资金来源多元化

目前，多数国家由中央政府、地方政府和轨道交通受益部门共同投资建设城市轨道交通系统。日本地铁建设采用补助金制度，对于市郊铁路，由国家和地方政府负担36%的补贴，而对单轨等新交通方式，国家的补贴达2/3；德国交通财政资助相关法律规定，每年向购油者加收10%的税收作为城市交通建设资金，联邦政府负担60%，州政府负担40%；巴黎的法规规定，城市交通设施基本建设，中央政府投资40.5%，其余的由地方政府和有关部门投资。

一些国家还采取有偿使用资金和受益者投资的方法，例如，日本是将各级财政以不同形式筹集的资金，以有偿使用方式通过金融机构提供给企事业单位，其单轨新交通建设，除国家、地方政府补贴外，沿线受益者也要资助建设。

三、我国城市轨道交通现状分析

我国第一条地铁于1969年在北京建成，此后停顿了20多年，到1995年才在上海建成地铁1号线。改革开放以来，经济快速、持续、稳定的增长，增强了城市的综合实力，加快了城市化进程。城市人口的集聚和城区面积的扩大，带来了出行总量

的增加及出行距离的延长，常规的公共汽车已无法满足居民的出行需求，交通的发展使得各大城市均把建设大容量的快速轨道交通作为解决城市交通问题的最主要技术政策。城市轨道交通作为支撑城市正常运行的大动脉，发展迅速，各地建设轨道交通的热情高涨。十几年前，地铁还只是北京、上海、广州等少数城市的"风景线"，但20世纪90年代后，中国许多城市在轨道交通建设上发展迅速，中国城市轨道交通发展用15年走过了发达国家100年的发展历程，轨道交通的技术和装备也从原来的依赖进口走向自主化、国产化开发。这使得轨道装备的市场前景巨大，已经向建设健全产业链发展，许多企业都希望进入装备的生产和供应领域。

20世纪90年代至21世纪的现在是中国城市轨道交通快速发展的新时期。随着经济的快速发展，城市综合规模的迅速扩大，中国城市化进程的加快，轨道交通的作用愈发突出。近30年来，中国城市轨道交通正逐步进入稳步、有序和快速发展阶段，尤其是近10年来，由于国家政策的正确引导和相关城市对规划建设轨道交通的积极努力，在发展速度、规模和现代化水平方面均凸显了后发优势。但是，与世界发达国家大城市的轨道交通发展现状相比，差距还很大。中国城市还均未形成有效的轨道交通运行网络，总体规模不大。

据中国城市轨道交通协会统计，截至2018年底，中国大陆有35座城市开通运营轨道交通线路，总里程高达5766.6 km，在2019—2020年期间，全国城市轨道交通将又有约2400 km线路新建成并投入运营。

我国的城市轨道交通建设发展迅速，正在进入快速有序的发展阶段，据国家发改委和建设部的有关资料显示：我国城市轨道交通一直保持快速发展势头，"十二五"规划前四年，已经完成投资8600亿元，建成1600 km的城市轨道交通。2015年是"十二五"规划的收官之年，已完成3000亿元，建设400 km的城市轨道交通。"十二五"轨道交通投资超过1万亿元，营运里程已达到3500~3600 km。国家发改委基础产业司官员表示，国家发改委已明确发展目标：到2020年，我国城市轨道交通总里程要达到6000 km，也就是说，在"十三五"期间，每年要完成500 km的轨道交通建设。

第二章 工程总体施工组织与安排

第一节 总体施工组织管理机构

结合深圳轨道交通 7 号线 BT 项目工程特点，中国水利水电第十一工程局有限公司成立中国水电十一局深圳地铁 BT 项目工程指挥部，由公司副总经理担任指挥长，并设指挥部副指挥长 6 名及总工程师 1 名，总体负责 7301-2 标和 7307-1 标施工组织审查及协调管理，指挥部下设 7301-2 标项目经理部和 7307-1 标项目经理部，具体负责两标段的合同履约及现场施工组织管理。

一、7301-2 标项目部施工作业队配置

结合施工内容特点，7301-2 标项目部下设 3 个作业队，每个作业队设队长 1 名、副队长 1 名、主任工程师 1 名和综合室、技术室、安置室、机物室、财务室 5 个办公室，其中第一作业队负责西丽湖站施工，第二作业队负责西丽站施工，第三作业队负责西丽湖—西丽站区间盾构施工。每个作业队根据各自不同施工情况设置不同的作业班组。

西丽湖站由第一作业队负责施工，西丽站由第二作业队施工，各配置 5 个施工班组及 4 个专业组。5 个施工班组分别为连续墙施工班组、钻孔桩施工班组、土方开挖施工班组、钢支撑安装施工班组、主体混凝土结构施工班组；4 个专业组分别为爆破施工专业组、防水施工专业组、降水施工专业组、白蚁防治专业组。西丽湖—西丽站区间由第三作业队负责施工，配置动力组、盾构组、防水施工组、综合组。

二、7307-1 标项目部施工作业队配置

结合施工内容特点，按照现场作业区划分，7307-1 标项目部下设 21 个施工作业队，每个施工作业队设队长 1 名、副队长 1 名、高级主管 1 名。其中土石方开挖运输作业队 3 个，边坡支护作业队 4 个，地基处理作业队 2 个，隧道施工作业队 2 个，挡墙及

箱涵施工作业队 1 个，道路及桥梁施工作业队 1 个，上盖混凝土施工作业队 3 个，装修作业队 2 个，给排水、机电及通风设施安装作业队 3 个。

第二节　施工重难点及对策

深云车辆段南侧为香瑞园小区及天然气车辆维保中心，西侧为南坪快速路，北侧及西侧有一条成品油管道穿过，周边环境复杂。土石方开挖量 432 万 m³（其中石方 166 万 m³），需在 16 个月内完成，日均施工近 1 万 m³，目前仅有一条运输道路，至部九窝渣土接纳场运距达 15 km，石方爆破、运弃施工组织困难，而土石方施工控制了综合楼、运用库、试车线隧道等后续土建工程的开展，关系到车辆段能否按期完工，工期风险大。主要应对措施：

1. 进场后积极主动与成品油输油管道产权单位、香瑞园小区业主委员会、南坪快速路、深圳市疾控中心等单位积极联系沟通，共同确定环境保护措施，包括在居民区一侧设置声屏障、施工场内道路硬化、架设贝雷桥连通车辆段场地和南坪快速路、车辆段场地进出口设置洗车机、对输油管道保护等措施，创造良好的外部关系，寻求理解与支持，减少外部施工干扰，确保施工顺利进行。

2. 发挥公司在大规模爆破开挖方面的技术优势，进行科技攻关及工艺试验，编制专项控制爆破方案，在满足周边环境要求的前提下进行微振动爆破，从而提高开挖功效，保证工期。

3. 制定合理的施工方案，场区共分 4 个开挖区，在距离成品油管线水平距离小于 30 m 以内采用液压锤破碎，在距离成品油管线水平距离 30~60 m 范围内采用手风钻钻孔爆破，台阶高度 1.5~3 m；在距离成品油管线水平距离 60~80 m 范围内可采用小台阶潜孔钻钻孔爆破，台阶高度 5 m，如采用 10 m 高台阶爆破，则孔内进行分段；在距离成品油管线水平距离 80 m 以外采用钻孔爆破，台阶高度 10 m。

在距离香瑞园小区水平距离小于 60 m 范围内采用手风钻钻孔爆破；在距离香瑞园小区水平距离 60~80 m 范围内采用潜孔钻钻孔爆破，台阶高度 5 m；在距离香瑞园小区水平距离 80 m 以外采用潜孔钻钻孔爆破，台阶高度 10 m。

距离防护对象相对较远，采用深孔梯段爆破，台阶高度 10 m。所有永久开挖轮廓面均采用预裂爆破或光面爆破（岩石条件差时）。所有爆破产生的大块或原有填筑料中的大块均采用液压锤进行破碎。

4. 合理安排施工顺序，优化施工结构。施工时间长的综合楼、运用库及综合库区域的场坪，完成一块，及时围闭提供一块，尽快转序以保证工期。

5. 配足土石方施工设备，按高峰期每天 15000 m³ 施工能力进行土石方设备配置，做好设备的维修保养工作，在资源投入上保证工期。

6. 搞好弃土场规划，缩短运距，在业主指定的部九窝弃土场（深圳规土委曾发文，部九窝有二期扩容规划，容量约 1500 万 m³）的基础上，争取地方政府部门的支持，通过详细调查，规划新的弃土场。

7. 做好场区内的防排水系统，为土石方施工创造良好条件。

8. 做好高边坡防治（挡墙锚杆框架梁、混凝土封闭、炭补等），确保施工安全。

9. 做好运土车辆的运输管理，在重要路口、立交桥等位置派专人 24 h 对运土车辆进行监控指挥，杜绝违章行车。

第三节　施工组织安排

一、西丽湖站总体施工组织安排

西丽湖站总体施工安排以优先满足盾构始发井和首通段工期要求为原则。丽西区间盾构始发要求在 2013 年 10 月 1 日完成，首通段要求在 2014 年 4 月 30 日完成车站土建主体结构。

连续墙施工时为一个工作面，钻孔桩施工时分为两个工作面同时进行，钻孔桩与连续墙同时进行施工。连续墙施工方向由西向东，先施工左线，后施工右线。连续墙先施工左线 DK0+411.627~DK0+536.615 段（西湖林语侧，21 幅），再施工左线 DK0+304.615~ZDK0+411.627 段（西湖林语侧，18 幅）及右线 DK0+147~DK0+224.955 段（动物园管理处）。

钻孔桩施工时第一、第二工作面均由西向东施工。第一工作面先施工右线 DK0+411.627~DK0+536.0496 段（西湖林语小区对面），再进行右线 DK0+304.615~ZDK0+411.627 段（西湖林语小区对面）施工。第二工作面先施工右线 DK0+224.955~YDK0+304.615 段，完成后施工左线 DK0+147~ZDK0+304.615，最后进行 DK0-007.686~DK0+147 段施工。冠梁、混凝土支撑分段组织施工，在连续墙、钻孔桩、旋喷桩每纵向施工完成 15 m 后开始施工，满足基坑开挖要求。

车站主体结构施工时纵向分为 37 个施工段，其中 1~7 段为盾构始发井段，施工时分 3 个工作面施工。第一工作面由西向东施工 1~17 段，第二工作面由东向西施工 24~18 段，第三工作面由西向东施工 25~37 段。

为了满足盾构始发条件，在基坑封闭后进行盾构始发井段主体结构施工，无法满足丽西区间盾构始发工期要求，施工时先进行 DK0+411.627~DK0+536.615 段围护结构施工，并在DK0+411.627处沿基坑横向施工3排φ600双管旋喷桩止水帷幕，将基坑隔断后先进行盾构始发井主体结构施工。盾构始发井第1段基坑开挖到基底后开始西丽区间暗挖段施工，同时继续向西施工2~17段主体结构，第1段主体结构在暗挖段左线二次衬砌施工完成后施工。盾构始发井1~3段地层大部分为微风化和中风化花岗岩，基坑范围内岩面高度7.9~14.5 m，其中第1段基坑采用锚喷支护，可提前与围护结构同时施工，施工时临近西湖林语25 m范围微风化岩采用静态爆破，中风化及25 m外中、微风化岩采用液压钻孔配合机械破除，基坑边坡采用锚杆+网喷混凝土支护。盾构始发井DK0+411.627~DK0+536.615段围护结构施工时，加快施工进度，满足2~3段（微风化和中风化花岗岩）基坑开挖需要，同时第4段后基坑开挖时应保证盾构井DK0+411.627~DK0+536.615段围护结构及基坑止水帷幕施工完成，基坑处于封闭状态。

第12段顶板施工完成后进行车站内部结构施工（包含站台板、轨顶风道、楼梯等）。主体结构施工完成，顶板覆土回填，进行第二阶段附属工程施工。

1. 进度安排

西丽湖站总工期目标为2014年4月30日车站主体结构完成，其中盾构始发井段主体结构（约90 m主体结构）2013年10月1日完成。

2. 施工平面布置

（1）施工场地围蔽和场地硬化

施工现场实行封闭式管理。施工场地采用轻质彩钢围挡。临时场区内钢筋加工棚、场内地坪、仓库、材料堆放场等所有施工场区内均进行硬化处理，硬化采用C15混凝土厚20 cm。办公、生活区室内部分采用50~100 mm厚的水泥砂浆硬化，上铺地板砖。室外部分采用厚10 cm的C15混凝土硬化，硬化前作场地平整，基层均碾压密实。

（2）大门、门卫及洗车槽

施工场地设大门，大门内侧设门卫，门卫负责现场的安全保卫及车辆人员出入登记检查工作。大门门口设置工程自动洗车台一座。四周设集水沟，集水沟与基坑沉淀池连接，污水经沉淀过滤后通过污水处理系统排放。

（3）办公生活用房

为保证施工的顺利进行，施工前必须做好场地内临建的施工。临时房屋主要包括：项目部办公生活用房、业主和监理生活用房等。办公及生活用房选用可重复拆装，钢架结构，泡沫板填充的两层活动房屋。房屋的布置要求安全、紧凑、美观、大方且与周边环境相适应，满足生产人员的工作需要，保证管理、生产人员有较好的工作环境。

项目部职工住房及生活娱乐设施用房面积按5 m²/人设计，按4人/间安排。每个房间内安装一台窗式空调。施工队施工人员住房按2 m²/人布置，每个房间不超过8人。

（4）场内道路

施工场地内在动物园侧修建 1 条净宽 5 m、长 200 m 的场内道路。该道路标高比场内平整面高出 5 cm，防止场地内水回流至道路上。场内道路基底必须碾压密实，达到承载力要求。路面结构采用 25 cm 厚 C20 混凝土路面。

场地南北侧两侧连续墙与场内道路之间的地段回填密实，顶部采用 10 cm 厚 C20 混凝土硬化，为吊机施工提供作业面。

（5）其他临时设施

施工现场所需的物资均进库存放，以达到防湿、防日晒的目的。库房面积 200 m²，采用集装箱。木工加工棚 120 m²，钢筋加工棚 240 m²，木工加工棚和钢筋加工棚根据实际需要搭建防雨设施。建半成品堆放区，此部分采用钢结构支撑及钢架屋顶，上覆防雨板。

钢筋笼制作平台用 12 号槽钢，间距 2.0 m 排放；钢筋堆放场地应分规格堆放；设半成品钢筋堆放场地一处，做好监管和保护工作。

（6）现场安全标识、警示牌设置

在主体围护结构施工现场，设置安全宣传标语。在变压器、分线开关箱、电焊机、切割机等危险部位设置警示牌。泥浆沟、废水池、靠近道路的施工机具、临时坑槽等处设置红灯示警，保证夜间过往行人和车辆的安全。

在场地大门口右侧设置施工铭牌及"七牌一图"。

（7）施工用电

西丽湖站围蔽范围安装 1 台 400 kVA 和 1 台 800 kVA 的变压器。施工动力线变压器处设配电室面积 40 m²，作为整个施工场地的全部用电控制中心，按 380 V 三相五线制架设。线路沿围蔽边墙用 45 mm² 的铜芯电缆布设，每 20 m 设分线开关箱，并用电缆引出拉至施工工作面，为保证前期正常施工和防止市网系统电网停电、断电，备用两台 150 kVA 发电机，搭设 15 m² 的发电机房。在配电室及发电机房处设置明显警示标志，并设置隔离措施。

施工现场设置一名电气技术人员担任电气安全负责人，其责任是负责该现场日常安全用电管理。施工现场的一切电气线路、用电设备的安装和维护必须由持证电工负责。施工现场一切移动式电动机具（电焊机、切割机、氧弧焊机、潜水泵等）机身上必须写上编号，检测绝缘电阻，检查电缆外绝缘层、开关、插头及机身是否完整无损，防止漏电发生事故。

（8）施工用水

施工用水由业主提供的接水点接入，并每间隔 20 m 预留接水点。接水点尽量接近各个用水点。车站沿基坑边、洗车场四周设排水沟，排水沟采用砖砌水沟，水泥砂浆抹面，水沟尺寸为 40 cm×30 cm，保证场区内的施工废水、生活污水、雨水等顺利疏排，排水沟设置拦污网，定期进行清理。在大门口设置洗车台，驶出车辆必须冲刷干净，避免将场地内烂泥带出而污染环境。在大门口左侧设置一 15 m×5 m×2 m 的泥浆沉淀池，场地内的废水排入沉淀池，沉淀达标后排入附近市政排污管网。

（9）消防设施设置

施工现场明确划分用火作业区、仓库、机械车辆停放区、办公区、生活区等。各个区域之间的距离均符合防火规定。施工现场仓库、木工棚、用火集中区均张贴（悬挂）醒目的防火标志。钢筋加工区属于用火集中区，钢筋加工区设置在主体施工场地南侧平整区内。钢筋加工场地设置 2 个泡沫灭火器、2 个干粉灭火器，紧靠场地右侧宽敞地段设置消防沙堆一处（方量不小于 8 m³）。

食堂也属于用火较多的地方。食堂门口墙壁上悬挂两个泡沫灭火器，右下方设置消防沙堆一处（方量不小于 8 m³）。

木工加工区左右两侧各设置 1 个泡沫灭火器，设置消防沙堆一处（方量不小于 8 m³）。机械、车辆停放检修区左右两侧各设置泡沫灭火器 1 个。项目部办公区、生活区、施工生活区每 80 m² 设置泡沫灭火器 1 个，悬挂在外侧墙壁较宽敞处。

二、西丽站总体施工组织安排

1. 施工阶段及施工段的划分

西丽站分主体和附属结构两个阶段施工。

第一阶段：首先进行车站主体围挡及围护结构施工，并施工临时支撑立柱、支托横梁、联系梁支托雨水箱涵，明挖顺筑法机械开挖，从 5 号线由中间向两端对称开挖一层支撑一层，其中于 5 号线换乘节点处的二级基坑开挖必须严格对称开挖支撑，保证 5 号线的运营安全，完毕后进行主体结构施工，待雨水箱涵原位置的车站主体结构顶板凹槽施工完毕，恢复原位置雨水箱涵，并拆除临时雨水箱涵及支撑体系，恢复路面系统，拆除围挡。

第二阶段：进行4个出入口的围护结构及主体结构施工，首先进行围护结构的施工，开挖支撑完毕后，采用矿山法开挖出入口与主体的连接通道，随后进行出入口主体施工，完毕后恢复周边路面系统，拆除围挡。

车站基坑土方及主体结构工程采用分段分层施工，以减少基坑暴露时间，确保基坑稳定，同时通过合理的施工分段又可以控制结构混凝土的收缩裂缝，提高结构抗渗性能。现场施工段划分原则如下：

（1）施工缝设置于两中间柱之间纵梁弯矩、剪力最小的地方，即纵向柱跨的（1/4）~（1/3）处。

（2）施工节段的划分考虑与楼层上楼梯口、电梯口预留孔洞及侧墙上的人行通道和电力、电缆廊道位置尽量错开。

（3）施工：节段的长度控制在16 m左右，特殊地段除外。根据分段原则，西丽站主体结构自北向南共划分16个施工段，其中北侧分为9段（即N1、N2、N3、N9），南侧分为7段（即N10、N11、N12、N15、N16），N9及N10段为二级基坑处，为三层结构。大部分节段都是16 m左右。

车站共计4个出入口通道，4个通道均为明挖施工，主体结构分成3段施工，每段主体结构分成两次浇筑混凝土（底板、侧墙和顶板各一次）。

2. 施工顺序

（1）总体施工顺序

西丽站被5号线分割成两个独立的南北侧基坑，两侧基坑施工顺序相同，以北侧为例，其总体施工顺序为：围挡施工＋围护结构施工（含降水井、临时支撑立柱、支托横梁、联系梁支托雨水箱涵）＋冠梁、雨水箱涵＋第九段土方开挖＋其他节段土方开挖＋主体结构施工＋土石方回填。

（2）车站主体施工顺序

车站北侧基坑的围护结构、土方开挖、主体结构，均由南向北施工。车站南侧基坑的围护结构、土方开挖、主体结构，均由北向南施工。

车站主体施工顺序为：车站围护结构＋施工车站基坑开挖及支撑（从中间向两端）→施工车站主体结构及防水层施工＋车站土石方回填。

（3）出入口及风井施工顺序

出入口及风井施工顺序为：围护结构施工＋土方开挖＋前两段底板施工＋前两段侧墙顶板施工—N3段底板施工—N3侧墙顶板施工（敞口段无顶板）—楼梯施工。

（4）风井施工顺序

风井施工顺序为：围护结构施工—土方开挖—结构底板施工＋侧墙及顶板施工。

（5）车站主体每段施工顺序（标准段）

车站主体每段施工顺序（标准段）为：场地围挡，施工围护结构—施工冠梁及第一道混凝土支撑＋基坑内降排水＋待冠梁强度达到85%后自上而下开挖基坑，同时施作支撑，直至基坑底部＋进行围护结构堵漏处理—铺设接地网、垫层、底板防水层，底板施工、待底板强度达到90%后撤除第四、三道支撑，边墙防水层、边墙、柱施工→中板施工，待中板达到设计强度90%后，撤除第二道支撑，继续施作边墙防水层、边墙、柱—顶板、顶板防水层施工，待顶板达到设计强度100%后，撤除第一道支撑＋站台板，车站内部结构，同时回填覆土，恢复地面。

（6）水平施工缝的留设

每层中柱水平施工缝均留设在本层板顶和上层梁底标高处，梁柱接头核心区混凝土同梁、板混凝土一起浇筑。

侧墙水平施工缝均留设在当层板腋角拐点上 200 mm 处，每层侧墙设一道水平施工缝。

3. 施工进度安排

深圳地铁 7 号线总工期目标为 2016 年年底完成运营通车。西丽站里程碑工期为：2012 年 12 月 1 日围护结构工程开工；2013 年 7 月 28 日完成主体工程围护结构施工；2014 年 2 月 4 日完成主体工程基坑开挖及支撑施工；2014 年 11 月 3 日完成车站主体结构施工；2015 年 8 月 19 日完成出入口、风井等附属结构施工。

（1）施工关键线路

根据施工进度计划安排及施工强度，西丽站施工的关键线路为北侧二级基坑施工。施工关键线路为：工程开工＝第一阶段围挡施工、管线改迁＋地连墙施工＋冠梁施工→第九段基坑开挖＋第八段基坑开挖＋第八段结构施工→第七段结构施工＋第六段结构施工→第五段结构施工→第四段结构施工＋第三段结构施工→第二段结构施工→第一段结构施工—回填路基层至设计标高、拆除围挡结构＋车站顶路面结构、出入口结构、车站内剩余附属结构、风井施工，绿化恢复，土建工程完工。

（2）施工强度分析

1）主体围护结构施工：地下连续墙，混凝土约 12444 m²，124 幅，工期 5 个月，月平均强度 25 幅/月、2500 m²/月，高峰强度 30 幅/月、3000 m²/月，高峰期发生在 2013 年 3 月~5 月。

2）主体基坑土石方开挖：开挖量北侧基坑共约 19.5 万 m³，南侧基坑共约 11.3 万 m³，工期 6 个月，北侧基坑平均强度 3.2 万 m³，高峰强度 4.5 万 m³，南侧基坑平均强度 1.9 万 m³，高峰期强度 4 万 m³，高峰期发生在 2013 年 9 月~11 月。

3）主体混凝土结构：约 4 万 m²，工期 11.5 个月，平均强度 3500 m²/月，高峰强度 600 m²/月，高峰期发生在 2014 年 1 月~6 月。

（3）施工进度安排

1）围护结构：西丽站北侧基坑地连墙围护结构按 1.5 天/幅计算，共 70 幅，120 天完成，临时立柱和降水井计划 60 天完成；西丽站南侧基坑地连墙围护结构按 1.5 天/段计算，共 50 幅，100 天完成，临时立柱和降水井 50 天完成；冠梁边开挖边施工但不得影响土方开挖，60 天内完成冠梁施工。

2）土方开挖：西丽站北侧基坑土方量为 19.3 万 m³，按两个工作面计算，平均出土 1100 m³/天，计划 176 天完成土方开挖；西丽站南侧基坑土方量为 11.3 万 m³，按两个工作面计算，平均出土 730 m³/天，156 天完成土方开挖。

3）主体结构

西丽站北侧主体结构分为 9 段，其中第九段为三层结构段，第一段至第八段为二层结构段。南侧主体结构分为 7 段，其中第十段为三层结构段，第十一段至第十六段为二层结构段。二层结构段：底板20天/段，当施工完两段底板后开始施工站台层结构，38天/段。站厅层结构计划42天/段。

三层结构段：底板施工20天，地下三层结构施工51天，地下二层结构46天，地下一层结构施工51天。

4. 施工总平面布置

（1）临时建筑（施工驻地、施工围挡、施工便道等）

1）施工驻地及便道

西丽站主体施工场地分为南北两个区。北区围挡面积13 407 m²，南区围挡面积9007 m²。为便于车站施工，根据现场实际情况，在北侧设置生活区和生产区，在南侧只设置生产区。

2）场地硬化

生产区采用150 mm厚C20混凝土硬化；施工便道采用250 mm厚C20混凝土并增设钢筋网硬化，配筋为φ12钢筋@200单层双向。生活区有小型车辆行走的部分用200 mm厚C20混凝土硬化，人行部分采用100 mm厚C20混凝土硬化，室内用100 mm厚C20混凝土硬化。

3）施工围挡

生产区、生活区围挡均应采用深圳市轨道办统一要求的地铁三期工程标准围挡。围挡基础采用0.2 m宽、0.3 m厚C20混凝土，每块围挡长3 m，高2.7 m，相邻两块围挡之间用120 mm×120 mm PVC立柱连接，立柱内设置100 mm×100 mm钢管，立柱高均为2.7 m。立柱基础分为地上和地下两部分，地下基础为400 mm长、400 mm宽、700 mm厚的C30钢筋混凝土，地上基础为400 mm长、200 mm宽、300 mm厚的钢筋混凝土。

围挡采用法兰盘和锚筋连接，锚筋顶不过丝，连接M16螺帽。在围挡基础混凝土上钻孔固定16 mm钢板法兰，法兰四个角设置螺栓孔，将法兰固定在混凝土基础上。法兰钢板上焊接固定PVC立柱内钢立柱。焊接完成后套入PVC立柱，安装22 mm PVC扣板围挡。

4）场地排水

场地沿围挡设置主排水坡，沿施工便道两侧设置副排水沟；横向以施工便道南侧边线为界，向南设置1%排水坡，地表水排入基坑边水沟。在临时围挡边每20 m设置一个集水井，排入改移后交通疏解道路下的污水管。

主排水沟尺寸为600 mm×400 mm，便道两侧和基坑四周设置矩形排水明沟，水沟净空为400 mm×300 mm。水沟采用100 mm厚C20混凝土铺底，24砖墙，20 mm厚M10砂浆抹面。顶部采用钢筋网片加盖。

房屋前后设置矩形排水沟，24砖墙，300 mm×300 mm（宽×深），上盖活动式预制混凝土格栅盖板，盖板面平齐于硬化后地平面。

排水沟过道路位置埋φ400 mm钢筋混凝土管通过，管底设C15素混凝土基座。排水出口处设3级沉淀池，严禁工地污水直接外排。

洗车槽边设置沉淀池，生活区设置沉淀池，污水经沉淀后通过污水管排入污水井。

5）现场不设泥浆池，地墙和桩基施工均采用泥浆箱组合泥浆工厂。泥浆工厂应搭设标准泥浆棚。严防泥浆外泄和扬尘外泄。

6）龙门吊

主体结构施工时场地内布置两台龙门吊，南、北侧各一台，42 m宽，吊重为16 t。龙门吊走形轨采用P43钢轨，跨冠梁段直接在冠梁固定，跨施工便道段直接固定于施工便道上。

7）钢筋加工棚

钢筋加工棚长20 m，宽8 m，高度3.7 m。立柱采用100 mm×100 mm×6 mm方钢管，纵距3.8 m，横向间距7.4 m。顶棚采用φ50×3钢管制作，顶部铺设彩钢板。每根立柱底部浇筑混凝土固定。

（2）工地试验室

项目部设置工地试验室，负责取样、做试件现场试验检测、试件养护、资料收集整理工作，主要试验检测项目委托具有相应资质的试验检测机构进行检测。

（3）安全、环保设施

施工场地四周设置混凝土围挡，深基坑和竖井周围设置护栏，为施工及管理人员配置工作服、安全帽、帆布手套等防护用品，夏季发放防暑降温物品，施工场地设置排水沟、沉淀池，渣土运输车必须进行覆盖。

（4）防火、防爆设施

各个生产、生活区配足灭火器，配备消防砂，设置消防栓。火工用品及液化气单独设置存储用房。

三、西丽湖—西丽站总体施工组织安排

1. 施工总体进度安排

区间右线：2013年12月20日盾构下井安装调试；2014年1月20日始发掘进，2014年12月20日完成到达，正常掘进11个月。区间左线：2014年1月20日盾构下井安装调试；2014年2月20日始发掘进，2015年1月20日完成到达，正常掘进11个月。2015年3月31日前完成联络通道及其他附属工程施工。

2. 关键节点工期

（1）开工准备：2013年9月1日进场进行场地布置，临建施工。

（2）盾构进场安装调试：右线 2013 年 12 月 20 日；左线 2014 年 1 月 20 日。

（3）盾构始发掘进：右线 2014 年 1 月 20 日；左线 2014 年 2 月 20 日。

（4）盾构完成掘进到达：右线 2014 年 12 月 20 日；左线 2015 年 1 月 20 日。

（5）盾构吊出：右线 2015 年 1 月 20 日；左线 2015 年 2 月 20 日。

（6）附属工程：2015 年 3 月 31 日完成盾构区间所有附属工程施工。

3. 区间隧道关键线路

根据区间隧道施工进度安排，关键线路为右线和左线盾构区间隧道施工。关键线路：人员进场、施工前期准备→盾构机进场、下井组装调试→区间右线盾构机掘进施工→右线盾构机到达区间→左线盾构机掘进施工→左线盾构机拆卸、起吊→区间洞门施工、联络通道施工、嵌缝等→洞内清理、场地清理→竣工验收。

4. 主要项目进度指标分析

（1）进度指标分析

参照其他工程类似地质情况下的施工经验，西丽湖—西丽站区间盾构施工进度指标按 160 m/月计算（根据设计，每环 1.5 m，单台盾构机）。

（2）分项进度指标

根据招标文件对工期的要求、各分项工程量、配备的人员、设备情况和参考其他项目施工经验，制定主要工序进度指标。

第四节　施工准备和协调方案

一、施工准备

项目部人员进驻现场后开展施工调查，协助业主办理征地拆迁、现场交接桩等工作，为组织施工提供现场资料。

1. 测量准备

测量准备主要包括：布设控制点，设置控制网；定位放线，确定各关键点的位置，并实地放样到现场；现场布设高程控制点；对已布设的各点进行保护。

2. 图纸会审及方案准备

包括仔细阅读图纸、现场踏勘、工程量计算、核对图纸、查找疑问、编制施工方案、进行图纸会审。

3. 主要材料供应

（1）钢材、水泥及防水材料由项目公司负责统一招标购买，其质量和数量能满足施工的需要。

（2）工程用砂采用深圳市杨村东江河砂，其产量和质量可满足本工程施工的需要，汽车运抵现场。

（3）石料采用深圳布吉水径石场，其质量和数量可满足本工程施工的需要。

（4）木材就近采购。

（5）柴油、汽油从合格商家购买。

（6）模板：主体结构采用两头向中间流水性施工，底板模2套，中板模4套，顶板模4套；车站主体结构板、梁和柱采用竹胶板，边墙采用组合钢模板，搭设碗扣式脚手架支撑。

4. 现场管线调查及场地围挡和大临施工

核对管线图纸，现场开挖探槽，确定管线位置，并采取适当保护措施。根据规划红线，进行围挡施工，围挡施工按照深圳市的规定和标准进行。进行大临施工，包括水、电的接入，施工便道的铺设，生产和生活房屋的搭建；排水系统的布设，消费系统的布设等。

二、协调方案

1. 对外协调

联系相关单位，配合进行电力、供水、雨污水、电信、煤气等管线的搬迁；确定材料供应单位，并进行考察认证；确定合格分包商，进行材料、设备和人员的准备；联系市容、环卫、交通等相关部门，了解相关要求；联系周围街道、商家，进行沟通交流，建立良好关系；联系安质检单位，进行交底；确定资料档案的内容和格式及其他相关要求。

2. 工程接口及配合

（1）设计技术接口协调管理工作，由知识面较广、管理协调能力较强、经验较丰富的一名副总工进行具体的管理，有效发挥接口管理小组成员的积极性，并保持管理工作的连续性。

（2）设计技术接口管理协调的一项重要日常工作是评价分析和信息采集，以保证由于某种认识上的不同，防止工作相互脱节和接口管理失控现象的发生，影响设计文件质量和工作的连续性。

（3）实施动态过程跟踪管理，与专业间互提资料安排实施及设计输入评审，融为一体进行监管，从管理中发现矛盾或缺陷，为评审优化改进提供依据积累经验。

（4）建立技术接口管理登录制度，从检查互提资料质量为切入点，验证技术接口的严密性；从检查设计文件的总体性为突破口，验证技术接口划分的科学性；从专业技术人员知识结构和人员配置分析入手，探索技术接口划分的合理性。

（5）分析评价技术接口文件的整体科学性、先进合理性及适应性，与时俱进，推进管理水平的提升。

（6）按阶段进行评审，据实进行修改、优化并标识。

（7）严格控制设计文件会（签）审程序，进行全面接口检查，规避技术接口失控失误。

（8）文件和资料管理，重点是以信息管理为中心，做好质量记录，将工作过程痕迹书面化，确保其可追溯性和提供验证依据及总结提高。按专用文件系统进行编号组卷、登记存档。

第三章 围护结构施工

第一节 工程概况

一、西丽车站

西丽车站主体围护主要为连续墙，地下两层及二级基坑连续墙厚800 mm，换乘节点处地下三层基坑连续墙厚1000 mm，地下连续墙深度最深约为31.79 m，深度最浅约为18.35 m，连续墙混凝土等级C30，水下混凝土应提高为水下C30。为加强连续墙的整体性，在墙顶设置钢筋混凝土冠梁，冠梁尺寸为1200 mm×1000 mm和1000 mm×1000 mm，主体结构连续墙划分为124个槽段，其中"一"型槽段112幅，异型槽段12幅。作为二级基坑的一部分，M型连续墙上部有17m的空浇段，浇筑完成后必须采取适当措施进行回填处理。

西丽站围护结构高压旋喷桩共计101根，2230 m，桩径φ600。旋喷桩集中布置于与5号线的连接处、1000 mm厚与800 mm厚连续墙接缝处和二级基坑分隔连续墙两端的平交处，用于围护结构薄弱处的止水防漏加强。

二、西丽湖站

西丽湖站主体结构围护主要选用φ1200@1350钻孔灌注桩（局部基坑采用φ1000@1200）+φ600旋喷桩桩间止水的围护结构形式，与西湖林语小区及动物园管理处临近处，考虑到基坑开挖可能对建筑物产生一定的影响，围护结构选用整体性和止水性较好的地下连续墙（800 mm厚）。局部基岩凸起段采用吊脚桩（墙）（外放1 m）+锚喷支护，地面以下即为岩层段基坑，采用锚喷支护。基坑在北侧动物园停车场、动物园管理处、野生动物园处地形起伏较大，在冠梁以下设置1~2道锚索进行加强。西湖林语小区段围护结构地连墙和钻孔桩桩（墙）底进入微风化岩层不小于1.5 m，吊脚处采用锚索锁脚，吊脚桩（墙）以下采用锚喷支护。

车站北侧的动物园管理处位于高边坡处,与车站主体结构处地面高差大约为 5 m,此处设置有浆砌片石挡墙,车站主体结构北侧离动物园管理处房屋水平距离最近约 7 m。在车站主体结构围护桩与挡墙之间设一排 φ1000@1200 钢筋混凝土桩,沿管理处房屋结构外线施作两排斜向袖阀注浆孔,间距 1.0 m 对房屋基础进行注浆加固。

旋喷桩桩径为 φ600,桩深度为进入基底以下 3 m,如基底进入基岩(W2)则入岩 50 cm 即可。旋喷桩浆液材料采用 42.5 级普通硅酸盐水泥,水灰比取 1.0。清华大学研究生院处基坑两侧高差较大,院内浆砌挡墙临近围护结构,影响施工。施工时先施工野生动物园一侧(北侧)φ1200 和 φ600 旋喷桩,施工完成后按照 1∶1.5 坡度放坡开挖丽水路,并破除影响围护结构施工的清华大学研究生院内浆砌片石挡墙。放坡开挖后的坡脚距离南侧围护结构距离 6 m,以方便南侧围护结构施工。

第二节　地下连续墙施工

一、施工准备

1. 技术准备

(1)槽段划分、编制地基加固和泥浆配备计划。

(2)收集地下埋设物的资料,以确定各种地下管线及障碍物的处理方案。

(3)收集施工场地及邻近结构物的调查资料,以确定施工场地布置、施工场地平整和施工防护措施。

(4)编制施工组织设计。

2. 材料准备

钢筋、钢材、水泥、砂、碎石、膨润土(优质黏土)、CMC 等附加剂。材料质量要求如下,水:一般应为自来水或可饮用水,水质不明的水应经过化验,符合要求后方可使用。水泥、砂和碎石:应按设计要求或水下混凝土标准选用。钢筋及钢材:应按设计要求选用。膨润土或优质黏土:其基本性能应符合成槽护壁要求。CMC 等附加剂:应按护壁泥浆的性能要求选用。

3. 机具准备

配备地下连续墙施工成槽及配套泥浆制配、处理、混凝土浇筑、槽段接头所需要主要机具设备。

4. 作业准备

（1）具备施工设备的运输条件和进退场条件。

（2）具备施工用水电的供给条件。

（3）具备钢筋加工和运输条件。

（4）具备混凝土生产、运输和灌注条件。

（5）具备泥浆配制、存贮和再生处理的条件。

（6）具备弃土和废弃泥浆处理方法和位置。

（7）具备对于噪声、振动和废泥浆污染等公害的防治措施。

二、施工方法及施工流程

1. 施工方法

地下连续墙施工采用"地下连续墙液压抓斗工法"。

2. 地下连续墙槽段分幅及施工流程

根据本工程的地质条件、场地条件、施工工艺、施工进度等各项施工工况进行综合考虑，进行合理分幅，按照设计单位的施工图纸进行施工，同时合理安排好施工顺序，以确保工程的顺利进行。

三、主要工序及技术要点

地下连续墙施工工序为导墙施工—连续墙施工—墙顶冠梁施工—旋喷桩施工。

（一）导墙施工

1. 导墙形式

本工程采用"一"字形导墙，导墙顶标高与临时道路平，导墙深 1.5 m（根据实际土质做相应调整），厚 250 mm。地下连续墙中心线向外放 100 mm，导墙间距 840 mm、1040 mm（导墙向外侧放大 40 mm）。一段范围内导墙高差不得大于 30 mm，同段导墙内外高差不得大于 20 mm；导墙高差可以通过设置台阶调整。

导墙根据土层的地质情况分为两种施工方法。导墙开挖采用挖掘机开挖，人工修整，在黏性土、砾质土地段采用挖机垂直开挖；在砂土、粉土地段采用台阶法开挖。导墙钢筋按设计尺寸进行加工，现场绑扎。导墙模板采用 10 mm 竹胶板，纵向用 φ48 钢管做次龙骨，竖向用 100 mm×80 mm 方木做主龙骨，中间用 100 mm×100 mm 方木对撑。混凝土采用 C25 商品混凝土，两边分层对称浇筑，分层厚度 50 cm，p30 振动棒振捣。导墙施工完后在导墙间浇筑 20 cm×30 cm 素混凝土临时支撑，竖向设置 2

道，纵向间距 6 m，临时支撑在连续墙开挖时破除。导墙拆模后要及时回填，回填高度为导墙面以下 200 mm。

转角处导墙处理：本工程有 L 型幅、折线型幅槽段，而成槽机抓斗宽度为 2.9 m，为解决槽段尺寸与抓斗宽度矛盾，将槽段分幅尺寸进行调整并沿槽段方向设置倒角。

2. 导墙施工注意要点

（1）在导墙施工全过程中，都要保持导墙沟内不积水；

（2）横贯或靠近导墙沟的废弃管道必须封堵密实，以免成为漏浆通道；

（3）导墙沟侧壁土体是导墙浇捣混凝土时的外侧土模，应防止导墙沟宽度超挖或土壁坍塌；

（4）导墙的墙纸应插入未经扰动的原状土层中 20 cm；

（5）导墙是液压抓斗成槽作业的起始阶段导向物，必须保证导墙的内净宽度尺寸与内壁面的垂直精度达到有关规范的要求；

（6）导墙立模结束之后，浇筑混凝土之前，应对导墙放样成果进行最终复核，并请监理单位验收签证；

（7）导墙混凝土浇筑完毕，拆除内模板之后，应在导墙沟内设置上下两档、水平间距 2 m 的对撑，并向导墙沟内回填土方，以免导墙产生位移；

（8）导墙混凝土自然养护到 70% 设计强度以上时，方可进行成槽作业，在此之前禁止车辆和起重机等重型机械靠近导墙；

（9）在导墙施工前，应根据管线交底内容尽量多挖样洞，尤其是埋深较深的雨污水管，在导墙的施工阶段就力争处理掉；

（10）如遇地下障碍物或软弱地基，须对该处进行处理后再施工。

3. 导墙施工的技术要求

导墙内墙面垂直度误差应 <1/500；导墙内墙面平整度误差应 <5 mm。

（二）泥浆系统

1. 泥浆材料

（1）膨润土：山东潍坊或浙江安吉出产的 200 目商品膨润土。

（2）水：自来水。

（3）分散剂：纯碱（Na_2CO_3）。

（4）增黏剂：CMC（高黏度，粉末状）。

2. 泥浆配制

泥浆采用泥浆搅拌机拌制，搅拌均匀后，在贮浆池内静止 24 h 以上，加分散剂后最低不少于 3 h，以便膨润土颗粒充分水化、膨胀，确保泥浆质量。制备好的泥浆储存总容积不小于 350 m³，储浆池应加盖，防止雨水稀释。

3. 泥浆储存

泥浆存储采用3个泥浆箱。

4. 泥浆循环

泥浆循环采用3LM型泥浆泵输送，4PL型泥浆泵回收，由泥浆泵、软管和泥浆净化设备（ZX-200）组成泥浆循环管路。施工期间，控制槽内泥浆面在导墙下20 cm，高出地下水位1 m，以防造成槽壁坍塌。

（1）泥浆拌制后应静置24 h后方可使用；

（2）在挖槽过程中，泥浆由循环池注入开挖槽段，边开挖边注入，严格控制泥浆的液位，保证泥浆液位在地下水位0.5 m以上，并不低于导墙顶面以下500 mm，液位下落及时补浆，以防塌方；

（3）混凝土灌注过程中，上部泥浆经泥浆净化设备返回循环池，然后加入新浆调配，而导墙下7 m以内的泥浆排到废浆池，原则上废弃不用。

5. 泥浆的分离净化

本工程中土层分类较多，局部含粉砂较厚，为提高泥浆性能和稳定性，特配备ZX-200型泥浆净化装置。

（1）土渣的分离处理

在地下墙施工过程中，泥浆中会混入细微的泥沙颗粒、水泥成分和有害粒子，会使泥浆受到污染而变质。因此，泥浆使用一个循环后，要对泥浆进行分离净化，尽可能提高泥浆的重复使用率。

（2）污染泥浆的再生处理

施工中用泥浆试验方法对泥浆的性能指标进行测试，通过检验泥浆质量，将预先制备的新鲜泥浆掺加到净化后的循环泥浆中，用泥浆泵和空压机冲拌来调整净化泥浆的性能指标，使其基本恢复原有性能。

6. 劣化泥浆处理

劣化泥浆是指浇灌墙体混凝土时同混凝土接触受水泥污染而变质劣化的泥浆和经过多次重复使用，黏度和比重已经超标却又难以分离净化使其降低黏度和比重的超标泥浆。在通常情况下，劣化泥浆先回收至废浆池，再用罐车装运外弃。

7. 泥浆质量控制

（1）泥浆质量控制标准

施工中要严格按照泥浆性能指标表中规定的泥浆性能指标来控制泥浆的质量。入槽泥浆含砂率应严格控制；挖槽时，泥浆的黏度和比重两项指标上限放宽至40和1.2。因为在采用液压抓斗成槽时，泥浆的黏度和比重偏大并不妨碍成槽作业，对槽壁的稳定也无害，还可以充分利用本该放弃的大量黏度和比重偏大的泥浆，节约泥浆的消耗。

但在清孔时要把黏度和比重偏大的泥浆置换成合格的泥浆。

（2）泥浆质量控制过程

泥浆在施工过程中要及时取样进行试验，以检测泥浆的各种指标。

（三）成槽施工

地下连续墙成槽是控制工期的关键，其主要内容为槽段划分、成槽机械的选择、成槽工艺控制、成槽检测及预防槽壁坍塌的措施。

1. 槽段划分

槽段划分时采用设计图纸的划分方式，在导墙上用红油漆标出单元槽段位置和槽段编号，测量导墙顶标高，成槽前将每抓宽度位置、钢筋笼搁置位置及锁口管安放位置进行现场交底。对于闭合幅槽段，应提前复测槽段宽度，根据实际槽段宽度调整钢筋笼宽度。

2. 成槽机械选择

根据工程地质条件和工期要求采用 2 台 SG40A，备用 4 台冲击钻机配合施工，并配以 4 台自卸汽车运至临时集土坑，经沥干后再转运出场。

3. 成槽方法

地下连续墙施工采用跳隔式施工法，成槽直线槽段采用先两侧后中间抓法，转角槽段先长边后短边，Z 形槽段先两侧后中间。根据槽段长度与成槽机的开口宽度，确定出首开幅和闭合幅，保证成槽机切土时两侧邻界条件的均衡性，以确保槽壁垂直。

4. 成槽施工要点

成槽前必须对入槽泥浆性能指标进行检查，复测槽段尺寸、位置及槽口，合格后方能成槽；控制大型机械尽量不在已成槽段边缘行走，确保槽壁稳定，已成槽段实际深度须实测后记录备查；成槽过程中发现泥浆大量流失、地面下陷等异常现象时不准盲目掘进，待商议后再行施工。

5. 成槽机操作要领

（1）抓斗出入导墙口时要轻放慢提，防止泥浆掀起波浪，影响导墙下面、后面土层稳定。

（2）在成槽机挖土时，悬吊抓斗的钢索不能松弛，一定要使钢索呈垂直张紧状态，这是保证挖槽垂直精度必须做好的关键动作。

（3）挖槽作业中，要时刻关注垂直度仪表的显示，及时纠正自动纠偏装置，控制垂直偏差。

（4）成槽机掘进速度应控制在 15 m/h 左右，导板抓斗不宜快速掘进，以防槽壁失稳，当挖至槽底 2~3 m 时，应放测绳测深，防止超挖和少挖。

（5）单元槽段成槽完毕或暂停作业时，即令挖槽机离开作业槽段。

6. 拐角挖槽

拐角挖槽以后，其内侧（阳角）土体呈两面临空状态，很容易发生坍塌，而外侧（阴角）孔壁一般不会坍塌。为防止内侧孔壁坍塌，在施工中采取以下措施防止拐角槽段内侧槽壁坍塌：

（1）内侧导墙墙底座在老土上。
（2）消除地下水上升的不利因素。
（3）重型机械不得靠近作业，如必须靠近作业时，应做成坚硬地面或铺设厚钢板。
（4）拐角槽段不要太长，力争快速施工完成。

四、接头清刷

成槽至标高后，连接幅闭合幅应先刷壁，采用与工字钢外形匹配的刷壁器，重量约 3 t 进行接头清刷，刷壁器在提升过程中钢丝绳略倾斜，清刷过程中对刷头采用清水清洗，上下来回清刷接头，直至刷壁刷头没泥为止。

五、清底

使用挖槽作业的液压抓斗撩抓法挖除槽底沉渣同时还必须采用空气反循环进行清底使底部的泥浆指标、沉渣厚度满足规范要求。

六、接头工字钢施工

本工程槽段接头采用工字钢。如两相邻槽段均未施工，在吊放钢筋笼前，在钢筋笼两端均需焊接工字钢；如两相邻槽段均已施工，在加工钢筋笼时，两端的水平主筋在 50 cm 的范围内收，以便放置钢筋笼；如两相邻槽段一端未施工，一端已施工，在加工钢筋笼时，未施工端钢筋笼需焊接工字钢，已施工端钢筋笼水平主筋在 50 cm 的范围内收，以便放置钢筋笼。钢筋笼吊装沉放到位后在工字钢接头与槽壁间的空隙采用土袋填充，封堵空隙，以防止混凝土灌注时通过工字钢与槽壁空隙流入工字钢背后，影响相邻的下一幅连续墙与该幅连续墙连接接头质量。相邻的下幅连续墙施工时，采用冲击钻将接头处的填充土袋冲烂，通过槽壁机抓出。

七、钢筋笼制安

1. 钢筋笼制作

（1）南北两个工区现场各设置钢筋笼平台 1 个，平台采用槽钢制作，底部横向槽钢间距 2 m，上部纵向槽钢间距 1.5 m，平台宽 6 m，长度暂按 32 m 考虑。平台搭设应具有足够的刚度和稳定性，搭设完毕后用水准仪复测平台平整度并调平。

（2）钢筋笼纵向主筋原设计要求采用闪光对焊连接，接头错开 50%。

（3）钢筋加工符合设计图纸和施工规范要求，钢筋笼加工按以下顺序：先焊接纵向桁架，工字钢的对接，铺设底板水平筋，铺设纵向筋并焊接牢固，固定纵向桁架，绑扎注浆管，焊接底层保护垫块，然后焊接纵向桁架、吊环、吊钩，再铺设上层纵向筋、横向桁架和面层水平筋，然后焊接封口筋、端头筋、吊筋等，最后焊接预埋件、接驳器及保护垫块。

（4）除图纸设计纵向桁架外，还应增设水平桁架；对"一"形和"T"形钢筋笼外侧每隔 3 m 加 2 道水平斜筋，入槽时打掉。

（5）钢筋笼制作过程中，预埋件测量元件位置要准确，并留出导管位置（对影响导管下放的预埋筋、接驳器等适当挪动位置），钢筋保护层定位块用 5 mm 厚钢板，做成"ЈL"状，焊于水平筋上，起吊点满焊加强。

（6）由于接驳器及预埋筋位置要求精度高，在钢筋笼制作过程中，根据吊筋位置，测出吊筋处导墙高程，计算出吊筋长度，以此作为基点，控制预埋件位置。在接驳器后焊一道水平筋，以便固定接驳筋。水平筋与主筋间通过短筋连接。

（7）钢筋笼制作偏差符合以下规定：主筋间距误差 ±10 mm；水平筋间距误差 ±20 mm；钢筋笼长度误差 ±50 mm；钢筋笼保护层误差 ±10 mm；钢筋笼水平长度误差 ±20 mm。

2. 预埋接驳器施工

（1）提供到现场的直螺纹连接套必须具有产品合格证及有效的形式检验报告，连接套端孔要有密封盖。

（2）直螺纹接头加工，必须调直钢筋再下料；切口端面要与钢筋轴线垂直，不得有马蹄形式或扭曲，严禁用气割下料；所有的接头加工工人、技术管理和质量管理人员必须参加技术规程培训，合格后持证上岗。

（3）直螺纹接头成品必须复核直螺纹接头技术规程中的质量检验规定，并做好加工检验记录。加工成形的直螺纹钢筋，端部必须套上保护帽。

（4）每种规格的钢筋丝头，按每批加工总数随机抽检 10% 并不少于 10 根，并按技术规程要求填写加工检验记录；检验时，如果有接头不合格，就对该加工批全数检验。

（5）钢筋连接工程开始前及施工过程中，必须对进场钢筋和接驳器接头连接后进行检验。

（6）地下连续墙中的预埋直螺纹连接套，必须按照主体结构的顶板、中楼板上部钢筋、设计底板下部钢筋的连接。

（7）钢筋笼绑扎完毕后，应派专人对接驳器标高、平面位置进行检查，如发现缺少盖子，应及时安放，以免混凝土浇筑时，砂浆窜入接驳器内影响后续工序的施工。

3. 钢筋笼吊装

本工程钢筋笼采用整体制作、双机抬吊、一次入槽。采用150 t履带吊车（主吊）和100 t履带吊车（副吊）双机抬吊钢筋笼，钢筋笼的起吊中心要正确对准沟槽的中心，不得使钢筋笼碰撞槽壁，不得前后左右摆动，要慢慢地插入槽内，不得高起猛落、强行放入。把钢筋笼插入槽内之后，用槽钢卡住吊筋，横担于导墙上，防止钢筋笼下沉，检查钢筋笼第一道水平筋高度是否符合设计要求。

（1）钢筋笼吊点布置

为了防止钢筋笼在起吊过程中产生不可复原的变形，各种形状钢筋笼均设置纵、横向桁架，包括每幅钢筋笼设置4榀纵向桁架和5道横向桁架（实际数量将根据钢筋笼长度和宽度进行调整），纵向桁架由B20"W"形钢筋构成，横向桁架由B20"X"形钢筋构成。

（2）钢筋笼起吊方法

钢筋笼采用8点吊，主副吊均采用4点吊。本工程钢筋笼最大长度为30.74 m，最大重量为28 t。选用150 t主吊和100 t副吊，可以保证足够的安全余量。

起吊钢筋笼时，先将钢筋笼水平吊离地面30 cm左右，停机检查吊点的可靠性及钢筋笼的平衡情况，确认正常后开始缓慢升主、副吊，升到一定高度后，主吊继续升同时缓慢放副吊，将钢筋笼凌空吊直。

（3）钢筋笼吊装注意事项

1）吊装作业现场施工负责人必须到位，起重指挥人、监护人员都要做好安全和吊装参数的书面交底，现场划分设置警戒区域，夜间吊装须有足够的灯光照明。

2）在钢筋笼起吊前必须重新检查吊点和搁置板的焊接情况，确保焊接质量，满足起吊要求后方可开始起吊。

3）在起吊前仔细检查吊具、钢丝绳的完好情况，必须符合安全规范要求。对于吊具的检查重点是对滑轮及钢丝绳质量的检查，如发现钢丝绳有小股钢丝断裂或滑轮有裂纹现象，一律不得使用。

4）在起吊前检查导管仓内是否有异物，如有必须清除。

5）检查导管仓内导向钢筋的连接情况，确保焊接牢固。

6）起吊前必须清除钢筋笼内的杂物，避免在起吊钢筋笼过程中发生高处坠物的事故。

7）起吊必须服从起重工的指挥，确保钢筋笼平稳、安全起吊。

8）钢筋笼在入槽过程中割除导管仓内的加固钢筋，确保导管仓顺直、畅通。

9）钢筋笼在入槽过程中仔细检查接驳器的完好情况，如有发生接驳器或钢筋脱焊和接驳器帽子脱落现象必须马上弥补后再入槽。

10）钢筋笼下放后应复测开挖面标高控制筋位置，偏差在允许范围内方可取下吊索具。

八、浇筑混凝土

1. 混凝土浇筑

（1）混凝土采用商品混凝土，设计强度为C30，混凝土的坍落度为18~22 cm。不符合要求的混凝土应退货。

（2）水下混凝土浇筑采用导管法施工，混凝土导管直径为250 mm。选用D=250的圆形螺旋快速接头型。混凝土浇筑采用球胆隔水。

（3）在混凝土开浇同时，开动泥浆泵回收泥浆，最后7 m左右泥浆如已严重污染，则抽入废浆池。

（4）搅拌车混凝土不断送入导管内，每浇完1~2车混凝土，应对来料方数和实测槽内混凝土面深度所反映的方数，用测绳校对一次，二者应基本相符，测量数据要记录完整。

（5）在离预定计划最后4车时，每浇一车测一次混凝土面标高，将最后所需混凝土量通知搅拌站。浇筑需充分翻浆以保证墙顶质量，并做好落手轻工作。

2. 技术要点

（1）钢筋笼沉放就位后，应及时灌注混凝土，不应超过4 h。

（2）检查导管的安装长度，并做好记录，导管插入混凝土深度应保持在2~6 m（因本地墙槽深27 m，混凝土浇筑架是自制的，卷扬机提升力有限，故底部浇筑时导管埋深不宜太深，以防发生堵管）。

（3）导管集料斗混凝土储量应保证初灌量，一般每根导管应备有1车8 m³混凝土量，以保证开始灌注混凝土时埋管深度不小于500 mm。

（4）为了保证混凝土在导管内的流动性，防止出现混凝土夹泥的现象，槽段混凝土面应均匀上升且连续浇筑，因故中断灌注时间不得超过30 min，中断灌注时每10 min上下摆动一次集料斗，以免静止时间过久耐久性混凝土失去流动性造成堵管。两根导管间的混凝土面高差不大于50 cm。

（5）导管间水平布置距离一般为3 m，距槽段端部不应大于1.5 m。

（6）混凝土泛浆高度40 cm，以保证墙顶混凝土强度满足设计要求。

第三节　钻孔灌注桩施工

基坑围护临时支撑立柱、雨水箱涵临时立柱、电力管线桥架立柱、抗拔桩采用钻孔灌注桩施工。对岩层强度不高的钻孔桩用旋挖钻机施工，对岩层强度较高的钻孔桩采用冲击钻施工。

一、主要工序及技术要点

1. 钻孔作业

（1）测量放线

测放出围护桩的位置并编号。

（2）钻机就位

钢护筒安装完毕，吊装钻机就位。就位时要求保持机身平稳，钻杆中心与桩位中心重合，进行钻杆垂直度检验，调整钻机磨盘的水平度，使钻杆垂直度达到要求，然后再进行钻进施工。

为保证施工质量，钢护筒中心位置应与钻孔桩中心重合，水平偏差不大于20 mm。护筒定位后，人工开挖护筒内土方，使护筒均匀下沉。施工过程中护筒兼作围护措施，保证施工安全。

（3）埋设护筒

钻孔桩为避免孔口坍塌，埋设护筒。护筒采用钢护筒，直径比桩径大10~20 cm，钢板厚6 mm；护筒顶标高比地面标高高出30~40 cm，护筒周边需夯实。

（4）泥浆

泥浆用膨润土和添加剂人工进行调制，根据施工场地地质报告及现场实际配备泥浆。灌注混凝土时的回收浆，先放入沉淀池中沉淀，测试其指标后，进行调整或废弃。

（5）成孔

旋挖钻机动力头与伸缩式钻杆相连，由柴油机驱动液压马达来转动钻杆，电脑自动控制钻杆垂直度、深度和液压加压系统，通过液压加压，旋转桶式钻头，进行原始土体的挖掘，每钻进1.0~1.2 m，筒内旋满土体后，回旋钻头3~5周，使钻头下口充分封闭后提升桶式钻头，打开钻头斗门，卸土至工程车或装载机斗中，由工程车直接运至弃土场，如此循环直至桩底。成孔过程中注意连续补充浆液，防止水头低于护筒底引起缩孔或孔口坍塌。经常测定泥浆比重，遇砂层时稳定液中可加入黏土，增大泥浆护壁能力，并视地质情况，及时更换钻头，黏土采用普通筒式钻头，砂层及淤泥等土层采用下口为可密封式钻头。

在钻孔过程中,对地质情况作详细记录,当钻孔至设计标高时根据取出的土质性质判断地质情况是否与设计一致,不一致时报告设计代表和监理工程师后进行变更处理,经检查合格后方可终孔。孔深和孔底沉渣采用标准测锤检测;孔径及孔形检查采用笼式探孔器(用φ8和φ12钢筋制作)入孔检查,检查时将探孔器吊起,使笼的中心与孔的中心、吊绳保持一致,缓慢放入孔内,上下畅通无阻表明桩径满足设计要求,否则有局部缩径或孔斜现象,应采取措施处理。

(6)清孔

钻孔达到桩底设计标高后,经检验孔深、孔径、垂直度符合要求,地质条件与设计相符,即可进行清孔。清孔采用泥浆泵持续吸渣 5~15 min,把孔底钻渣清除干净,用测锤测量孔内的沉渣厚度不大于设计及规范规定后清孔方达到要求。

2. 钢筋笼加工及吊装

(1)钢筋笼加工

钢筋笼采用现场加工制作,加工尺寸严格按设计图纸及规范要求施作。钢筋笼主筋采用焊接,焊接长度符合设计要求,接头相互错开。主筋与加强筋、箍筋采用点焊。钢筋笼加工完毕,报请监理验收,合格后方可使用。将制作好的钢筋笼稳固放置在平整地面上,防止变形,并挂牌标明钢筋笼的长度及对应的桩号。钢筋笼自上而下安放混凝土垫块,保证浇筑桩的保护层厚度。

(2)钢筋笼吊放

采用 25 t 吊车分 1~2 次下放钢筋笼。在下方钢筋笼节与节之间在孔口焊接,采用双面焊,焊缝长度不小于 5 d(d 为钢筋直径)。

起吊钢筋笼采用两点起吊法。下笼时由人工辅助对准孔位,保持垂重、轻放、慢放,避免碰撞孔壁。下放过程中若遇到障碍时立即停止,查明原因进行处理。

下放钢筋笼时,技术人员在场严格控制笼顶标高,达到设计标高后四周固定三根吊杆,吊杆用 φ25 钢筋加工,下部焊在钢筋笼主筋上,上部弯钩吊挂于井口方木上,防止钢筋笼下沉或浇筑混凝土时上浮。

3. 水下混凝土浇筑

水下浇筑混凝土施工顺序:下放导管安设漏斗+悬挂隔水塞或滑阀。浇筑首批混凝土→浇筑混凝土至桩顶+拔出导管。

首先安设导管,用吊车将导管(直径 250 mm)吊入孔内,保持位置居中,导管下口与孔底距离保留 300~500 mm,浇筑首批混凝土之前在漏斗中放入充气隔水球,浇筑时应快放连续浇筑至导管底部,埋入混凝土面以下 1.5 m 以上,使隔水球留在孔底。浇筑混凝土使导管埋入混凝土中深度不小于 1.5 m,连续不断浇筑,浇筑过程中用测锤测探混凝土面高度,推算导管下端埋入混凝土的深度,并做好记录,正确指导导管的提升和拆除，在浇筑过程中将井孔内溢出的泥浆处理后外运至指定地点弃放，防止污染环境。

二、主要工序及技术要点

1. 钻孔准备

技术准备：在钻孔施工前技术负责人必须组织会审设计图纸和测量放样，确定钻孔方案和钻孔顺序，编制具体的施工工艺和制定有效的安全技术措施等。钻孔平台准备：在测量放样完成后，便可准备钻孔平台。场地为旱地时，应清除杂物，换除软土，整平夯实；场地为陡坡时，可用枕木、型钢等搭设工作平台。施工准备：场地清理、施工平台搭设完毕后，须进行安装水电管路、布置泥浆池和沉淀池、安装调试钻机等后续工作，并组织劳动力准备进行桩基施工。

2. 钻孔

（1）埋设护筒

护筒采用钢制护筒，其内径大于孔径20~30 cm，护筒长度至少3 m，其顶口必须高于地下水位至少2.0 m，且高出地面0.3 m，以便泥浆循环。护筒采用人工挖孔埋设，护筒埋设后，其周围0.5~1.0 m范围采用黏性土夯填密实，避免钻孔过程中漏浆。护筒埋设后，其平面位置偏差不大于2 cm，倾斜度不大于0.5%。

（2）钻孔泥浆

钻孔过程中，采用泥浆护壁浮渣。钻孔泥浆采用优质黏土或膨润土调制，必要时，则掺用添加剂改善泥浆性能，添加剂品种、掺用量由试验确定。

（3）钻机就位

钻机安装就位后底盘平稳、牢固，以保证钻孔过程中不发生沉陷和产生移动。钻机顶部的起吊滑轮缘、冲锤和桩孔中心三者须在同一铅垂线上，其最大偏差控制在2 cm内。

（4）冲击钻井

钻孔前，一切准备工作就绪，钻孔桩分项工程开工报告报送监理批复后，才能正式开钻。开钻时，先采用低频冲进，当钻头穿过护筒底1 m以下后，再以正常速度钻进。钻孔过程中，经常检查泥浆性能和钻孔中心位置，并采取有效措施及时改进，防止钻孔事故发生。钻孔作业分班连续进行，认真填写钻孔记录，在上层变化处捞取渣样，判明土层，以便与地质剖面图相核对。当与地质剖面图严重不符时，及时向监理工程师汇报，并按监理工程师指示办理。

（5）钻孔检查

钻孔达到设计标高后，成孔质量采用先进的测壁仪或孔规进行检查，孔规采用钢筋制作，孔规直径不少于桩孔钢筋笼的设计直径加 100 mm，孔规长度为 4D~6D（D 为桩孔直径）。当钻孔深度符合设计要求后，在第一次清孔完毕，放置钢筋骨架前，对钻孔全长进行检查，并报告监理工程师复查。

钻孔质量须满足下列要求：

平面位置：群桩不大于 100 mm，单排桩不大于 50 mm。

钻孔直径：不小于设计孔径。

倾斜率：不大于 1%。

深度：对于摩擦桩不小于设计要求。

（6）终孔及清孔

本工程钻孔灌注桩采取导管真空反循环工艺。当钻孔达到设计规定深度后，将钻头提起，利用导管采用真空反循环再次进行清孔，以保证清孔质量满足设计和规范要求；清孔后，其孔内泥浆、孔底沉渣厚度须符合下列要求：

泥浆指标：相对密度 1.15~1.20；黏度 17~20（Pa.s）；含砂率 ≤ 4%；胶体率 >98%。孔底沉渣厚度：不大于 150 mm。

（7）钢筋笼的制作及安装

桩孔钢筋骨架在车间按预定的分节长度加工下料后，运至现场绑扎成型，在孔口处对接并整体吊放至设计位置。钢筋的加工遵照《公路桥涵施工技术规范》（JTJ 041-2000）及设计要求进行，每一断面接头率不大于 50%。钢筋笼标准分节长度为 9 m，其底节和顶节长度根据钢筋骨架总长度而定。

为防止钢筋笼起吊及运输过程的变形，应采取有效措施：钢筋笼加强箍筋处加焊临时十字支撑，以增强其刚度，并在吊放桩孔过程中依次拆除；钢筋笼起吊时，采用大小钩进行空中翻身或采用 2 台吊机抬吊，避免起吊过程中钢筋笼弯曲变形。

钢筋骨架采用四周设置凸出的定位钢筋或弧形定位混凝土垫块来保证混凝土保护层厚度。钢筋骨架安装时，其底面高程偏差应控制在 ± 50 mm，顶面中心与桩孔中心重合，并采用有效的方法进行固定，防止混凝土浇筑过程中钢筋笼上浮、倾斜和移动。

（8）水下灌注混凝土

桩身水下混凝土采用垂直导管法浇筑。导管采用 φ250~φ300 mm 的钢导管。导管使用前，须计算确定管节后预拼，并进行水密、承压及接头抗拉试验，试验时的水压大于孔底压力的 1.5 倍。导管预拼时应用油漆刻划长度尺寸，安装时应对号入座并使导管底部距孔底预留 250~400 mm 的空间。

二次清孔符合要求后，立即进行水下混凝土浇筑工作。首批混凝土浇筑采用拨球法。拨球浇筑前，混凝土储存量须大于 4 m³，以保证首批混凝土灌注后，导管埋深大于 1.0 m。

水下混凝土浇筑须连续地进行。在整个浇筑过程中，应经常量测孔内混凝土面层的高程，做好混凝土灌注记录，控制导管埋深在 2~4 m。任何情况下，导管埋深不少于 2 m，且不大于 6 m。孔内混凝土面位置的探测，采用比重锤探测。混凝土灌注到桩顶上部 5 m 以内时，不再提升导管，待灌注至规定标高一次提出导管，拔管采用慢提及振动，以保混凝土密实。

水下混凝土浇筑，应始终保持正常的浇筑速度，尽量缩短导管拆除时的间断时间，防止堵管事故发生。浇筑水下混凝土时，孔口溢出的泥浆应引流至适当地点或弃运至指定地点处理，以防止环境污染。孔身混凝土浇筑至设计桩顶标高后，应超灌 0.5~1.0 m，以保证桩头混凝土强度和与承台的连接质量。

水下混凝土浇筑是钻孔灌注桩施工最重要、最关键的工序，必须引起高度重视。浇筑混凝土前，对混凝土供应能力、混凝土拌和质量、劳动力组织、灌注设备等进行全面的检查确认，并进行详细的技术交底。同时，对混凝土灌注过程中可能出现的灌注事故，应采取有效的预防和紧急处理措施，确保水下混凝土灌注质量。

第四节　旋喷桩施工

以下以西丽湖站为例总结旋喷桩施工技术。

一、施工总体安排

（一）施工方法

旋喷桩施工采用双重管旋喷工艺为防止旋喷桩施工时由于相邻两桩施工距离太近或间隔时间太短，造成相邻高喷孔施工时串浆，采取分批跳孔施作，钻孔桩施工时按每间隔两孔施作，围护桩内部按次序依次施工，具体施工顺序依据现场实际情况确定。

（二）施工安排

根据实施性施工组织设计的工期要求及实际情况，采用 4 台地质钻机完成所有注浆孔的钻孔工作，采用 2 台旋喷机进行旋喷桩的施工。本车站共有旋喷桩 631 根，合计 10017.1 m。旋喷桩每天完成 18 根，共需 35 天，考虑到进场准备和钻孔施工具体情况，施工需要约 47 天。

二、施工工艺及技术要点

（一）施工原理及工艺流程

1. 双重管旋喷桩施工原理

双重管旋喷桩施工是使用双通道的二重注浆管，把二重注浆管放至设计土层深度后，通过管底侧面的一个同轴双重喷嘴同时喷射出高压浆液和空气两种介质，利用这两种介质的喷射流冲击破坏土体的一种施工方法。该施工方法利用高压泥浆泵等高压装置从喷嘴中高速喷射出 20 MPa 以上压力的浆液，并用 0.5 MPa 左右压力把压缩空气从外喷嘴中喷出；在高压浆液流和它外圈环绕气流的共同作用下，喷嘴一面喷射一面旋转和提升，最后在土中形成圆柱状固结体。

2. 双重管旋喷桩施工工艺

（1）钻机定位。移动旋喷桩机到指定桩位，将钻头对准孔位中心，同时整平钻机，放置平稳、水平，钻杆的垂直度偏差不大于 1%~1.5%。就位后，首先进行低压（0.5 MPa）射水试验，用以检查喷嘴是否畅通，压力是否正常。

（2）制备水泥浆。旋机移位时，即开始按设计确定的配合比拌制水泥浆。首先将水加入桶中，再将水泥和外掺剂倒入，开动搅拌机搅拌 10~20 分钟，而后拧开搅拌桶底部阀门，放入第一道筛网（孔径为 0.8 mm），过滤后流入浆液池，然后通过泥浆泵抽进第二道过滤网（孔径为 0.8 mm），第二次过渡后流入浆液桶中，待压浆时备用。

（3）钻孔（三重管法，当采用地质钻机钻孔时，钻头在预定桩位钻孔至设计标高（预钻孔孔径为 15 cm）。

（4）插管（单重管法、二重管法）。当采用旋喷注浆管进行钻孔作业时，钻孔和插管二道工序可合而为一。当第一阶段贯入土中时，可借助喷射管本身的喷射或振动贯入。其过程为：启动钻机，同时开启高压泥浆泵低压输送水泥浆液，使钻杆沿导向架振动、射流成孔下沉：直到桩底设计标高，观察工作电流不应大于额定值。三重管法钻机钻孔后，拔出钻杆，再插入旋喷管。在插管过程中，为防止泥砂堵塞喷嘴，可用较小压力（0.5~1.0 MPa）边下管边射水。

（5）提升喷浆管、搅拌。喷浆管下沉到达设计深度后，停止钻进，旋转不停，高压泥浆泵压力增到施工设计值（20~40 MPa），坐底喷浆 30 s 后，边喷浆、边旋转，同时严格按照设计和试桩确定的提升速度提升钻杆。若为二重管法或三重管法施工，在达到设计深度后，接通高压水管、空压管，开动高压清水泵、泥浆泵、空压机和钻机进行旋转，并用仪表控制压力、流量和风量，分别达到预定数值时开始提升，继续旋喷和提升，直至达到预期的加固高度后停止。

（6）桩头部分处理。当旋喷管提升接近桩顶时，应从桩顶以 1.0 m 开始，慢速提升旋喷，旋喷数秒，再向上慢速提升 0.5 m，直至旌顶停浆面。

（7）若遇砾石地层，为保证桩径，可重复喷浆、搅拌：按上述 4~6 步骤重复喷浆、搅拌，直至喷浆管提升至停浆面，关闭高压泥浆泵（清水泵、空压机），停止水泥浆（水、风）的输送，将旋喷浆管旋转提升出地面，关闭钻机。

（8）清洗。向浆液罐中注入适量清水，开启高压泵，清洗全部管路中残存的水泥浆，直至基本干净。并将粘附在喷浆管头上的土清洗干净。

（9）移位。移动桩机进行下一根桩的施工。

（10）补浆。喷射注浆作业完成后，由于浆液的析水作用，一般均有不同程度的收缩，使固结体顶部出现凹穴，要及时用水灰比为 1.0 的水泥浆补灌。

（二）主要工序施工流程方法

1. 高喷设备的安装、调试、就位等作业前的准备工作

（1）首先将双管高压旋喷注浆施工所需全套设备（或辅助设备），按施工场地情况进行合理布置、安装。

（2）然后分别检查气、浆两大系统各种设备运转是否正常，管路是否畅通（进行地面管路试喷），测试监控仪器是否齐备、完好。确信无误后方可进入下一步工序。

（3）各种设备检查完毕后在地表进行联合试机（或试喷检查），以确定各种设备能否正常进行工作。把各种压力和流量调到喷射注浆施工的要求值进行试喷，不仅可以了解各种管路是否畅通（或密封），而且可以了解浆嘴、风嘴的加工质量。在更换新浆嘴、风嘴时都应在地面进行试喷，调节好喷射效果后方可下入孔内使用。

2. 测量放线

建立施工临时控制网，为保证桩位定点的准确性，本工程采用外围控制网及场内定点控制网的方法进行施工测量、定点。

（1）建立外围控制网：为确保施工定位的准确无误，根据施工图纸各轴线关系，选择控制轴线，延伸至施工现场外建立控制点网，以便校对桩位时进行测量复核。

（2）建立场内控制网：根据本工程定位轴线的特点及其走向，在场内建立与场外控制网关联的牢固网点，进行双向控制。

（3）放桩定位：在建立控制网后，对场内旋喷桩位进行放样，建立固定标桩；标桩采用不小于 φ16 钢筋，其埋设深度不少于 0.8 m，并高出地面 10 cm，标桩固定用混凝土覆盖加以保护。

（4）立标桩时，应反复测量核对，建立放线册，交付监理单位存档及现场复核。

3. 钻机就位

钻机就位是喷射注浆的第一道工序，钻机应安置在设计的孔位上，使钻头对准孔位的中心。同时为保证钻孔后达到设计要求的垂直度，钻机就位后，必须作水平校正，

使其钻杆垂直对准钻孔中心位置。为防止施工窜浆,施工旋喷桩应先完成单排桩,再完成双排桩。最少间隔时间不少于 24 h。

4. 钻孔

由于桩位分布交开,考虑旋喷桩的垂直度,为保证钻孔孔壁的稳定,采用地质工程钻机进行预先成孔,孔径为 130 mm。

(1)在钻进过程中,应精心操作,精神集中,合理掌握钻进参数和钻进速度,防止埋钻、卡钻等各种孔内事故。一旦发生孔内事故,应争取一切时间尽快处理,并备齐必要的事故打捞工具。

(2)为避免钻孔倾斜,在钻机就位和钻孔过程中,要随时注意校核钻杆的垂直度,发现倾斜及时纠正,以确保钻孔倾斜度在设计允许的范围内;钻速要打慢档,并采用导正装置防止孔斜。

5. 下注浆管

下注浆管时应对喷头加以保护,防止风嘴、浆嘴堵塞。当遇有高喷管下不到位或下不去现象时(软土层),应视不同的情况采取不同方法处理,只要未发生较严重的塌孔事故,喷管都不难下到位。一般可采用以下方法:

(1)压注浆泵送水泥浆边摆动喷管边下管;

(2)同时送风、送浆边摆动边下管;关键在于掌握介质的压力及流量,一般都不宜过大。如果都不成功,则只有用钻机下钻杆处理,必须确保喷杆下至预计深度,方可正式喷射注浆。

6. 制浆

采用强度等级为 42.5 普通硅酸盐水泥,控制进浆比重 1.5~1.55,按通过试验确定的液水灰比外加剂种类与添加量,使用搅拌机拌制水泥浆液。

制浆时应注意:制浆材料采用重量或体积称量法,其误差不大于 5%;高速搅拌时间不少于 60 s,普通搅拌时间不少于 90 s;浆液温度宜控制在 5 ℃ ~40 ℃。自制备至用完的时间应少于 4 h,超过时间应废弃。

7. 喷射注浆作业

将注浆管下到预定位置后,依次送浆、送风,在孔底定喷数秒,调整泵压、风压至设计值并孔口返浆正常后开始边旋转边提升,按试验确定的各项高喷参数进行施工。高喷过程中经常测试水泥浆液进浆比重,当其达不到设计要求时,立即暂停喷杆提升并调整水灰比/比重,然后迅速恢复喷浆作业。施工过程中,按要求随时检验并记录提升速度、喷浆压力与流量、气压与气量、进浆和回浆比重等;每孔需做制浆与耗浆(水泥量)统计和记录。

8. 回灌浆液

高压喷灌结束后，在孔内水泥浆液固结过程中因体积收缩，同时孔内浆液仍向孔壁四周范围有一定渗漏，孔内浆液将出现一段时间的沉面下降，应不间断地将浆液回灌到已喷孔内，并保持压浆作用，直至孔内浆液面不再下沉为止。

9. 钻杆、喷嘴冲洗

喷射结束后，提出钻杆及喷头，进行低压射水，冲洗钻杆、喷嘴，把泥浆泵、注浆管和软管内的浆液全部排出，整个旋喷作业结束，钻机移位至新孔位作业。

10. 泥浆管理及外运

旋喷桩施工过程中产生的废浆，经过沉淀处理合格后外运。

三、高喷注浆技术措施

1. 采用 42.5 级普通硅酸盐水泥，使用前应委托有资质的试验单位抽检合格，进行正式喷浆作业前应进行配合比性能试验及凝固体的物理力学性能试验。

2. 施工中采用每排孔跳打法分两序施工，即隔 1 孔喷 1 孔，相邻桩孔喷灌间隔时间不宜小于 24 h。

3. 喷射注浆前检查高压设备及管路系统。要求密封良好，防止漏浆和管路阻塞。

4. 高喷灌浆应全孔连续作业。当拆卸喷杆后应进行复喷，其搭接长度不小于 0.2 m；施工中断后恢复作业时，复喷长度不小于 0.5 m。

5. 喷浆过程中，出现压力突降或骤增，回浆异常等情况时，应查明原因，及时报告工程师并及时处理。

6. 异常情况及处理措施

（1）压力骤升

原因：可能是喷嘴或管路堵塞。

处理方法：在高压泵和注浆泵的细水管进口和泥浆储备箱中设置过滤网，并经常清理。

（2）流量不变而压力突然下降或排量达不到要求

原因：可能存在泄漏现象。

处理方法：检查阀、活塞缸套安全阀，高压管路及活塞每分钟的往复次数是否达到要求；

检查喷嘴是否符合土层部位的施工参数，确保在旋喷桩进行施工时不至搞错。

四、加强质量点的控制措施

1. 确保桩位准确性

（1）桩位由专业技术员进行放样，并经监理人员复验合格；

（2）施工时，钻机就位必须在定位员的指挥下准确对准桩位，由质检员复核、监理工程师认可后，钻机方可开钻；

（3）施工完毕，及时做好施工记录，并在施工图上做标记。

2. 确保桩身垂直度

（1）钻机开钻前必须调平，依机架两边所吊线锤平行机架为准；

（2）钻进过程中，若因故钻机下陷倾斜，需及时调整。

3. 确保桩顶标高

（1）各桩位点放出后，按施工现场平整度划分若干个区，每个区用水准仪准确测出标高，算出其钻孔深度和空喷深度；

（2）每开钻前，应将深度盘指针对零，确保钻身准确性；

（3）钻头离桩端 1 m 时，提前喷浆，防止桩底部因送浆距离较远不能准确到达而缩短桩长。

4. 提桩顶强度

自桩顶向上超喷不小于 1 倍的桩径。

5. 防止缩径及夹泥

对密实度较高的土层，采用慢挡高压提升和下沉；适当地搅拌叶片。

6. 确保桩体连续性

（1）喷浆时必须连续，不能间断；

（2）施工中一旦出现故障，待修好后，必须向下搭接长度不小于 500 mm。

五、常见其他控制措施

1. 冒浆控制措施

在旋喷过程中，往往有一定数量的土颗粒，随着一部分浆液沿着注浆管管壁冒出地面。通过对冒浆的观察，可以及时了解土层状况，判断旋喷的大致效果和断定参数合理性等。根据经验，冒浆（内有土粒、水及浆液）量小于注浆量 20% 为正常现象，超过 20% 或完全不冒浆时，应查明原因及时采取相应措施。

（1）流量不变而压力突然下降时，应检查部位的泄漏情况，必要时拔出注浆管，检查其封密性能。

（2）出现不冒浆或者断续冒浆时，或是土质松软则视为正常现象，可适当进行复喷；如是附近有孔洞、暗道，则应不提升注浆管，继续注浆直至冒浆位置，或拔出注浆管待浆液凝固后，重新注浆直至冒浆为止，必要时采用速凝浆液，便于浆液在注浆管附近凝固。

（3）减少冒浆的措施。冒浆量过大的主要原因，一般是有效喷射范围与注浆不相适应，注浆量大大超过旋喷固结所需的浆量。可采取以下措施：

1）提高旋喷压力（喷浆量不变）；

2）适当缩小喷嘴直径（旋喷压力不变）；

3）加快提升和旋转速度。

对于冒出地面的浆液，可经过选择和调整浓度后进行前一根桩返浆回灌，以防止空穴现象。

2. 固结体控形控制措施

固结体的形状，可通过调节旋喷压力和注浆量，改变喷嘴移动方向和提升速度，予以控制。由于本工程设计固结体的形状为圆柱形，在施工中采用边提升边旋转注浆。考虑到深层部位的成型，在底部喷射时，加大喷射压力，做重复旋喷或降低喷嘴的旋转提升速度，而且针对不同土层可适当加大压力和降低喷嘴的旋转提升速度，使固结体达到匀称，保证桩径差别不大。

3. 桩顶强度控制措施

当采用水泥浆液进行喷射时，在浆液与土粒搅拌混合后的凝固过程中，由于浆液析水作用，一般均有不同程度的收缩，造成固结体顶部出现一个凹穴，凹穴的深度随地层性质、浆液的析水性、固结体的直径和成孔深度因素不同而不同。单管旋喷的凹穴深度一般为设计桩径的1~1.5倍。这种凹穴现象，对于地基加固是极不利的，必须采用有效措施予以清除。

为防止因浆液凝固收缩而产生凹穴现象，便于地基加固达到立项的效果，可采取超高旋喷（旋喷处理地基的顶面超过建筑基础底面，本工程设计能满足要求）、返浆回灌等措施。

4. 防止串孔的措施

在施工过程中，各机组采取跳打的施工方法；在高压缩土层适当减小喷浆压力；加快提升速度和旋转速度。

六、质量、安全、环境保证措施

1. 质量保证措施

为保证旋喷桩的施工质量，根据施工条件、设计要求和相关行业规范，采取如下质量保证措施达到施工质量目标。

（1）放注浆管前，先在地表进行射水实验，待气、浆压正常后，才能下注浆管施工。

（2）高喷施工时隔两孔施工，防止相邻高喷孔施工时串浆。相邻的旋喷桩施工时间间隔不少于 48 h。

（3）采用 42.5 级普通硅酸盐水泥作加固材料，每批水泥进场必须出具合格证明，并按每批次现场抽样外检，合格后才能投入使用。施工中所有计量工具均应进行鉴定，水泥进场后，应垫高水泥台，覆防雨彩布，防止水泥受潮结块。

（4）浆液水灰比、浆液比重、每米桩体掺入水泥重量等参数均以现场试桩情况为准。施工现场配备比重计，每天量测浆液比重，严格控制水泥用量。运灰小车及搅拌桶均做明显标记，以确保浆液配比的正确性。灰浆搅拌应均匀，并进行过滤。喷浆过程中浆液应连续搅动，防止水泥沉淀。

（5）施工前进行成桩试验，由设计、业主、监理、施工单位共同确定旋喷桩施工参数，保证成桩直径不小于设计桩径。

（6）严格控制喷浆提升速度，其提升速度应小于 0.14 m/min。喷浆过程应连续均匀，若喷浆过程中出现压力骤然上升或下降，大量冒浆、串浆等异常情况时，应及时提钻出地表排除故障后，复喷接桩时应加深 0.4 m 重复喷射接桩，防止出现断桩。

（7）高喷孔喷射成桩结束后，应采用含水泥浆较多的孔口返浆回灌，防止因浆液凝固后体积收缩，桩顶面下降，以保证桩顶标高满足设计要求。

（8）因地下孔隙等原因造成返浆不正常，漏浆时，应停止提升，用水泥浆灌注，直至返浆正常后才能提升。

（9）引孔钻孔施工时应及时调整桩机水平，防止因机械振动或地面湿陷造成钻孔垂直度偏差过大。为保证顺利安放注浆管，引孔直径采用 φ150 mm 成孔，岩芯管长不小于 2.0 m，穿过砂层时，采用浓泥浆护壁成孔，必要时可下套管护壁，以防垮孔。

（10）实行技术人员随班作业制，技术人员必须时刻注意检查浆液初凝时间、注浆流量、风量、压力、旋转提升速度等参数是否满足设计要求，及时发现和处理施工中的质量隐患。当实际孔位孔深和每个钻孔内的地下障碍物、洞穴、涌水、漏水及与工程地质报告不符等情况时，应详细记录，认真如实填写施工报表，客观反映施工实际情况。

（11）根据地质条件的变化情况及时调整施工工艺参数，以确保桩的施工质量。调整参数前应及时向业主、监理、设计部门报告，经同意后调整。

（12）配备 1 台备用发电机组。旋喷桩施工，进入旋喷作业则应连续施工。若施工过程中停电时间过长，则启用备用发电机，保证施工正常进行。

（13）施工现场配备常用机械设备配件，保证机械设备发生故障时，能够及时抢修。

2. 安全保证措施

根据注浆作业的施工特点，按照《中华人民共和国劳动法》发放相应的劳保用品：如安全帽、工作服、防护眼镜、橡胶手套、防尘口罩等。在岗前对员工进行安全知识教育培训，并持证上岗。严格执行国家法律、法规、作业标准和北京市承包工程安全管理规定，实现本标段安全目标，为争创北京市安全生产建筑工程标准工地提供必要的保证。

（1）加强对安全生产的管理

对职工进行安全生产教育，工地设置专职安全检查员，及时发现、处理安全隐患。

（2）制定各工种安全生产规章制度严格施工程序，加强对桩机操作员的管理，施工机械由专人持证上岗，严禁串岗作业。

（3）严禁违规操作，不得违章指挥。

（4）定期或不定期组织安全大检查，及时发现、整改安全隐患，对违章作业人员进行一定的处罚。

（5）施工材料堆放有序，不侵入运输通道施工界限。

（6）施工机械的转动部分有安全罩。

（7）所有吊装装置必须有安全检验证书，并定期维修管理。

（8）配电箱开关有操作指示和安全警示。

（9）机械定期维修确保作业安全。

（10）危险品必须严格管理，其存放、运输、使用均要符合国家和地方的有关规定。

（11）临时设施及变压器等供电设施，应按《施工现场临时用电安全技术规范》的规定，采取防护措施，并增设屏障、遮拦、围栏、保护网。凡可能漏电伤人或易受雷击的电器设备，均设置接地装置或避雷装置，并派专业人员检查、维护、管理。

（12）调制水泥浆时，应戴好防尘口罩。

（13）做好管路的调查保护工作，联系相关部门，做好应急准备。

3. 机械操作安全技术要点

（1）高压泥浆泵

泥浆泵内不得留有残渣和铁屑，各类密封圈套必须完整良好，无泄漏现象。安全阀中的安全销要进行试压检验，必须确保在规定达到最高压力时，才能断销卸压，绝不可安装未经试压检验的或自制的安全销。定专人司泵，压力表应定期检修，保证正常使用。高压泵、钻机、浆液搅拌机等要密切联系配合协作，一旦某部发生故障，应及时停泵停机，排除故障。

（2）钻机

1）司钻人员应具有熟练的操作技能并了解旋喷注浆的全过程和钻机在旋喷注浆中的作用。

2）钻孔的位置需经现场技术负责人确认，确认无误后方可开钻。

3）人与喷嘴距离应不小于600 mm，防止喷出浆液伤人。

（3）管路

1）高压胶管：在使用时不得超过容许压力范围。

2）胶管：弯曲使用时不应小于规定的最小弯曲半径。

（4）清洗及检修

1）喷射注浆施工结束后，应立即将钻杆、泵及胶管等用清水清洗干净，防止浆液凝结后堵塞管道，造成再次喷射时管道内压力骤增而发生意外。

2）施工中途发生故障，必须卸压后方可拆除连接接口，不得高压下拆除连接接口。

4. 施工用电安全保证技术要点

（1）严格执行《施工现场安全生产保证体系》《施工现场临时用电安全技术规范》相关规定。

（2）电缆接头不许埋设和架空，必须接入线盒，并固定在开关箱上，接线盒内应能防水、防尘、防机械损伤，并远离易燃、易爆、易腐蚀场所。

（3）所使用的配电箱必须符合《施工现场临时用电安全技术规范》要求，配电箱电气装置必须做到一机一闸一漏电保护。

（4）开关箱的电源线长度不得大于30 m，并与其控制固定式用电设备的水平距离不超过3 m。

（5）所有的配电箱、开关箱必须编号，箱内电气完好匹配。

（6）所有电机、电器、照明器具、手持电动工具的电源线应装置二级漏电保护器。

（7）施工现场的电器设备设施必须有有效的安全管理制度，现场电线电气设备设施必须有专业电工经常检查整理，发现问题及时解决。

5. 环境保证措施

深圳作为一个高速发展的国际化大城市，环境问题日益受到全社会的普遍关注。为了适应当今社会的潮流，实现社会经济的可持续化健康发展，在本工程施工的全过程中，系统地采用和实施一系列环境保护管理手段，以期得到最优化的结果。根据客观存在的粉尘、污水、噪声、废气和固体废物等环境因素，实施全过程污染预防控制，尽可能地减少或防止不利的环境影响。

（1）施工废水

1）所有施工、生活废水在排放前必须取得相关部门的批准同意。

2）施工中产生的废弃泥浆必须经过沉淀池沉淀处理后，方可排入市政污水管，严禁直接排入市政污水管。废浆沉渣必须用密封的槽车外运，送到指定地点处置。

3）各类土方、建筑材料运输车辆在离开施工现场时，为保持车容应清洗车辆轮胎及车厢，清洗废水应接入施工现场的临时排水系统。

（2）施工粉尘

1）在水泥搅拌过程中，水泥添加作业应规范，搅拌设施应保持密闭，防止添加、搅拌过程中大量水泥扬尘外逸。

2）运输车辆进出的主干道应定期洒水清扫，保持车辆出入口路面清洁，以减少由于车辆行驶引起的地面扬尘污染。

3）施工产生的扬尘可能影响周围正常居民生活、道路交通安全的，应设置防护网，以减少扬尘及施工渣土影响。

4）装有建筑材料、渣土等易扬撒物资的车辆，车厢应用覆盖封闭起来，以避免运输过程中的扬撒、飘逸，污染运输沿线的环境。

5）施工场地应及时洒水防止扬尘，遇大风天气，场地内渣土应该覆盖。

（3）施工噪声

1）施工期间严格执行北京市对建筑施工噪声污染控制管理的相关规定。

2）由于特殊原因须在夜间从事超标准的、危害居民健康的建设施工作业活动的，必须事先向作业活动所在地的环境保护主管部门办理审批手续，并向周围居民进行公告。

3）根据施工项目现场环境的实际情况，合理布置机械设备及运输车辆进出口，搅拌机等高噪声设备及车辆进出口应安置在离居民区域相对较远的方位。

4）合理安排施工机械作业，高噪声作业活动尽可能安排在不影响周围居民及社会正常生活的时段下进行。

5）对于高噪声设备附近加设可移动的简易隔声屏，尽可能减少设备噪声对周围环境的影响。

6）如发现有超标现象，应采取对应措施，减缓可能对周围环境敏感点造成的环境影响。

（4）施工废气

1）运输、施工作业所使用的车辆均通过当年机动车尾气检测，并获得合格证。

2）运输、施工作业的车辆在离开施工、作业场地前，应对车辆轮胎、车厢、车身进行全面清洗，防止泥浆在车辆行驶过程中对外界道路及空气质量造成污染。

七、应急预案

根据旋喷桩施工工艺特点及场区内工程地质情况，为保证旋喷桩施工质量，针对施工中可能出现的问题进行分析并提出预防措施及处理方法。

（一）固结体强度不均匀、缩颈

1. 产生原因

（1）喷射方法与机具没有根据地质条件进行选择。

（2）喷浆设备出现故障中断施工。

（3）拔管速度、旋转速度及注浆量适配不当，造成桩身直径大小不均匀，浆液有多有少。

（4）喷射的浆液与切削的土粒强制搅拌不均匀，不充分。

（5）穿过较硬的黏性土，产生颈缩。

2. 预防措施及处理方法

（1）根据设计要求和地质条件，选用不同的喷浆方法和机具。

（2）喷浆前先进行压浆压气试验，一切正常后方可配浆，准备喷射，保证连续进行，配浆时必须用筛过滤。

（3）根据固结体的形状及桩身匀质性，调整喷嘴的旋转速度、提升速度、喷射压力和喷浆量。

（4）对易出现缩颈部位及底部不易检查处进行定位旋转喷射（不提升）或复喷的扩大桩径办法。

（5）控制浆液的水灰比及稠度。

（6）严格要求喷嘴的加工精度、位置、形状、直径等，保证喷浆效果。

（二）压力上不去

1. 产生原因

（1）安全阀和管路安接头处密封圈不严而有泄漏现象。

（2）泵阀损坏，油管破裂漏油。

（3）安全阀的安全压力过低，或吸浆管内留有空气或密封圈泄漏。

（4）塞油泵调压过低。

2. 预防措施及处理方法

应停机检查，经检查后压力自然上升，并以清水进行调压试验，以达到所要求的压力为止。

（三）压力骤然上升

1. 产生原因

（1）喷嘴堵塞。

（2）高压管路清洗不净，浆液沉淀或其他杂物堵塞管路。

（3）泵体或出浆管路有堵塞。

2. 预防措施及处理方法

（1）应停机检查，首先卸压，如喷嘴堵塞将钻杆提升，用铜丝疏通。
（2）其他情况堵塞应松开接头进行疏动，待堵塞消失后再进行旋喷。

（四）钻孔沉管困难、偏斜、冒浆

1. 产生原因

（1）遇有地下埋设物，地面不平不实，钻杆倾斜度超标。
（2）注浆量与实际需要量相差较多。
（3）地层中有较大空隙不冒浆或冒浆量过大则是因为有效喷射范围与注浆量不相适应，注浆量大大超过旋喷固结所需的浆液所致。

2. 预防措施及处理方法

（1）放桩位点时应钎探，遇有地下埋设物应清除或移动桩钻孔点。
（2）喷射注浆前应先平整场地，钻杆应将垂直倾斜度限制在 0.3% 以内。
（3）利用侧口式喷头，减小出浆口孔径并提高喷射能力，使浆液量与实际需要量相当，减少冒浆。
（4）控制水泥浆液配合比。
（5）针对冒浆的现象则采取在浆液中掺加适量的速凝剂，缩短固结时间，使浆液在一定土层范围内凝固，还可在空隙地段增大注浆量，填满空隙后再继续旋喷。
（6）针对冒浆量过大的现象则可采取提高喷射压力、适当缩小喷嘴孔径、加快提升和旋转速度等方法。

（五）固结体顶部下凹

1. 产生原因

在水泥浆液与土搅拌混合后，由于浆液的析水特性，会产生一定的收缩作用，因而造成在固结体顶部出现凹穴。其深度随土质浆液的析水性、固结体的直径和长度等因素的不同而异。

2. 预防措施及处理方法

旋喷长度比设计长 0.3~1.0 m，或在旋喷桩施工完毕，将固结体顶部凿去部分，在凹穴部位用混凝土填满或直接在旋喷孔中再次注入浆液，或在旋喷注浆完成后，在固体的顶部 0.5~1.0 m 范围内再钻进 0.5~1.0 m，在原位提杆再注浆复喷一次加强。

（六）雨季施工应急预案

1. 雨季来临前期应做好人员劳动力的准备和安排，平时材料应准备充足并有足够的富余，确保雨季不因材料问题而影响工期。

2.防暴雨措施。接到暴雨预报后及时遮盖施工物资材料、机械设备、电器设备等以保证其不被雨水淋打、浸泡。暴雨出现时立即停止场内所有危险性的施工作业，施工车辆暂停行驶，切断高压电源，关闭现场发电、用电设备。

3.雨季防雷措施。场区内配电柜、发电机等处于雷击区的机械设备全部装设防雷保护设施，防止雷电击毁设备、击伤人员。防雷保护设施应符合有关规定的要求并定期检查。雷电出现时立即停止场内电器设备操作、焊接作业及其他有危险性的施工作业。

第四章 基坑土方开挖及支护施工方案

第一节 工程概况

西丽湖站车站主体基坑采用整体明挖法施工，基坑安全等级为一级。车站主体结构围护主要选用钻孔灌注桩＋旋喷桩桩间止水的围护结构形式，局部选用整体性和止水性较好的地下连续墙和吊脚桩(墙)＋锚喷支护，地面以下岩层段基坑采用锚喷支护。围护结构支撑体系由冠梁、钢支撑、混凝土支撑、钢腰梁组成。

1. 冠梁：采用尺寸为 1200 mm×1200 mm、1200 mm×1400 mm，1200 mm×1000 mm 的钢筋混凝土结构。

2. 支撑：基坑第一道支撑采用 800 mm×100 mm、600 mm×1000 mm 钢筋混凝土支撑，基坑第二、三道采用 φ609，t=16 mm 钢管。第一道支撑作用在冠梁上，第二、三道两端扩大端作用在钢筋混凝土腰梁上，其余的作用在钢围檩上。

3. 钢支撑护：采用 2 个 45#C 工字钢拼焊。钢支撑在基坑开挖过程中随挖随架设。施工范围内水文、地质特征，交通运输情况，水源、电源、燃料等可利用情况，地下管线及周边建筑物。

第二节 总体施工部署及施工组织

一、施工组织机构及施工平面布置

施工组织机构及施工平面布置详见第二章相关部分。

二、总体施工方案

根据总体施工安排，西丽湖站围护结构施工完成后，车站基坑土方开挖采用分段形式，施工分段由东端向西和由西端向东相向开挖，保证北端的 80 m 结构尽快施工，为盾构始发创造条件。基坑开挖按"纵向分段、横向分块、竖向分层、台阶法作业、由上至下、先支护后开挖"的原则进行作业。施工前先进行基坑施工降水，待地下水位降低至基底以下 1 m 左右，进行基坑土方开挖与支撑施工。支撑架设、锚索施工与土方开挖密切配合，在土方挖到设计标高后及时架设钢支撑，减少无支撑暴露。

1. 基坑开挖施工方案

基坑开挖充分运用时空效应理论，严格按照相关规程进行施工，控制基坑位移，确保施工安全，将对周边环境的影响降至最低。控制基坑变形和位移最有效的方法就是及时可靠地架设支撑系统并对支撑系统施加预应力，挖土和支撑是两项不可分离的工作，挖土的成败取决于支撑的施工、支撑架设是否及时，直接影响到挖土的进度，二者相辅相成，缺一不可。因此基坑开挖必须严格按照"分层、分步、对称、平衡、限时"的要点控制，遵循"竖向分层，纵向分段、中部拉槽、先支后挖、随挖随撑、快速封底"的开挖支护原则。结合车站开挖区域的工程地质、水文地质、施工场地情况，综合考虑工期要求、施工总体安排等各种因素，确定基坑开挖施工方案如下：

（1）车站主体基坑在全风化花岗岩地层以上主要采用机械开挖，人工配合；西丽湖站地质资料显示，车站盾构井范围内较多分布微风化和全风化花岗岩，此段基坑采用爆破方式开挖，盾构井以外范围局部夹杂微风化和全风化花岗岩，采用明挖法开挖，遇微风化和全风化花岗岩时采用爆破方式开挖。

（2）车站主体基坑土石方采用反铲挖掘机分台阶接力翻运，在基坑顶部直接装入自卸汽车运输；少量不能翻运的土体采用反铲挖掘机装入渣斗内，龙门吊、吊车垂直提运，自卸汽车运输。

（3）钢支撑在基坑开挖过程中随开挖随施工，加至设计预应力后，才能继续开挖下部土体；施工中配备充足的施工机械设备和劳动力，确保安全、工期目标的实现。为此，在开挖施工中做好以下方面的工作：

1）提前做好降水井的施工，基坑共布设 34 口管井，横向间距 12~20 m。

2）随开挖逐步及时按设计架设钢支撑，先开挖至钢支撑位置立即架设钢支撑，然后开挖钢支撑两侧的土方，以缩短钢支撑架设时间，并采取措施保证钢支撑的架设质量，确保基坑开挖安全。

3）基坑开挖深度较大，施工充分考虑基坑开挖的时空效应，以施工监测为手段，合理安排施工顺序，采取切实可行的技术措施，确保基坑开挖安全有序、均衡高效。

2. 基坑开挖与支护施工步序

基坑开挖遵循"分段分层、由上而下、先支后挖"的原则。钢支撑段具体每层开挖面控制标高如下：

第一层：开挖至冠梁底标高，施作冠梁及第一道钢筋混凝土支撑；

第二层：开挖至第二道支撑下 500 mm，施作第二道钢支撑；

第三层：开挖至第三道支撑下 500 mm，施作第三道钢支撑；

第四层：开挖至基底，人工配合机械清底，组织基槽验收；

现场施工技术人员和监理工程师严格控制开挖标高，严禁超挖、欠挖。

基坑开挖前 15~20d 开始基坑降水，基坑开挖过程中确保降水井正常运行，每层土方开挖时分台阶，下部台阶开挖前上部网喷、预应力锚索、锚杆必须施工完成。

三、施工组织

土石方开挖分为 3 个工作面，第一工作面由西向东开挖 1~17 段，第二工作面由东向西开挖 24~18 段，第三工作面由西向东开挖 25~37 段。

第一工作面（1~17 段）土方运输时，在动物园管理处沿基坑斜向架设 10 m 宽、31 m 长钢便桥联通南北两侧便道，土方运输利用北侧（野生动物园侧）施工便道，通过钢便桥进入南侧施工便道，将土方从围挡东门运输出施工场地。土方开挖数量约 87100 m³，施工时间 2013 年 3 月 1 日~2013 年 11 月 16 日，平均每天开挖土方约 400 m，临近西湖林语小区 25 m 范围内微风化采用静态爆破，中风化岩层及 25 m 以外的中、微风化岩层采用液压钻孔配合机械破除。其中临近西湖林语小区 25 m 范围微风化数量为 10524.5 m³，中风化岩层及 25 m 以外的中、微风化岩层为 24953.5 m³。施工时每天静态爆破、机械破除高度 1.5 m，平均每天开挖石方约 300 mm³。

第二工作面（24~18 段）土方运输利用南侧（清华大学侧）施工便道，将土方从围挡东门运输出施工场地。土方开挖数量约 28000 m³，施工时间 2013 年 7 月 10 日~2013 年 9 月 17 日，平均每天开挖土方约 400 m³。

第三工作面（25~37 段）土方运输利用南北两侧施工便道，将土方从围挡东门运输出施工场地。土方开挖数量约 46000 m³，施工时间 2013 年 9 月 18 日~2014 年 1 月 10 日，平均每天开挖土方约 400 m³。

四、施工组织管理

1. 基坑开挖与支撑架设两道施工工序，同时又涉及基坑防排、降水等辅助作业。基坑开挖顺序、方式方法及开挖效率对基坑地层的应力释放有一定影响，开挖中基坑安全控制要求高，钢支撑架设质量要求高，对基坑安全影响较大。为了确保施工安全和质量，加强施工组织管理及工序技术衔接，施工重在落实部门岗位责任制的基础上实行行政领导和主要管理人员工地值班制度和工序技术负责制度。

2.施工过程中，各工序技术人员负责现场工序的技术指导、技术监督，并及时处理施工中遇到的技术问题，及时反馈信息；技术部门还要对施工计划、建筑物调查与保护等进行管理。工程部、安质部各工序负责人负责现场施工安排与实施情况检查、督促落实，对现场资源配置与调度进行管理，及时处理问题；安排领工员值班。

3.土方开挖时由两端向中间，开挖时分段分块组织施工，分段时结合结构施工分段，应避免施工缝的位置留在墙、柱、梁和预留孔洞内，分段与后续主体结构相同，共分为39段。

五、设备及劳动力配备

考虑到天气、机械使用效率等其他因素的影响，开挖及出土机械设备与劳动力的配备按平均出土量的120%配备。外运弃土的能力充分考虑运输时间、出土量等因素，按开挖土方量的120%配备外运弃土车辆。

根据总体施工进度要求分期分批投入土方开挖设备。为了加强现场的管理，在保证工期的情况下，投入劳动力，如情况发生变化再进行适当调整。基坑开挖过程中配套的小型机具根据进度情况酌情进场。

第三节 深基坑开挖及支护施工

一、深基坑开挖顺序与工艺流程

从基坑两端向中部开挖，按纵向分段、竖向分层的原则分别开挖，最后剩余段土方用挖机接力、长臂挖机配合的方式一次挖出。纵向根据场地条件分段施工，先挖中槽，再挖两边，人工配合龙门吊（或吊车）安装钢支撑。根据节点工期要求和施工条件影响，施工顺序为由车站两端分段相向施工，土方由车站东端运出，优先施工盾构始发井区域，确保盾构始发节点工期。

二、基坑开挖准备工作

1.按规定的技术标准、地质资料及周围建筑物和地下管线等的翔实资料，严格细致地做好深基坑施工组织设计（包括周围环境的监控措施）和施工操作规程，施工方案按要求组织专家会审。

2. 对开挖中可能遇到的渗水、边坡稳定、涌泥流砂等现象进行技术讨论，制定应急措施并提前进行相关的物资储备。准备好地面排水及基坑内抽排水系统。

3. 确保地下连续墙的按时完成，开挖前 15 d 进行基坑降水工作，保证基底以上地层开挖时的稳定，保证开挖施工如期进行。

4. 按设计要求加工钢支撑，备足钢支撑数量，备好出土、运输和弃土条件，确保连续开挖。

5. 对基坑周边 30 m 范围内的建筑物进行调查，并对基坑、周围建筑物、地面及地下管线等编制详细的监控和保护方案，预先做好监测点的布设、初始数据的测试和检测仪器的调试工作，检测工作准备就绪。

三、基坑土方开挖

1. 基坑土方开挖原则

（1）基坑开挖施工以保证施工和周围环境安全及节点工期为原则。土方开挖的顺序方法必须与设计工况相一致，严格按照时空效应理论，掌握好"分层、分段、分块、对称、限时"五个要点，并遵循"竖向分层、水平分区分段、先撑后挖、严禁超挖、及时封底"的原则，确保工程安全质量前提下快速施工。土方开挖横向先中间后两侧，确保两侧预留土体护壁，纵向设置台阶，多台阶挖机接力开挖、装车，自卸汽车外运，最后剩余土方采用龙门吊（吊车）垂直吊装或长臂挖机位于基坑边侧出土。

（2）基坑开挖前 15 d 开始降水，基坑开挖必须在连续墙、钻孔桩、锚索冠梁、混凝土支撑达到设计强度后方可进行。

（3）基坑开挖时，其纵横向边坡放坡应根据地质、环境条件采取安全坡度。每步开挖所暴露的部分围护结构宽度宜控制在 3~6 m，每层开挖深度控制在 2.5~3 m，严禁在一个工况条件下，一次开挖到底。钢筋、钢支撑、弃土等堆载应远离基坑顶边线 5 m 以外，防止侧压力过大，基坑周边堆载不得大于 20 kPa。

（4）纵向放坡开挖时，应在坡顶外设置截水沟，防止地表水冲刷坡面和基坑外排水再回流渗入坑内，防止边坡坍塌。

（5）基坑开挖须确保无水作业。加强明水排放，在基坑开挖后，应及时设置坑内排水沟和集水井，配备潜水泵及时排除集水井里的集水，防止坑底积水。在雨季施工，严格执行雨季施工方案。

（6）每一工况挖土及钢支撑的安装时间间隔不得超过 12 h，对各道支撑必须采取可靠的支托和连接，防止因围护结构变形和施工撞击而发生支撑脱落。

（7）机械挖土时，坑底应保留 300 mm 厚土层用人工挖除整平，防止坑底土扰动。

（8）挖土机械和车辆严禁碰撞支撑、井点管、围护结构，支撑顶面严禁堆放、悬挂杂物。

2. 时空效应理论的应用

基坑土方开挖与支撑的施工质量是关系基坑工程成败的一大关键，是后续工程（车站主体结构）的前提条件。因此，根据本工程实际，运用"时空效应"理论，做好机械设备的选型与配备，以期达到最高质量、最快速度和最低成本的目标。

针对本工程所在地区工程地质特点，结合本单位在类似工程中的施工经验，根据"时空效应"理论的要求，对车站的基坑围护和开挖过程中的时空效应进行了认真分析，明确了以严格控制基坑变形，保持稳定为首要目的，以严格控制土体开挖，卸载后无支撑暴露时间为主要施工参数，采用混凝土支撑、钢支撑、降水提高土体抗剪强度和注意做好基坑排水等综合措施，达到控制基坑周边地层位移、保护环境、安全施工的目的。根据本工程基坑规模、几何尺寸，同时结合围护结构、支撑结构体系及降水井的布置，施工条件，按照"时空效应"规律，采用分层、分段、对称、平衡开挖和支撑的顺序，并确定各工序的时限，施工参数如下：开挖分层的层数 n=7（机械开挖时设置台阶数）；每层分段开挖的数量平均为 700 m；分段开挖的时间 T=11~12 h；分部开挖后完成支撑的时间限制 T<8 h；纵向开挖宽度 B=6~14 m，高度 H≤3 m；纵向控制坡度<1:3；分部开挖卸载后无支撑暴露时间 T≤24 h。

施工中根据监测数据经设计同意适当调整施工参数，减少开挖过程中的土体扰动范围，最大限度减少坑周土体位移量和差异位移量。

3. 土方开挖顺序

土方开挖按照纵向分段、竖向分层、层与层之间放坡设台阶的方式进行，上下前后形成一个连续的开挖作业面，按"先中间拉槽，后向两边扩展"的顺序进行开挖。

（1）深基坑开挖纵向分段

车站深基坑纵向开挖分段按照支撑平面布置及内部结构段划分，基坑开挖从两头向中间施工，在允许节点工期内尽早提交盾构始发段与始发井工作面，纵向开挖采用临时放坡开挖（坡率为 1:1.5），纵向边坡在合适高度设置台阶，每一层开挖至坡脚设置一横向截水沟及集水坑，深基坑开挖过程中基坑排水采用明沟截流排水。开挖时遵循阶梯状开挖施工顺序，"从上到下，分层、分块，预留护坡，阶梯流水开挖，垫层及时浇筑"的总原则。根据施工总体筹划，依据主体结构施工分段，基坑土方开挖相应地划分为段开挖。

分段原则：车站分段尽量将施工缝放在梁 1/3~1/4 处；施工缝与诱导缝相结合。每段开挖以保证主体结构施工环节达到流水作业的原则，每施工 50~60 m 施工到基底后，应在基坑内靠近围护结构处设置安全通道（供人员上下基坑使用）。

（2）深基坑开挖竖向分层

按照车站施工流程，基坑土方竖向分四层开挖，先破除沥青路面结构层后采用反铲挖掘机进行掏槽开挖，开挖至冠梁底标高，施工冠梁、第一道混凝土支撑；当冠梁、混凝土支撑强度达到设计要求时采用反铲挖掘机配合长臂挖掘机下挖至第二道钢支撑0.5 m，同时施工开挖部位桩间喷射混凝土，待第二层钢支撑及开挖部位桩间喷射混凝土施工完毕后，继续采用同上方法挖至第三道钢支撑下0.5 m，安装第三道钢支撑，最后开挖至基底，立即约请设计、地质勘查、监理、业主代表进行基槽验收工作。核对地质资料，检查基底土质与工程地质勘查报告、设计图纸是否相符，有无破坏原状土质结构或发生较大扰动现象。对土质不符合要求和超挖部位采用换填处理。

（3）平衡、对称、限时

平衡、对称：深基坑土方开挖由中间向两侧对称抽槽开挖，两侧开挖高度保持一致，以中心向两侧每台阶放坡坡率为1:1.5，保证基坑两侧围护结构均匀受力。

限时：根据施工槽段划分每层槽段开挖土方量为700 m³，按机械设备配备每小时最大开挖量60 m³，每层槽段开挖时间不超过12 h，8 h后可以保证每层开挖槽段钢支撑架设完成。

4. 开挖及出土方法

考虑钢支撑安装后土方开挖及运输机械的通道，从每层开挖面的中部预先拉槽，槽的高度以上一层钢支撑底部下4.5 m控制，槽底宽度按5 m控制，两侧预留5~6 m宽的平台。

（1）冠梁、钢筋混凝土支撑基槽土方开挖

本层土方开挖采用1 m²挖土机，开挖过程中先由机械采用掏槽、放坡的开挖方法开挖至冠梁、钢筋混凝土支撑底部标高上20 cm，剩余部分人工清底至设计标高。浇筑混凝土垫层，绑扎钢筋，浇筑完成钢筋混凝土支撑。施工过程中将雨水及地表径流水汇至基槽内临时集水坑，再排水至基坑两侧的集水坑中，最后用水泵抽水排水至市政排水系统。冠梁纵向施工30 m为一段，钢筋混凝土支撑在3根左右。

（2）第一层至六层土方开挖

待冠梁及第一道混凝土支撑完成并达到设计强度后，将在混凝土支撑基槽顶部拼装、铺设走道板（钢板、工字钢组成），作为挖机工作平台及土方运输通道。采用挖机接力的方式开挖土方，挖至钢支撑底部标高，进行钢管支撑的安装和预应力施加。后续进行土方开挖，放坡开挖，做出下一台阶挖机操作平台，形成挖机接力流水作业开挖。

后一段土方的开挖必须在前一段支撑安装完成后方可进行。该层挖土每段约6 m，支撑安装在2根左右。随即在8 h内完成该段的支撑安装并施加预应力。第三层起土方开挖每小段控制在3 m，支撑安装约为1根。

（3）最底层土方开挖

底层：土方开挖仍采用挖机与人工开挖结合的方法，机械挖土至设计标高上300 mm，以保证浇筑的底板达到设计标高，剩余土体采用人工开挖，到设计基底标高后施工综合接地，综合接地验收合格后立即组织基底混凝土垫层施工，确保基底及时封闭。

（4）开挖注意事项

1）基坑底部预留 0.3 m 的保护层，采用人工开挖、修平，并经相关单位验槽合格后进行接地网施工，接地网报监理工程师检验合格后进行混凝土垫层施工，以保证基坑底土层不被扰动。距桩壁 0.5 m 处改由人工修挖，以免对桩身的稳定产生破坏。

2）基坑土方开挖时，随挖随撑，减少基坑暴露时间。

3）基坑土方开挖后，及时按设计施作网喷支护、预应力锚索、锚杆施工，按规定时限与设计标准施加支撑预应力。

4）基坑土方开挖完成一块，清理平整一块；清理平整一块，垫层施工一块。

5）基坑土方开挖过程中，加强施工监控量测，随时掌握土体压力、支撑结构受力及地下水位变化等情况，做到信息化指导施工。

6）在每层土方施工中，在横断面跨中纵向拉坡开中槽，护坡桩两侧各留 5~6 m 宽平台，充分利用其土体抗力保证围护结构的稳定，同时利用此平台及时进行封堵围护结构的渗漏水，在钢支撑架设完成后，采用机械由中槽向两边横向挖土，人工配合清理桩间土直至围护结构。

7）在挖土过程中，机械臂斗严禁碰撞支撑及混凝土角撑，挖土机械禁止直接停在支撑上。

8）基坑开挖至 6 m 以下，安排专人 24 h 对基坑进行巡视，确保基坑开挖过程的任何不利因素均能在第一时间得到妥善处理。

四、岩石地段基坑开挖

（一）静态爆破

1. 静态爆破工艺原理

（1）静态爆破工艺原理

在岩体上钻孔，在钻孔中灌装膨胀剂，依靠膨胀力使岩石产生裂缝，从而达到破碎岩石的目的。

（2）静态爆破剂的破碎机理

静态爆破剂是以特殊硅酸盐、氧化钙为主要原料，配合其他有机、无机添加剂而制成的粉末状物质，典型的化学反应式为：$CaO+H_2O \rightarrow Ca(OH)_2+6.5 \times 10^4 J$。当氧化钙变成氢氧化钙时，其晶体结构发生变化，会引起晶体体积的膨胀。根据测定，在自由膨胀的前提下，反应后的体积可增长 3~4 倍，其表面积也增大近 100 倍，同时每摩尔还释放出 6.5×10^4 J 的热量。如果将它注入炮孔内，这种膨胀受到孔壁的约束，压力可上升到 50 MPa，介质在这种压力作用下会产生径向压缩应力和切向的拉伸应力。

2. 爆破工艺流程

爆破工艺流程为：施工前准备→设计布孔→测量定位→钻孔＋装药＋药剂反应、清渣＋进入下一层循环施工。

3. 爆破操作要点

（1）对于岩石破碎需要了解岩石性质、节理、走向及地下水情况。钻孔参数、钻孔分布和破碎顺序则需要根据破碎对象的实际情况确定。另外静态破碎剂的效力和初始开裂时间，除了与原料配合比有关外，还与施工当时气温、水温、水灰比、孔径、孔距、钻孔布置、灌浆时间和速度、岩石强度、操作人员的经验等因素有很大关系。

（2）设计布眼

布眼前首先确定至少有一个以上临空面，钻孔方向应尽可能做到与临空面平行，临空面（自由面）越多，单位破石量越大，效果也更好。切割岩石时同一排钻孔应尽可能保持在一个平面上。孔距与排距的大小根据岩石的硬度程度调整，硬度越大、强度越高时，孔距与排距越小，反之则大。为加快工期的考虑，孔距取 20 cm，排距取 30 cm。

（3）钻孔

钻孔直径与破碎效果有直接关系，钻孔过小，不利于药剂充分发挥效力；钻孔太大，易冲孔，故采用 φ42 mm 钻孔。

（4）钻孔深度和装药深度

孤立的岩石钻孔深度为目标破碎体的 80%~90%；大体积岩石需要分步破碎，钻孔深度一般在 1~2 m 较好，装药深度为孔深的 100%。西丽湖站选择钻孔深度为 1.5 m。

（5）装药

先将药剂加 30% 的水（重量比）拌成流质状（充分搅拌后略有余水）后，迅速倒入孔内并用略小于钻孔的捅杆捣实捅紧，特别长的钻孔，可多分几段，逐段捅实。

岩石发现裂缝后，立即向裂缝中加水，以支持药剂持续反应，加水后效果明显，裂缝加大。采用分三小组同时灌装的方式，每小组由主副两名灌装手组成。取药搅拌时，主灌装手负责灌装进孔，副灌装手负责捅紧捣实。各小组采用"同步操作，少拌勤装"的方式。即每组施工工人在每次操作循环过程中负责装孔的孔数不能过多。每次拌药量不能超过实际能够完成的工作量。工人们在取药加水、拌和灌装过程中应基本保持同步。这样，可以让每个钻孔内的最大膨胀压能够基本保持同期出现，有利于岩石的破碎。

每次装填药剂,都要观察确定岩石孔壁、药剂拌和水搅拌桶的温度是否符合要求。灌装过程中,已经发烫和开始冒气的药剂不允许装入孔内。从药剂加入拌和水到灌装结束,此过程的时间不应超过 5 min;操作时应注意观察装填孔,发现有气体冒出有"嘶嘶"声时,喷孔可能立刻发生,要立即停止装药。

位于地下水以下的钻孔装药需先将套筒插入钻孔内,然后往套筒内装药,从而使药剂发挥最大的效力。

(6)药剂反应时间的控制

药剂反应的快慢与温度有直接的关系,温度越高,反应时间越快,反之则慢。气温较低,药剂反应时间会延长,反应时间太长会给施工带来不便。一般解决办法是加入保温剂和提高拌和水温度。保温剂加入过多,也会降低药剂膨胀力。拌和水温可根据实际适当提高,但最高不可超过 40 ℃,否则可能冲孔。反应时间一般控制在 30~60 min 较好,条件较好的施工现场可根据实际缩短反应时间,以利于施工。药剂反应时间过快易发生冲孔伤人事故,可使用延缓反应时间的抑制剂。

(二)石方机械破除

临近西湖林语 25 m 范围内中风化及 25 m 以外的中、微风化岩采用钻孔配合机械破碎。钻孔采用地质钻机,直径 φ110,深度 1.6 m,间距 0.4 m×0.5 m(横×纵)。机械破除采用破碎机,机械破除时分层破除,每层厚度 1.5 m,每层破除完成后及时施工锚杆,挂网喷射混凝土。临近西湖林语 25 m 外的中、微风化岩机械破除时从南向北进行破除,优先满足 25 m 范围内微风化静态爆破需要的临空面要求。

五、基坑支护

1. 冠梁施工

车站连续墙顶均设置冠梁,将连续墙连接为整体。冠梁采用组合钢模型支模,现场绑扎钢筋,商品混凝土运至现场灌注,插入式捣固器振捣密实,车站冠梁随连续墙进度分段施作,并预留连接钢筋。

开挖土方至连续墙(灌注桩)顶部,破连续墙(桩),并凿毛整平至设计标高,用高压风清洗后采用 YJ-302 环氧混凝土界面处理剂涂抹连续墙顶,以免与冠梁连接时施工缝成为渗漏面,提高其防水抗渗能力。

灌注冠梁混凝土时,加强对混凝土的振捣,使其密实可靠,特别是施工缝处的混凝土密实度,以增强其防水抗渗能力。

2. 钢筋混凝土支撑施工

基坑开挖竖向设三道水平支撑,其中第一道支撑为钢筋混凝土支撑,尺寸为

1200 mm×1000 mm，1200 mm×1200 mm、1200 mm×1400 mm，尺寸水平间距不大于9 m，第二、三道支撑为φ609，t=16 mm钢管支撑，支撑的水平间距不大于3.0 m。

动物园管理处段基坑竖向设置三道支撑，第一道支撑为1200 mm×1200 mm钢筋混凝土支撑，部分支撑梁与动物园管理处的隔离桩横向连接；由于清华大学侧地势低，结构两侧地层高差较大，靠近动物园侧第一道支撑下方需打设一道锚索，锚索为φS15.2钢绞线；第二、三道支撑采用φ609，t=16 mm钢管支撑。

折返线小里程段基坑竖向设1道混凝土支撑+1~2道钢支撑，或1~2道锚索+1道混凝土支撑+2道钢管支撑，锚索仅在右线动物园侧设置；折返线清华大学段采用竖向2道锚索+1道混凝土支+1道钢支撑的支护形式，锚索仅在右线动物园侧设置；混凝土支撑尺寸为800 mm×1000 mm，锚索为φS15.2钢绞线，钢支撑为φ609，t=16 mm钢管支撑。

站前单渡线段局部基岩凸起段采用吊脚桩（墙）（外放1 m）+锚喷支护，桩（墙）脚采用锚索进行锁脚，吊脚桩（墙）以下入岩段喷射15 cm厚的C25混凝土，挂φ8@150 mm×150 mm的钢筋网，打设φ28，L=5 m的锚杆。

地面以下即为岩层段基坑，采用锚喷支护，喷射15 cm厚的C25混凝土，挂φ8@150 mm×150 mm的钢筋网，打设φ28，L=5 m的锚杆。

3. 钢支撑施工

（1）钢支撑组成

活络端头由活动端头及活动端容纳钢管两部分组成。由端头钢板、双槽钢伸缩杆、加劲肋板等部分拼装焊接成活动端头。双槽钢伸缩杆置于活动端容纳钢管内，在液压千斤顶的作用下，可实现伸缩功能，从而调整支撑长度。

托架设置为用12.6a槽钢，槽钢与钢围檩通过钢板焊接成整体，然后将钢支撑活络端或固定端搁置在其上。

（2）钢围檩组成

钢围檩加工长度12 m为一节，现场安装，相邻两榀围檩先安装后连接。钢围檩采用2根45C型工字钢加缀板焊接而成。钢围桩采用支架安装于围护结构连续墙侧面，每个支架采用2个φ25膨胀螺栓固定于围护桩上，每根钢管端头处须设置一个支架。钢围檩采用龙门吊或汽车吊就位到支架上，当钢支撑安装完成后，用C20细石混凝土填充钢围檩与围护桩间隙。

（3）支撑安装

1）钢管支撑加工

钢管支撑分节制作，分节长度有10 m、9 m、7 m等多种，管节间采用法兰盘螺栓连接，钢管支撑端部设活络管（仅一端）预加轴力。

2）钢管支撑的安装

钢管支撑加工完成后运送到施工现场，安装前在地面拼装，土方开挖到钢管支撑标高时，及时用龙门吊或汽车吊安设钢围檩与钢管横撑，通过钢管支撑活络端用油顶施加预加力，再用楔块塞紧，取下油顶。在基坑开挖过程中将充分利用"时空效应"理论，钢支撑的安装和预加力的施加控制在 8 h 以内。

①水平支撑安装

钢管支撑拼装：钢管支撑的拼装采用汽车吊在地面进行，拼装场地用枕木铺设平台，以便拼装时拴接操作。拼装长度必须根据现场量取围檩间的实际宽度确定。钢支撑的吊装：钢支撑采用汽车吊的双点起吊就位。支撑安装前对经检查合格的支撑进行编号，编号与现场支撑安装位置的编号一致，以免用错。油顶缓慢对钢管支撑施加预应力至预定值，在活络端安设楔块，并揳紧。

②斜撑安装

斜撑采用混凝土腰梁。连续墙施工在腰梁标高预埋 φ20 钢筋及钢筋接驳器，基坑开挖后凿出连续墙保护层，扳直预埋筋施工混凝土腰梁。

（4）支撑体系的拆除

支撑体系拆除的过程就是围护结构支撑的"倒换"过程，即把由钢管撑所承受的侧土压力转至车站永久结构上。支撑拆除采用龙门吊（或吊车）起吊，先整体吊装至地面然后再解开法兰的连接螺栓，钢围檩拆除采用龙门吊起吊，集中摆放。混凝土腰梁破除后吊运出基坑。支撑体系的拆除施工应特别注意以下两点：支撑体系拆除时应避免瞬间预加应力释放过大而导致结构局部变形、开裂；支撑体系拆除时，主体结构墙板的混凝土强度须达到设计强度的 90% 以上。

4. 锚索施工

（1）锚索预埋管

锚索布置在地下连续墙及钻孔桩顶部或底部，在钢筋笼下放前精确固定 φ130 预埋钢管和预埋木质楔块；待地连墙和钻孔桩施工完成，基坑开挖至锚索位置时，凿去预埋木模体，钻机通过预埋管进行锚索钻孔。

（2）钻孔

钻孔是锚索施工中控制工期的关键工序。为确保钻孔效率和保证钻孔质量，采用潜孔冲击式钻机。钻机钻进时，按锚索设计长度将钻孔所需钻杆摆放整齐，钻杆用完，孔深也恰好到位。钻孔深度要超出锚索设计长度 0.5 m 左右。钻孔结束，逐根拔出钻杆和钻具，将冲击器清洗好备用。用一根聚乙烯管复核孔深，并以高压风吹孔，待孔内粉尘吹干净，且孔深不少于锚索设计长度时，拔出聚乙烯管，塞好孔口。

两种特殊情况的处理：

1）渗水的处理：在钻孔过程中或钻孔结束后吹孔时，从孔中吹出的都是一些小石粒和灰色或黄色团粒而无粉尘，说明孔内有渗水，岩粉多黏附于孔壁，这时，若孔深已够，则注入清水，以高压风吹净，直至吹出清水；若孔深不够，虽冲击器工作，仍有进尺，也必须立即停钻，拔出钻具，洗孔后再继续钻进，如此循环，直至结束。有时孔内渗水量大，有积水，吹出的是泥浆和碎石，这种情况岩粉不会糊住孔壁，只要冲击器工作，就可继续钻。如果渗水量太大，以致淹没了冲击器，冲击器会自动停止工作，应拔出钻具进行压力注浆。

2）塌孔、卡钻的处理：当钻孔穿越强风化岩层或岩体破碎带时，往往发生塌孔。塌孔的主要标志是从孔中吹出黄色岩粉，夹杂一些原状的（非钻头碎的、非新鲜的、无光泽的）石块，这时，不管钻进深度如何，都要立即停止钻进，拔出钻具，进行固壁注浆，注浆压力采用 0.4 MPa，浆液为水泥砂浆和水玻璃的混合液，24 h 后重新钻孔。雨季，常常顺岩体破碎带向孔内渗流泥浆，固壁注浆前，必须用水和风把泥浆洗出（塌入钻孔的石块不必清除），否则，不仅固壁注浆效果差，还容易造成假象。

（3）锚索制作

锚索在钻孔的同时于现场进行锚索制作。钢绞线下料长度为锚索设计长度、锚头高度、千斤顶长度、工具锚和工作锚的厚度及张拉操作余量的总和。正常情况下，钢绞线截断余量取 50 mm，将截好的钢绞线平顺地放在作业台架上，量出内锚固段和锚索设计长度，分别做出标记；在内锚固段的范围内穿对中隔离支架，间距 60~100 cm，两对中隔离支架之间扎紧固环一道；张拉段每米也扎一道紧固环，并用塑料管穿套，内涂黄油；最后，在锚索端头套上导向帽。

（4）锚索安装

向锚索孔装索前，核对锚索编号是否与孔号一致，确认无误后，再以高压风清孔一次，即可着手安装锚索。锚索送入孔内，当定位止浆环到达孔口时，停止推送，安装注浆管和单向阀门；锚索到位后，再检查一遍排气管是否畅通，若不畅通，拔出锚索，排除故障后重新送索。

（5）注浆

锚索注浆采用二次高压注浆工艺：第一次注浆自孔底向外压浆，至孔口冒浓浆后完成；第二次注浆为高压注浆，利用预留注浆管，待第一次注浆体初凝之后，进行压力注浆，初始注浆压力应大于 2.5 MPa，稳定压力大于 1.0 MPa。二次注浆预留注浆管采用尼龙管，耐压应大于 5.0 MPa，在锚固段范围，按 0.5 m 间距钻对孔，孔径 5 mm，埋置之前用胶布包裹。锚索注浆液采用水泥砂浆，水灰比 0.45~0.5，加适量早强剂，设计强度不低于 25 MPa。

（6）锚索的张拉

张拉锚索前需对张拉设备进行标定。标定时，将千斤顶、油管、压力表和高压油泵联好，在压力机上用千斤顶主动出力的方法反复试验三次，取平均值，绘出千斤顶出力（kN）和压力表指示的压强（MPa）曲线，作为锚索张拉时的依据。锚索采用分级张拉的方法，每级稳定时间 2~3 min。

（7）封孔注浆

补偿张拉后，立即进行封孔注浆。注浆管从预留孔插入，直至管口进到锚固段顶面约 50 cm。

（8）封锚

封孔注浆后，从锚具量起留 50 mm 钢绞线，其余的部分截去，在其外部包覆厚度不小于 50 mm 的水泥砂浆保护层。

5. 锚杆施工

西丽湖站吊脚桩（墙）下及盾构始发井处采用锚喷支护，打设 φ28，L=5 m 的锚杆，间距 1.2 m × 1.2 m。

（1）施工准备

在锚杆施工前，合理选择施工设备、器具和工艺方法。认真检查原材料型号、品种、规格及锚杆各部件的质量，并检查原材料和主要技术性能是否符合设计要求。取两根锚杆进行钻孔、注浆、锁定的试验性作业，考核施工工艺和施工设备的适应性。

（2）主要工序及技术要点

1）钻孔

孔位应根据设计要求进行钻孔，砂浆锚杆的锚杆孔采用风钻成孔。

2）锚杆安装

砂浆锚杆孔内的砂浆采用注浆管进行注浆。注浆孔口压力不得大于 0.4 MPa，注浆时应堵塞孔口。注浆管应插至距孔底 5~10 cm 处，随水泥砂浆的注入缓慢匀速拔出，并用水泥纸堵住孔口。锚杆就位孔口后，将堵塞孔口水泥纸掀开，随即迅速将杆体插入并安装到位。若孔口无水泥砂浆溢出，说明注入砂浆不足，应将杆体拔出重新灌注后再安装锚杆；锚杆杆体插入孔内后不得悬挂重物。钻孔注浆的饱满程度，是确保安装质量的关键，工艺要求注浆管插到距孔底 5~10 cm，并随砂浆的注入而缓慢匀速拔出，就是为了避免拔管过快而造成孔内砂浆脱节。砂浆不足时应重注砂浆，保证其锚固效果。

3）注浆

砂浆锚杆作业是先注浆，后放锚杆。

①先将水注入泵内，水占泵体积的 2/3，并倒入少量砂浆，初压水和稀浆湿润管路，然后再将已调好的砂浆倒入泵内，将注浆管插至锚孔眼底，将泵盖压紧密封，一切就绪后，慢慢打开风阀开始注浆，在气压推动下，水在前，砂浆在后，水湿润泵体和管路，引导砂浆进入锚孔中。随着砂浆不断压入眼底，注浆管跟着用推和锤击的方法，把锚杆插入眼底，然后用木楔堵塞眼口，防止砂浆流失。

②压注砂浆时，必须密切注意压力表，发现压力过高，须立即停风，排除堵塞。

③注浆管不得对人放置，注浆管在未打开风阀前，不得搬动，关闭密封盖，以防高压喷出物射击伤人。

④掺速凝剂砂浆时，一次拌制砂浆数量不应多于三个孔，以免时间过长使砂浆在泵管中凝结。

⑤注浆完成后，及时清洗机具。

4）锚杆施工安全措施

锚杆作业中，密切注意观察围岩或喷射混凝土的剥落、坍塌。清理浮石要彻底，施工中，发现危险征兆，及时上报和处理。

杆种类及锚固方式要选择得当，严防锚固用的砂浆流失锚固力不够，导致锚杆脱落而造成事故，因此要指定专人负责，定期检查锚杆抗拔力。

5）质量标准

锚杆水平方向孔距误差不应大于 50 mm，垂直方向孔距误差不应大于 100 mm；钻孔底部的偏斜尺寸不应大于锚杆长度的 3%；锚杆孔深不应小于设计长度，也不宜大于设计长度的 1%；锚杆锚头部分的防腐处理应符合设计要求。

6. 网喷混凝土施工

（1）施工方法

采用湿喷法施工，钢筋网分片加工、现场安装，湿喷机紧跟开挖作业面喷射混凝土。

（2）施工技术要点

1）选用普通硅酸盐水泥，硬质洁净中粗砂，粗骨料选用粒径 5~12 mm 连续级配碎石；化验合格的拌和用水。

2）喷射混凝土的配合比通过室内试验和现场试验选定。速凝剂的掺量通过现场试验确定，在保证喷射混凝土性能指标的前提下，尽量减少水泥和水的用量。

3）喷射前认真检查受喷面，清除浮土；用高压水清洗受喷面。

4）分层喷射混凝土，在上层喷射混凝土达到初凝后，方可喷射下一层混凝土，首层喷射厚度控制为 5 cm。

5）喷射混凝土作业分段分片一次进行，按先里后外、自下而上的顺序进行。喷射时，喷嘴距受喷面 0.6~1.0 m，垂直受喷面做反复缓慢的螺旋形运动，螺旋直径 20~30 cm，以保证混凝土喷射密实。

6）握好风压，减小回弹，喷射混凝土的回弹率控制不大于 15%。

7）当桩间存在出水点时，设置泄水孔，边排水边喷混凝土。同时增加水泥用量，改变配合比，喷混凝土由远而近逐渐向出水点逼近，然后在出水点安设导管，将水引出，再向导管附近喷混凝土。

六、基坑排水与防护

1. 基坑排水方案

基坑四周开挖一道 30 cm×40 cm（深×宽）矩形排水沟以拦截地表水；截水沟与施工场地四周排水系统连接起来。

建立基坑内的临时排水系统。基坑内沿基坑两侧纵向挖两条临时排水土沟，每隔 30 m 设 1 座集水井，用潜水泵将集水井内的水抽到基坑外排水沟排除。

2. 基坑防护

（1）基坑四周用钢管设置 1.2 m 防护栏杆，并挂密目网防护。

（2）基坑四周设置明显警示标志，防护栏杆立杆涂刷黑黄相间油漆，夜间挂警示红灯。

（3）工人上下基坑应预先用脚手钢管搭设稳固安全的阶梯，避免上下时发生坠落。楼梯出口和出土道路路口设置警示牌。

七、基坑开挖安全技术措施

1. 根据现场实际情况，合理布置施工场地，落实一个可供 5 辆土方车停车的待车场地，进行车辆进入施工现场的调配。

2. 各阶段挖土前均做好思想统一，对施工人员交底清楚，施工时严格遵循"阶梯式"开挖施工顺序，"从上到下，分层、分块，留土护坡，阶梯流水开挖，垫层及时浇筑"的总原则。

3. 基坑开挖避免在雨季开挖。若工期所限，必须在雨停止后进行，需跳挖并加强支撑，工作面不宜过大，需逐段、逐片地完成。

4. 土方开挖和主体结构施工平行作业，土方开挖超前主体结构一个施工段，严禁在坑底横向挖掘，以免人为造成塌方。

5. 作业前需严格检查坑内外、坑边有无危险因素，对施工作业人员做好有针对性的安全技术交底，执行二级交底和教育制度。

6. 对所有进入现场的设备做一次检修，保证开工期间机械正常运转。

7. 备齐合格支撑及构配件，严防安装支撑时，因缺少支撑构配件而延误支撑时间，同时准备一定数量的支撑备用。

8. 备足排除基坑积水的排水设备。为保证基坑开挖而不浸水，必须事先备好设备，以防开挖土坡被暗藏积水冲坍，乃至冲断基坑横向支撑，从而造成地下墙大幅度变形和地面大量沉陷的严重后果。

9. 基坑四周用钢管设置 1.2 m 高防护栏进行围护，并挂密目网防护，栏杆涂刷黑黄色醒目警示，确保施工安全。

10. 土方开挖边坡上部不准堆放弃土和材料设备等，堆放重物距土坡安全距离不得小于 4 m，临时材料不得小于 2 m，机械不得小于 0.8 m。

11. 夜间挖土方时，应尽量安排在地形平坦、施工干扰较少和运输道路畅通的地段，施工场地应有足够的照明。

12. 在土方开挖的同时，严格按照设计的钢支撑结构跟进支撑。严格把好支撑材料的质量关，以保证基坑质量和安全。

13. 基坑开挖场内弃土车辆严格按照安排的路线行驶，车辆进出有序，保证基坑开挖中连续高效出土，加快开挖速度，减少地层扰动，确保水平位移量在规定指标内。

14. 基坑开挖过程中，每个基坑内设置两处应急逃生通道爬梯，随着基坑开挖范围的变化，应急爬梯位置随之移动。

15. 做好地下管线的监控和保护。

16. 基坑开挖与支护时，施工人员必须上下，考虑后期主体结构施工时人员需要上下，设置"Z"字形扶梯，根据施工进度随时调整其相应位置。

17. 机械需要在基坑内上下，采用 16 t 龙门吊进行上下吊装，如果超过龙门吊的额定起重重量，则临时租用大型吊车进行吊运。

第四节　基坑开挖常见事故及预防、应急措施

一、基坑大幅变形

1. 预防措施

（1）土方开挖严格按照分层分段方法开挖，土方开挖到支撑位置时及时进行支撑安装，严禁超挖。

（2）基坑周边 5 m 范围内严禁堆载。

（3）支撑预应力严格按照设计要求施加，并根据监测情况补加预应力。

（4）做好基坑降水及排水工作，防止土体软化，降低土体稳定性。

（5）做好围护结构接缝的渗漏水防治。

2. 抢险措施

监测各道支撑内力和围护变形情况，一旦发现变形速率及变形值增大，应采取如下措施：

（1）立即停止现场基坑土方开挖及其他坑内作业。

（2）通知建设单位、监理、设计单位到现场勘察，并复核监控量测结果。

（3）加大监控量测频率，1次/h，并将结果上报上级单位。

（4）减少基坑顶外侧的堆载，用水泵进行坑外降水，坑内围护结构前堆筑砂石袋，防止滑塌。

（5）若支撑应力加大或支撑不及时，立即增加支撑，缩小支撑间距。

（6）若围护结构发生位移，在围护结构后进行压浆处理，地面注浆材料采用纯水泥浆，注浆压力0.5~1.0 MPa，土体加固深度达到基底。

（7）若超挖，立即进行土体回填。

（8）如果基坑开挖至基底，可在垫层内配置钢筋。

（9）雨季施工时做好截排水系统，做好土坡封闭，防止地表水渗入开挖面内，并及时排出基坑内积水。

（10）监测坑底隆起变形情况，降水井持续抽水，防止基坑隆起。

二、基坑纵向滑坡

1. 预防措施

（1）严格控制基坑开挖坡度。

（2）开挖前和开挖过程中均采用具有针对性的降水措施，保证该层土中降水效果。

（3）暴雨来临之前所有边坡应铺设塑料膜防止暴雨冲刷，同时在坡脚设置大功率水泵抽水，防止坡脚浸水。

（4）如果遇到特殊情况，需要基坑停工较长时间，应在平台、基坑边和坡脚设置排水明沟和积水坑，并派专人抽水值班，必要时对基坑边坡面进行喷射混凝土保护。

（5）在进度允许的条件下尽量采用少开工作面的形式，避免暴露太多的基坑工作面。

（6）坡顶严禁堆积荷载，坡顶不允许设置便道。

（7）紧贴基坑四周设置砖砌或混凝土挡水墙，严禁在四周设排水沟，防止沟内积水向坑内渗透。

2. 抢险措施

（1）做好险情现场人员疏散，同时对可能造成影响的周边单位或住宅内的人员进行疏散。

（2）通知相关管线单位，根据影响程度进行管线监护和处置。

（3）会同交警部门对影响到的周边道路进行调整和交通疏解。

（4）如果纵向滑坡后基坑没有坍塌，采取如下措施：在具备条件和不危及人员安全的前提下补强支撑，并对坡脚处进行土方回填；在坡脚堆筑砂石袋，或在未滑动部位施打钢板桩，或间隔 2 m 打入钢管、木桩以挡土，防止边坡滑动。如果不能补强支撑，则立即组织对坡脚处进行回填土方或沙。

（5）如果纵向滑坡后基坑发生坍塌，立即组织对基坑坍方处进行回填土方或沙。

（6）进行坡顶卸载，尽量减少动载。

（7）加强未滑动区的监控测试和保护，以防事故扩大。

（8）杜绝任何流入基坑边坡内的水源，采用污水泵抽水降低地表及地下水位。尽快灌注封底混凝土，防止涌水。

三、支撑失稳

1. 预防措施

（1）钢支撑失稳前有拱起侧弯或下沉的先兆，发现情况迅速采取加固或补撑措施，在基坑开挖期间要加强对支撑的观察。每班有专人巡察。

（2）对监测报表中的数据要进行认真分析。

（3）对支撑材料严格把关，杜绝使用有缺陷的支撑材料。

（4）支撑施工要严格按要求架设、施加预应力等。对安装轴力计的支撑，要有特殊措施进行保护。

（5）要根据地下连续墙的沉降情况，及时调整支撑，防止支撑因地下连续墙的沉降或上抬而造成偏心，影响支撑受力。

2. 抢险措施

（1）做好险情现场人员疏散，同时对可能造成影响的周边单位或住宅内的人员进行疏散。

（2）通知相关管线单位，根据影响程度进行管线监护和处置。

（3）会同交警部门对影响到的周边道路进行调整和交通疏解。

（4）如果发生钢支撑失稳，基坑未坍塌：在失稳的钢支撑旁加设钢支撑，并施加预应力。同时对周围支撑复查，查找是否有支撑松弛，如果发现有支撑松弛，应立即采取复加预应力加固措施。如果支撑松弛而未发生支撑失稳，则应立即查找周边超载、围护结构背土是否流失、支撑材质等原因，防止失稳现象扩散。

（5）如由于支撑失稳已经引起基坑坍塌：立即对基坑坍塌处回填土方，并清理基坑周边的超载，如果围护结构背土发生土体流失，立即填充砂或混凝土，同时对周围支撑复查，查找是否有支撑松弛。如果发现有支撑松弛，应立即复加预应力，防止失稳现象扩散。

四、坑底隆起

1. 预防措施

（1）基坑开挖过程中加强基底隆起监测。

（2）地基加固、井点降水等措施严格按要求施工。

（3）基坑周边防止过多的超载。

（4）围护结构入岩深度满足要求。

（5）开挖前对围护质量摸底、详察，对可能会发生渗漏的部位做必要的技术处理，如注浆加固等。

2. 抢险措施

（1）疏散险情现场人员，同时对可能造成影响的周边单位或住宅内的人员进行疏散。

（2）通知相关管线单位，根据影响程度进行管线监护和处置。

（3）会同公安交警部门对影响到的周边道路进行封闭，并调整事故路段内的交通。

（4）一旦发现坑底隆起迹象，应立即停止开挖，并应立即加设基坑外沉降监测点。

（5）对小型基坑如出入口等，可及时采用回灌土方、水的方法，对大型基坑则应立即回填土，直至基坑外沉降趋势收敛方可停止回灌和回填。

（6）如果采用回灌水的方法，马上与消防部门联系，从附近消防栓中取水回灌，另外由于回灌水用水量较大，如消防栓水量不够，同时与自来水公司联系，从附近供水管道中取水。

（7）基坑土回弹变形过大，危及围护结构安全时，可采取基坑外卸载、坑底堆砂石袋或其他压重材料，用水泵进行深层降水减压等措施。

五、承压水突涌及围护结构渗漏水

1. 预防措施

（1）施工前针对工程水文地质情况，科学计算承压水降低标准，合理布设井点。

（2）在基坑开挖施工过程中，对承压水的水位进行仔细、认真的观测和控制。

（3）为防止井点坏损，布设一定数量的预备井点。

2. 抢险措施

（1）做好险情现场人员疏散，同时对可能造成影响的周边单位或住宅内的人员进行疏散。

（2）通知相关管线单位，根据影响程度进行管线监护和处置。

（3）会同交警部门对影响到的周边道路进行调整和交通疏解。

（4）开启所有承压水抽水泵，降低承压水水位。

（5）对小型基坑如出入口等，可及时采用回灌水填土等方法，对大型基坑则应立即进行回填土方（以黏性土为佳）。

（6）如果采用回灌水的方法，马上与消防部门联系，从附近消防栓中取水回灌，另外由于回灌水用水量较大，如消防栓水量不够，同时与自来水公司联系，从附近供水管道中取水。

（7）加强对基坑及周边建筑物的沉降观察。

（8）在降水措施采取的同时，寻找涌水源，对其采取必要的技术措施。

六、基坑围护结构流砂

1. 预防措施

（1）严格控制地下连续墙等围护结构的垂直度，避免开叉；

（2）地下连续墙施工时，增加刷壁次数，保证刷壁效果；

（3）混凝土浇筑时必须连续，避免出现堵管、导管拔空等现象，及时清除绕管混凝土；

（4）对地下连续墙进行墙趾注浆，防止出现不均匀沉降；

（5）地下墙施工中发生的质量问题都详细记录，在基坑开挖前和开挖过程中采取专项措施进行处理；

（6）基坑开挖中，随挖随撑，防止围护结构出现大的变形，造成连续墙接缝渗漏；

（7）加强施工监测，实施动态信息化施工管理；

（8）基坑开挖期间，24 h值班，及时对地墙质量和渗漏情况进行检查，发现问题及时处理。

2. 抢险措施

（1）做好险情现场人员疏散，对可能造成影响的周边单位或住宅内的人员进行疏散。

（2）通知相关管线单位，根据影响程度进行管线监护和处置。

（3）会同交警部门对影响到的周边道路进行调整和交通疏解。

（4）查清漏点后，先用棉被封堵，用基坑土方回填覆压，在基坑漏点附近增设临时支撑和复加轴力。

（5）在围护结构漏点外侧打孔，压注聚氨酯溶液进行封堵。当漏点被彻底封堵，不再涌砂后，再压注双浆液注浆，对地基进行加固。

（6）当漏砂严重，封堵无效有可能导致周围环境破坏时，用土方、砂或水泥等材料回填基坑。

（7）对周围建筑物、管线和道路进行监控，当变形较大时，采取双浆液跟踪注浆措施，调整变形速率，对流失的土体填充。采用水泥浆—水玻璃双液浆，注浆浆液浓度由稀到浓逐级变换，水灰比控制在（0.8∶1）~（1∶1）；水玻璃浓度35~40 Be；钻孔至有渗漏水处深度；注浆压力0.2~0.5 MPa。

七、周围地面沉降应急措施

（1）由于围护结构间渗漏管涌、围护结构变形、基底隆起、地下水的变化等原因引起的沉降对基坑本体的措施同前。

（2）施工中随时监测周围建(构)筑物的稳定情况，一旦周围建筑结构、裂缝宽度、主体倾斜度超警戒值时，立即停止开挖，加强基坑的支撑，对建筑物进行临时加固、地基双液注浆加固、停止降水、回灌等措施。对变形超过警戒值的建筑物加密监测频率，根据监测结果和建筑物变形情况进行顶撑加固。顶撑加固根据现场条件和建筑物变形的情况，在一楼地面上铺设钢板，选择用型钢（木）支撑在选定的柱子周边对梁进行顶撑加固，分散地基承载，减轻不均匀沉降，控制建筑物变形，如果变形过大首先疏散楼房内的住户，确保人身安全。

（3）地下管线采取跟踪注浆加固措施。

（4）路面采取注浆加固地基的措施。地面跟踪注浆施工，由注浆施工队伍（该队伍应为专业队伍，注浆设备齐全，且能随叫随到）负责实施，提前做好人员的部署安排。项目部设专人负责组织安排，如需进行地面跟踪注浆，立即组织实施，同时项目部监测组应积极配合进行施工过程中的各项监控量测。

八、事故发生后常用的补救方法

深基坑工程事故发生后，先采取应急措施，使工程事故的发展得到控制或使事故状态趋于平衡稳定。补救方案在深入现场调查和事故原因分析的基础上，经多方共同探查后针对性地提出。必须要求根治，不留隐患。

1. 减载削坡

基坑外地面外荷载减少，有条件时削坡或阶梯形减载；墙背土体加固，提高土体抗剪强度。

2. 加强内支撑

坑内四周设反压平衡土体；加强加密钢支撑。

3. 降水

降低墙背的水位，减少水压力，提高土体抗剪强度。

4. 加固与止水

对渗流部位采取快凝压力注浆法等办法加以阻止。

5. 稳定周围地面土体

当出现周围地面及建筑物下沉或倾斜时，一方面采取措施加固或拆除既有建筑物，确保安全；另一方面根据事故发生原因采取注浆加固等措施，以稳定地面土体和周围建筑物地基。根据工程的特点及施工工艺的实际情况，认真组织对危险源和环境因素的识别和评价，制定本项目发生紧急情况或事故的应急措施，开展应急知识教育和应急演练，提高现场操作人员应急能力，减少突发事件造成的损害和不良环境影响。

第五章　城市轨道交通运输车辆

第一节　城市轨道交通运输车辆概述

随着世界各国社会经济持续快速发展，经历了150多年发展的城市轨道交通，由于其具有运量大、速度快、安全、准点、保护环境、节约能源和用地等特点，已经受到了许多国家发达城市的高度重视，并在城市公共交通系统中扮演着不可替代的角色。

城市轨道交通车辆作为直接运载旅客的专门工具，在城市轨道交通系统中有着重要的地位，其不仅要保证运行的安全、准点、快速、具有良好的牵引、制动性能，同时又要有良好的乘客服务设施，使乘客感到舒适、方便。

一、城市轨道交通车辆的特点

1. 载客能力强

大型地铁车辆可达350人/辆。

2. 良好的动力性能

速度快，加速能力强，制动效果好。

3. 安全可靠性高

现代化车辆设备先进、故障率低、稳定可靠，能较充分地预防灾害与突发事件。

4. 灵活的牵引特征

根据不同城市、不同线路，可选择不同的牵引方式。

（1）动力集中牵引（机车牵引）：各节车辆无动力，整列车由机车（火车头）牵引，适于长大编组、站距较长、线路长的轨道交通系统（如城市铁路车辆、市郊铁路等）。

（2）动力分散牵引（动车组）：部分车辆自身配置牵引动力装置，有利于列车频繁启动加速及制动减速，比较适合于站距较短、机动性能要求较高的轨道交通方式，如地铁、轻轨、独轨等。

5. 环境舒适

通过独特的内装设计，精美组合照明空调、座椅和扶手等车厢，营造比较舒适的乘车环境。

6. 节能环保

车辆牵引动力主要为电力牵引。

二、城市轨道交通车辆的类型

1. 按牵引动力配置分类

（1）动车（Motor）。车辆自身具有动力装置（装有牵引电机），具有牵引与载客双重功能，动车又可分为带有受电弓的动车和不带受电弓的动车。

（2）拖车（Trailer）。车辆不装备动力装置，需动车牵引拖带，仅有载客功能，可设置驾驶室，也可带受电弓。

2. 按车辆规格（车体宽度）分类

为了车辆类型的规范化及主要技术规格的统一，建设部颁布的《城市快速轨道交通工程项目建设标准》根据我国各城市对城市轨道交通车辆选型的不同要求和城市轨道交通车辆的发展现状，提出了 A（宽 3 m）、B（宽 2.8 m）、C（宽 2.6 m）型车的概念。

三、城市轨道交通车辆类型的选用

为了充分体现城市轨道交通的特点，其线路均为专用通道，建设时需独辟蹊径，而且大部分设置在地下（特别是城市中心区）或高架，因而投资造价很高。相关的系统费用主要包括线路设施建设费、车辆购置费、运营维护费等。其中，车辆购置费和运营维护费占据较大比例。因此，应在满足客流需求和适应城市发展的城市轨道交通网络的前提下，正确选用车辆类型。

1. 客流特点

城市轨道交通主要运送市内上下班客流、节假日及大型活动的集中客流、车站和机场的往返客流、流动人口集中进出城市的客流等。

2. 客流量

城市轨道交通主要用于缓解城市公共交通，改善人们的出行条件，应对城市大客流量的需求。其形式通常取决于单向高峰小时最大断面客流量，通常单向高峰小时最大断面客流量在 1 万~3 万人次可采用轻轨交通；3 万~7 万人次应选择地铁交通。

3. 旅行速度

市区地面公共交通的旅行速度为 10~25 km/h；市区采用轻轨、地铁交通的旅行速度为 30~40 km/h；城郊间采用快速轨道交通，旅行速度为 50~60 km/h；城际区域间则要采用更高旅行速度的轨道交通（沪宁城际高铁时速可达 300 km/h）。

4. 线路条件

若因线路小半径或大坡度特别多，需要考虑采用单轨车辆、直线电机车辆或低速磁悬浮车辆等。

四、城市轨道交通车辆编组

动车组（Motor Car Unit）的形式是通过车钩（Coupling）连挂编组运行的。因此，每列列车都包含动车、拖车、带驾驶室车和不带驾驶室车等多种车辆行驶。编组形式灵活，无统一标准。

一般采用8节编组、6节编组和4节编组。带驾驶室的车辆始终编在列车的两端，其他车型在列车中的位置可以互换。

五、城市轨道交通车辆主要技术参数

车辆技术参数是概括地表征车辆技术规格的某些指标，是从总体上表征车辆性能及结构的一些参数，一般分性能参数与主要尺寸参数两大类。

1. 车辆性能参数

（1）自重、载重及容积：自重为车辆本身的全部质量；载重即车辆允许的正常最大装载质量，均以 t 为单位。容积以 m^3 为单位。

（2）构造速度：指车辆设计时，按安全及结构强度等条件所允许的车辆最高行驶速度。车辆实际运行速度一般不允许超过构造速度。

（3）轴重：指按车轴形式及在某个运行速度范围内，该轴允许负担的并包括轮对自身在内的最大总质量。轴重的选择与线路、桥梁及车辆走行部的设计标准有关。

（4）每延米轨道载重：是车辆设计中与桥梁、线路强度密切相关的一个指标，同时又是能否充分利用站线长度、提高运输能力的一个指标，其数值是车辆总质量与车辆全长之比。城市轨道车辆的此参数按设计任务书规定。

（5）通过最小曲线半径：指配用某种形式转向架的车辆，在站场或厂、段内调车时所能安全通过的最小曲线半径。当车辆在此曲线区段上行驶时不得出现脱轨、倾覆等危及行车安全的事故，也不允许转向架与车体底架或与车下其他悬挂设备相碰撞。

（6）轴配置或轴列式：用数字或字母表示车辆走行部（转向架）结构特点的方式。例如四轴动车，两台动力转向架，则轴配置为 B-B；六轴单铰轻轨车辆的两端为动力转向架，中间为非动力铰接转向架，其轴配置记为 B-2-B。

2. 车辆的主要尺寸参数

（1）车辆长度：车辆处于自由状态，车钩成锁闭状态时，两端车钩连接面之间的距离。

（2）车体长度：指不包含牵引缓冲装置或折棚的车体结构的长度。

（3）车辆最大宽度：指车体横截面上最宽部分的尺寸。

（4）车辆最大高度：指车辆顶部最高点与钢轨顶面之间的距离。通常需说明与最高点相关的结构，如有无空调、受电弓的状态等。

（5）车辆定距：同一车辆的两转向架回转中心之间的距离。

（6）固定轴距：同一转向架的两车轴中心线之间的距离。

（7）车钩中心线距离钢轨面高度：简称车钩高。它是指车钩连接面中点（铁路车钩是指钩舌外侧面的中心线）至轨面的高度。广州、上海地铁车辆为 720 mm，天津和北京地铁车辆为 660 mm。

（8）地板面高度：车辆地板面与钢轨顶面之间的距离。指新造或修竣后空车的数值。上海地铁车辆地板面高为 1130 mm，北京地铁车辆为 1053 mm。

第二节　城市轨道交通车辆构成

一、车体（Car Body）

车体是城市轨道交通车辆最重要的组成部件之一，它的安全可靠性、外观、寿命、能耗和载重能力直接影响城市轨道交通运营的质量及经济效益。

1. 车体的特征

（1）一般为 4 节、6 节或 8 节车辆编组的电动车组，有头车（即带有司机室的车辆）和中间车或动车与拖车之分。

（2）由于城市轨道交通车辆服务于城市内的公共交通，乘客数量多，旅行时间短，上下车频繁，因此车内设置的座位少、车门数量多而且开度大，服务于乘客的车内设备较简单。

（3）对车辆的质量限制较为严格，特别是高架轻轨，要求列车质量轻，轴重小，以降低线路设施的工程投资。

（4）为减轻列车自重，车辆必须轻量化，对于车体承载结构一般采用大型中空截面挤压铝合金型材、高强度复合材料或不锈钢等，采用整体承载筒形车体结构，车辆的其他辅助设施也尽量采用轻型材料和轻量化结构。

（5）城市轨道交通车辆一般运营于城市人口稠密地区，并用于承载旅客，所以对车辆的防火要求严格，特别是地铁车辆。通常车体的结构采用防火设计，材料需经过阻燃处理。

（6）对车辆的隔音和噪声有严格要求，以最大限度降低噪声对乘客和沿线居民的影响。

2. 车体的承载形式

按照轨道交通车体结构承受载荷的方式不同，车体可分为底架承载结构、侧墙和底架共同承载结构和整体承载结构三类。

（1）底架承载结构：全部载荷由底架来承担的车体结构，也称自由承载结构。

（2）侧墙和底架共同承载结构：由侧、端墙与底架共同承担载荷的车体结构，也称侧墙承载结构，具有较高的强度、刚度。

（3）整体承载结构：车体的底架、侧墙、端墙、车顶连接成一个整体，形成开口或闭口箱形结构，此时车体各部分结构均参与承受载荷。

3. 钢结构车体

（1）低合金钢车体

国内较早生产的地铁车辆的车体基本采用普通碳素钢型材构成骨架，外侧包薄钢板，构成一个全焊接的筒形薄壳结构，自重达到10~13 t。普通碳素钢车体腐蚀十分严重，在使用中不仅强度随腐蚀而降低，而且增加了维修的工作量和成本。为了提高车体的耐腐蚀性，延长车体的使用寿命，从20世纪80年代开始，采用如09CuPbCrNi这种含铜、镍铬等合金元素的耐腐蚀的低合金钢（或称耐候钢）系列，可使车体结构自重减轻1~1.5 t（10%~15%）。在工艺上又采取了一些防腐措施后，车体的使用寿命有所延长，但仍不能彻底满足减轻自重和防腐蚀的需要。

（2）不锈钢车体

不锈钢耐腐蚀性能较好、强度高。用这种材料制造车体，免除了车体内壁涂覆防腐蚀涂料和表面油漆。在保证强度、刚度的前提下，板厚也可减薄。车体的结构形式基本与钢结构车体相似，从而实现车体的薄壁化和轻量化，不锈钢车体与普通碳素钢车体相比，自重可减轻1~2 t（10%~20%）。另外，为了克服薄板平整度难于保证的缺点及满足增加刚度的需要，一般车顶板、侧墙板和底架都采用成型的波纹板制成。为了克服在焊接高温条件下不锈钢内部组织易发生变化，进而产生晶间腐蚀而破裂的特点，在焊缝集中的地方多采用点焊。

4. 铝合金车体的特点

现代城市轨道交通车辆的车体是一种以铝合金为主体材料的轻型整体承载结构，

通常采用模块化结构或全焊接组装。由于铝合金材料具有密度小、强度大、耐腐蚀、加工性能好、易再生等优点，因此，使用这种材料构造的车体在满足车体强度和刚度的同时，大幅度地减轻了车体的质量。其主要优点有以下几点：

（1）能大幅度降低车辆自重，在车辆长度相同的条件下，与碳素钢车体相比，铝合金车体的自重降低30%~35%，强度质量约为碳素钢车体的2倍。碳素钢车体、不锈钢车体、铝合金车体的质量之比约为10：8：6。

（2）具有较小的密度和杨氏模量，所以铝合金对冲击载荷有较高的能量吸收能力，可降低振动，减少噪声。

（3）可运用大型中空挤压型材进行气密性设计，提高车辆密封性能，提高乘坐舒适性。

（4）采用大型中空挤压型材制造的板块式结构，可减少连接件的数量和质量。

（5）减少维修费用，延长使用寿命。

5. 车体的结构特点

（1）底架：底架是车体结构和设施的安装基础，承受主要的动、静载荷，必须具有足够的强度和刚度。底架由牵引梁、枕梁、缓冲梁、侧梁、各种横梁等组成。

（2）侧墙：侧墙主要由侧墙板、侧门立柱、上下边梁和其他辅助杆件组成。在组装时与底板和车顶拼接，各块分部件为整体的挤压铝型材。

（3）端墙：车体两端的端墙由立柱、端墙板、边角柱和墙板组成。

（4）车顶：车顶主要由平顶、圆顶、车顶边梁焊接组成。

二、车门（Doors System）

世界各国轨道交通车辆的车门结构和类型多种多样，但无论结构形式如何变化，地铁车辆的客室车门都应满足城市轨道交通的特殊性。

（一）客室侧门（Passenger Compartment Doors）

1. 特点

要有足够的有效宽度（1300~1400 mm）；车门要均匀分布，以方便乘客上、下车；要有足够数量的车门，以使乘客上、下车时间满足运行密度的要求（一般而言，B型车4对/辆，A型车5对/辆）；车门附近要有足够的空间，方便乘客上、下车时周转；要确保乘客的安全；要具有较高的可靠性。

2. 类型

按车门的驱动形式来分，主要有电动门和气动门两种；按车门门页的动作轨迹及与车体侧墙的安装方式的不同，主要有内藏门、外挂门和塞拉门三种。内藏对开式双滑门（Double-leaf Sliding Pocket door），简称内藏门。在车门开关室，车门在车辆侧墙的外墙板与内饰板之间的夹层内移动。传动系统设于车厢内侧车门的顶部，装有导轮的车门可在导轨上移动，传动机构的钢丝绳、皮带或丝杠与车门相连接，气缸或电机驱动传动机构，从而实现车门的往复开/关动作。

外挂门（Outside Sliding Door）。目前，国内地铁车辆尚未广泛采用外挂门，只有广州地铁2号线开始采用这种车门。该型车门与内藏门相似，传动机构也设在车内门上方。主要区别在于车门和悬挂机构始终位于侧墙的外侧，并采用微动塞拉技术。

塞拉门（Sliding Plug Door）。所谓塞拉门主要是这种车门具有塞和拉两种动作。即门关闭时是由车外向车内塞入车门口处，使之关闭、密封，此时车门外表面与车体侧墙外表面平齐；门开启时，当门移开门口一定距离后，能沿车体内侧或外侧滑动，车门贴靠在侧墙的外侧。

3. 结构

车门尽管类型多种多样，基本上都是由驱动系统、机械传动系统、门页、电气控制系统四部分组成。其动作原理：电气控制系统带动驱动系统动作，通过机械传动结构，带动门页在上下导轨中同步反向移动，实现车门的开、关动作。

（1）驱动系统。驱动系统为车门动作提供动力来源。地铁和轻轨车辆的客室车门驱动系统有两种：一种为由直流或交流电机驱动的电控电动式；另一种为由驱动汽缸驱动的电控气动式。

（2）机械传动系统。机械传动系统的作用是将驱动系统的运动传递至两扇门页，带动门页在上下导轨中移动。常用的传动结构有齿轮齿条传动、链轮链条传动、绳轮传动、左右丝杠传动等。

（3）门页。客室车门由左右两扇的门页组成。

（4）电气控制系统。每个客室车门电气控制系统均装有电子门控单元（EDCU），其与列车控制系统接口，根据来自列车控制系统的开、关门信号和来自车门机构上显示车门关好、门切除、紧急开门等行程开关的信号，处理与这个车门相关的全部指令，进行控制、监视和开关门。

（二）紧急疏散门（Emergency Evacuation Door）

列车在隧道内运行一旦发生火灾或其他危险事故时，必须疏散车上的乘客，这时司机可打开设在首尾两节A车司机室前端中央的紧急疏散门，引导乘客通过紧急疏散门走向路基中央，然后向两端的车站疏散。有些城市的地铁车辆不具备紧急疏散门，当发生危险事故时，主要通过架设在列车运行线路两旁的紧急疏散平台引导乘客疏散。

三、车钩缓冲装置（Coupler）

（一）车钩连挂装置的分类

1. 根据两连接车钩间是否有垂直位移，车钩可分为刚性车钩和非刚性车钩。非刚性车钩，允许两个相连接的车钩钩体在垂直方向上有相对位移。当两个车钩的纵轴线存在高度差时，两个车钩呈阶梯形状，并且各自保持水平位置。由于钩体的尾端相当于销接，这就保证了车钩在水平面内的位移。非刚性车钩较普遍地应用于传统铁路客车和货车上，刚性车钩普遍应用于高速列车和现代城市轨道交通车辆中。

刚性车钩，也称为密接式车钩，它的连接不允许两连挂车钩存在相对位移，而且对前后的间隙要求应限制在很小的范围之内。如果在车辆连挂之前两车钩的纵向高度已有偏差，那么在连挂后，两车钩的轴线处在同一条直线上并呈倾斜状态。两钩体的尾端具有完全的销接，这就能保证连挂车辆之间可以具有相对的平移和角位移。

2. 按照车辆牵引连挂装置的连接方法不同，可分为全自动车钩、半自动车钩和半永久牵引杆车钩。全自动车钩。全自动车钩可以实现机械、气路、电气回路的自动连接。半自动车钩。半自动车钩的机械连接和气路连接结构及作用，基本与全自动车钩相同，但是电气回路还是需要人工手动连接。半永久牵引杆车钩。半永久牵引杆车钩的机械、气路、电气线路的连接，都需要人工手动操作，一般只有在架修以上作业时才进行分解。

（二）车钩缓冲装置的功能与组成

1. 车钩缓冲装置的功能

现代城市轨道交通车辆普遍采用动车组形式运行。利用车钩缓冲装置连接列车中各车辆，使之保持一定的距离，并且传递和缓和列车在运行中或在调车和救援时所产生的纵向力和冲击力。

如果上述的作用是由同一装置来承担的，那么该装置称为牵引缓冲装置。如果它们分别由不同的装置来承担，则分别称为牵引连挂装置和缓冲装置。牵引连挂装置用来保证车辆和车辆的彼此连接，并且传递和缓和纵向力。缓冲装置用来传递和缓和压缩，并且使车辆彼此之间保持一定的距离。

2. 车钩缓冲装置的组成

城市轨道交通车辆车钩缓冲装置一般由钩头、缓冲装置、对中装置、钩尾冲击座四部分组成。下面以全自动车钩为例进行介绍。

（1）钩头。钩头，它由机械钩头、电气连接箱和气路连接装置三部分组成。机械钩头内部结构由壳体、心轴、钩舌板、钩舌板连杆、钩舌、弹簧钩舌定位杆（或称棘爪）及弹簧、撞块及弹簧和解钩汽缸组成。壳体的前部一半为四锥体的钩头，另一半为钩头坑（或称凹坑）。连接时相邻两个车钩的四锥体的钩头和钩坑相互插入，固定在心轴上的钩舌板在钩舌板弹簧的作用下，可绕心轴转动并带动钩舌板连杆动作实现连挂。解钩有气动解钩和人工解钩两种方式。

电气连接箱。在机械车钩的两侧或上下为电气连接箱，其为动力电源。全自动车钩的电气连接箱随机械钩头心轴转动带动顶端的凸轮一起转动，使其顶动二位五通阀使压缩空气通向电气箱合拢的汽缸充气从而使伸出的活塞杆通过杠杆及弹簧使电气箱迅速合上。而半自动车钩的电气箱则是通过人工转动齿轮，然后再由齿轮带动齿条进行直线运动，从而带动杠杆和弹簧使电气箱合上。

气路连接装置。在车钩法兰下边的中间分设两个弹簧阀，当对方的阀芯管压迫弹簧阀的阀芯时则阀被打开，使总风管和解钩风管接通。而一旦对方风管撤离，也就是两钩头的法兰面分离时，则阀芯在弹簧力的作用下将阀关闭。这样设计的气路连接装置可使风管的接通和断开随车钩的连挂和解钩自动进行。

（2）缓冲装置。缓冲装置的作用是用来缓和列车在运行中由于牵引力的变化或在气动制动及调车连挂时车辆相互碰撞而引起的纵向冲击和振动。缓冲装置有耗散和衰减车辆之间的冲击和振动的功能，从而减轻对车体结构的破坏作用，提高列车运行的平稳性和舒适度。缓冲装置分为可再生缓冲器和不可再生缓冲器两种类型。

双作用环弹簧缓冲器。当车钩受冲击时，牵引杆推动弹簧座向后挤压环弹簧；当车钩受牵拉时，拧紧在牵引杆后端的预紧螺母带动弹簧座向前挤压弹簧。所以不论车钩受冲击或牵拉，环弹簧均受压缩作用。由于内、外环弹簧相互接触的接触面均做成V形锥面，受压缩相互挤压时，外环扩张，内环压缩，这样就产生了轴向变形，起到缓冲的作用，同时内外环弹簧接触面产生相对滑动，摩擦力做功消耗了部分冲击能量。但这种缓冲器维修工作量大，使用寿命短，已基本停用。

橡胶缓冲器及可压溃管。该缓冲装置的特点是橡胶缓冲器中的橡胶弹簧块可承受剪切力，因而减振效果好，而且磨损少、体积小、维护简单。由于可以双向受力并配有行程限制块，因此橡胶弹簧块使用寿命长。

可压溃管是通过钢管的永久变形量来吸收能量，引起特性曲线具有矩形特征线，因而可以最大限度地吸收冲击力。可压溃管属于不可再生缓冲器，可压溃管的变形部位超过规定的标准时，必须进行更换。因此，橡胶缓冲器和可压溃管可以形成最佳的组合。在列车正常牵引和制动时，通过橡胶缓冲器的橡胶变形来吸收冲击能量。在列车相撞时，橡胶缓冲器不能充分吸收撞击能量，此时通过可压溃管的变形来最大限度地吸收冲击能量。

液压缓冲器。液压缓冲器主要是一个装有高黏度液压油的缸筒，里面有一个带有小孔的活塞。由于油的黏度很高，车钩在正常工作时，油不会通过小孔，缓冲器可以承受纵向力。当车钩受到较高速度的冲击时，油通过活塞上的小孔进入活塞另一侧的油腔，将冲击能量转化成热能。

气液混合缓冲器。气液混合缓冲器是靠高压氮气和液压油的组合来起缓冲作用的，这种缓冲器在受到较小冲击时也会起到一定的缓冲吸能的作用，所以这种吸能装置在车钩中一般与环弹簧和橡胶关节一起使用。环形弹簧的楔面之间存在摩擦，车钩在拉伸方向受到冲击时，环弹簧受压缩，楔面之间发生滑动摩擦，吸收冲击能量。在压缩方向，当车辆正常运行和连挂时，气液混合缓冲器可以吸收一定的冲击能量。当发生较高速度的冲击时，气液混合缓冲器发生较大变形，吸收冲击能量，保护车底架不被破坏。气液混合缓冲器在受到冲击发挥吸能作用后可以自动恢复至初始状态，经检查确认没有损坏后可以继续使用，反复发挥吸能作用。

（3）对中装置。通过对中装置将解钩的车钩保持在车辆的纵向轴线上，并防止它横向摆动。它通过螺钉固定在钩尾座轴承座下方。

工作模式：在对中装置外壳内安装有一个凸轮盘，对中装置外壳与橡胶垫钩尾座的下轴颈刚性连接，而下轴颈在车钩水平摆动时会发生旋转。凸轮盘配备有两个外围凹槽，两个带辊子的心轴通过盘形弹簧压入外围凹槽中，它将车钩保持在车辆的纵向轴线上。在解钩并将车辆分开之后，车钩会自动地回到中心角内。在此角度之外，车钩会保持外摆。

手动摆动：急弯道上的连挂超出了自动车钩的对接范围（如修理厂内）。为实现在急弯道上的连挂，可以通过手动方式将对中装置摆出对中范围。

水平调节：可根据纵向车轴，通过外壳后侧的两个螺钉对车钩重新进行水平调节。

（4）钩尾冲击座。钩尾冲击座通过过载保护螺栓与车体牵引紧密结合，它用鼓型套件来避免超过许用的载荷加载到车体上。

四、贯通道

贯通道装置也就是风挡装置，位于两节车厢的连接处，是两车辆通道连接的部分，具有良好的防御、防风、防尘、隔音、隔热等功能，能够使旅客安全地穿行于车厢之间。

1. 尺寸参数与性能指标

贯通道连接长度为 520 mm，可满足车辆直轨车钩最大压缩量 130 mm 和最大拉伸量 80 mm。

2. 结构组成

整个贯通道主要分为五大部分：折棚组成；顶板组成；侧护板组成；车体安装框组成；渡板和踏板组成。

五、转向架（Bogies）

转向架是支撑车体，并担负车辆沿轨道走行的支承走行装置，是车辆最重要的组成部件之一。转向架的结构及各部参数是否合理，直接影响车辆的运行品质、动力性能和行车安全。

1. 转向架的基本作用及要求

（1）支承车体，承受并传递从车体至轮对之间，或从轮对至车体之间的各种载荷及作用力，并使轴重均匀分配。

（2）保证在正常运动条件下，车体都能可靠地坐落在转向架上。通过轴承装置使车轮沿着钢轨的滚动转化为车体沿线路运动的平动。

（3）保证车辆安全运行，能灵活地沿直线线路运行及顺利地通过曲线。

（4）采用转向架的结构，便于弹簧减振装置的安装，使之具有良好的减振特性，以缓和车辆和线路之间的相互作用，减小振动和冲击，减小动应力，提高车辆运行的平稳性和安全性。

（5）充分利用轮轨之间的黏着，传递牵引力和制动力。

（6）转向架是车辆的一个独立部件。在转向架和车体之间尽可能减少连接件，并要求结构简单，装拆方便，以便转向架独立制造和维修。

（7）转向架便于安装牵引电机及传动装置，驱动车辆沿着钢轨运行。

2. 转向架的种类

（1）按照车轮和轮轨的类型，可分为钢轮钢轨系统转向架和橡胶轮系统转向架。

（2）按照有无动力，可分为动力转向架和非动力转向架，动力转向架增加了牵引电机及配套设备。

3. 转向架的布置及主要参数

以无锡地铁1号线4动2拖列车为例，每列车由2节M1车、2节M2车和2节TC车组成，每节M1和M2车配有两个动车转向架；每节TE车配有两个拖车转向架。

GL：轴箱端部安装BECU速度传感器；EK：安装接地装置；ATC：轴箱端部安装编码里程计；M：牵引电机；G：齿轮箱；F：高度调节阀。

4. 转向架的组成

由于车辆的用途、运行条件及要求不同，转向架的结构各异，类型很多。但它们的基本组成部分和主要功能是相同的。城市轨道交通车辆转向架大部分采用无摇枕空气弹簧转向架。

（1）构架

构架是转向架的骨架，它将转向架的各个部分连接在一起，构成一个完整的转向架。城市轨道交通车辆的转向架普遍是 H 形构架。H 形构架由两个侧梁、两根横梁组成。侧梁为钢板焊接的箱型结构，横梁为无缝钢管与侧梁相贯通。同时，无缝钢管用作附加气室，替代过去转向架用摇枕做附加气室。侧梁与横梁间的焊接用圆环形板进行加强。

（2）轮对

轮对是由一根车轴和两个相同的车轮采用过盈配合压装成一体，是组成转向架的重要部件之一。轮对承担车辆全部载荷，引导车辆沿着钢轨高速运行，同时还承担着从车体、钢轨传来的各种力的作用。因此，轮对应具有足够的强度，以保证在允许的最高速度和最大载荷下安全运行。

1）车轮。车轮普遍采用整体钢轮。

车轮踏面需要做成一定的斜度，踏面呈锥形，其作用：

①便于通过曲线。车辆在曲线上运行，由于离心力作用，轮对偏向外轨，外轨上滚动的车轮滚动圆直径较大，而沿内轨滚动的车轮滚动圆直径较小，这正好和曲线区间线路外轨长，内轨短相适应，减少外轨车轮在钢轨的滑行。

②可自动调中。车轮在直线线路上运行时，如果车辆中心线与轨道中心线不一致，轮对在滚动过程中能自动纠正偏离位置。

③由于踏面与钢轨接触面可以不断变化，踏面磨耗沿宽度方向比较均匀。由此可知，车轮踏面必须要有斜度。而由于踏面斜度的存在，也是轮对以至整个车辆发生自激蛇行运动的原因。蛇行运动是引起车辆振动、降低车辆运行品质的主要原因之一。

目前，地铁车辆上一般采用的踏面形式为磨耗形踏面，磨耗形踏面是在锥形踏面的基础上，一开始就把车轮踏面做成类似磨耗后的稳定形状。

2）车轴。铁路车辆用的车轴采用优质碳素钢加热锻压成型，经过热处理和机械加工制成。绝大多数是圆截面实心轴，为了实现轴承、车轮、传动齿轮等的安装，在车轴上相应位置设有安装座，各安装座及轴身之间均以圆弧过渡，以减少应力集中。

轮对为车辆的簧下部分，采用空心车轴解构就可以减少轮对质量，从而降低车辆的簧下质量，一般空心车轴比实心车轴可减少 20%~40% 的质量。

（3）轴箱及其定位装置

轴箱装置。轴箱安装于车轴的两端，其作用主要有：将轮对的旋转运动转变为列车在钢轨上的平动；是一系悬挂装置定位基础；支承构架及以上部件重量，传递垂向力；传递牵引力和制动力；是速度信号采集部位。

地铁车辆普遍采用滚动轴承轴箱装置。滚动轴承按滚子形状可分为圆柱滚动轴承、圆锥滚动轴承、球面滚动轴承等。双列圆锥滚子滚动轴承轴箱装置。轴箱定位装置。约束轮对与构架之间相对运动的机构称为轴箱定位装置。对轴箱定位装置的基本要求是它应该在纵向和横向具有适宜的弹性定位刚度值，它的结构形式应能保证良好地实现弹性定位作用，性能稳定，结构简单可靠，无磨耗或少磨耗，制造检修方便，重量轻，成本低。适宜的轴箱弹性定位，可以避免或减少轮对与钢轨之间的冲击和侧压力，减少车轮轮缘与钢轨的磨耗，确保车辆运行的安全性和平稳性。

（4）弹性悬挂装置

车辆在轨道上运行时，由于线路的不平顺、轨隙、道岔、轨面的缺陷和磨耗及车轮踏面的斜度、擦伤和轮轴的偏心等原因，必将伴随产生复杂的振动和冲击。为了提高车辆运行的平稳性，保证乘客的舒适，必须设有弹簧减振装置。

城市轨道交通车辆上采用的弹簧减振装置按其作用不同，大体分为三大类：第一类是主要起缓和冲击的弹簧装置，如空气弹簧；第二类是主要起衰减振动的减振装置，如垂向、横向减振器；第三类是主要起弹性约束作用的定位装置，如轴箱定位装置、中央牵引心盘与构架的纵向和横向缓冲止挡等。

一系悬挂装置。一系悬挂位于轮对与构架之间，来自轨道的各种冲击和振动首先通过一系悬挂缓冲后传给构架和车体。一系弹簧支承轮对以上的车辆重量，传递牵引力和制动力，缓和来自轨道的各种冲击和振动。一系悬挂有多种结构形式，如人字层叠橡胶弹簧、锥形层叠橡胶弹簧和金属螺旋弹簧等。

二系悬挂装置。二系悬挂位于转向架与车体之间，地铁客车大多采用空气弹簧、高度阀作为二系悬挂系统。高度阀的作用是通过调节空气弹簧压力值来调节车体高度。空气弹簧充气时，车体升高，排气时，车体降低。充气与排气由空气弹簧高度阀根据车体不同载荷情况控制，保证车体的高度基本稳定。抗侧滚扭杆。抗侧滚扭杆横穿于构架的横梁中，由一根扭杆弹簧穿装在横梁中间，两端装有曲柄和连杆，并与车体相连。在车体发生侧滚振动时，使转向架两侧的曲柄端部作用一对力偶，这对力偶使抗侧滚扭杆产生扭转变形，此时扭杆的抗扭弹性也产生一个反力偶，对车体的侧滚振动起着抑制作用。

（5）中央牵引连接装置

中央牵引连接装置设于转向架中部，起着连接车体和转向架的作用。牵引连接装置一般由中心销及中心销座、牵引杆等部件组成。牵引杆有单根和双根等不同形式；为了减轻车辆运行中的振动和冲击，使力传递平稳，各部件的连接处安装有橡胶关节套、复合弹簧等金属橡胶件。牵引连接装置具有以下功能：连接车体与转向架，传递牵引及制动力；保证转向架能够相对于车体转动，安全通过曲线；车体被抬起时，通过中心销、座等结构能使转向架抬起。

（6）牵引传动装置

该装置仅限于安装在动力转向架上，它使牵引电机的扭矩，转化为轮对或车轮的转矩，利用轮轨之间的黏着作用，驱动车辆沿着钢轨运行。牵引电动机完全悬挂在转向架里，并用螺栓固定在构架的中心横梁上，通过橡胶联轴节或双齿面联轴节将扭矩传递给两级减速齿轮,齿轮减速箱为半悬挂式,这种结构能承受电机与减速齿轮间相应的垂向、横向和纵向错位。

六、制动装置

制动装置是使车辆减速、停车,保证列车安全运行必不可少的装置。为了使运行中列车能迅速减速或停车,必须对其施加制动;列车在下坡道上运行时,也应该对其实施制动;同时,为避免停放的车辆因重力和风力作用而溜车,也需要对其施加停放制动。

1. 制动装置的特点

城市轨道交通一般站间距离较短、调速及制动频繁,故列车在正常运营时,为了提高旅行速度,列车必须启动快速、制动距离短。为适应这些特点,一般城市轨道交通车辆制动装置必须具备以下条件:

(1)操作灵活,制动减速度大,作用灵敏可靠,列车前后各节车辆的制动、缓解作用一致。

(2)具有足够大的制动能力,保证列车在规定的制动距离内准确停车。

(3)对新型的城市轨道交通车辆,一般要求具有电(动力)制动功能,并且在正常制动过程中,应尽量充分发挥电制动的能力,以减少对城市环境的污染和降低运行成本,同时还应具有电制动与摩擦制动协调配合的制动功能。

(4)制动系统应保证列车在长而陡的坡道上制动时,其制动力不会衰减。

(5)电动车组各车辆的制动能力应尽可能一致,制动系统应根据乘客量的变化,具有空重车调整能力,以减少制动时的纵向冲击。

(6)具有紧急制动能力,在运行中发生列车分离或制动系统故障等危及行车安全的事故时,能自动实施紧急制动。

2. 制动装置的组成

为使列车能实行制动和缓解而安装在列车上的一整套设备,总称为列车制动装置。城市轨道交通车辆制动装置一般分为两大部分:

(1)制动控制系统

制动控制系统的作用是产生制动原动力,并进行操作和控制。城市轨道交通车辆制动控制系统一般采用模拟式电—空制动系统,即电控制气、气再控制气的制动控制方式。首先司机在制动时通过手柄,改变主控制器上可变电阻的阻值,基准值发生器(又称为参考值转换器),通过分析可变电阻上的信号,产生相应的脉宽调制信号(PWM);该脉宽调制信号通过列车指令线,被送入空气制动电子控制单元(BECU);在空气制动电子控制单元内,脉宽调制信号被转换成一系列相对应的数字指令信号和模拟指令信号；这些信号对空气制动控制单元（BCU）进行操作、控制，使空气制动控制单元产生和制动等级相对应的预控压力。

（2）制动执行系统

制动执行系统的作用是传送制动原动力并产生制动力。按动能转移方式，制动方式分为电（动力）制动和机械（摩擦）制动。

1）机械（摩擦）制动。列车的动能通过摩擦转变为热能。常用的有闸瓦制动、盘形制动和磁轨制动。

闸瓦制动：又称踏面制动，是最常用的一种制动方式。制动时，用某种材料制成的瓦状制动块（闸瓦）紧压滚动着的车轮踏面，通过闸瓦与车轮踏面的机械摩擦将列车的动能转变为热能消散于大气，并产生制动力。

盘形制动：有轴盘式和轮盘式之分。制动时，制动缸通过制动夹钳使闸片夹紧制动盘，使闸片和制动盘之间产生摩擦，把列车的动能转化为热能消散于大气，并产生制动力。一般来说，盘形制动可以得到比闸瓦制动大得多的制动功率。

目前，国内已经开通运营的广州地铁 3~5 号线和上海地铁 11 号线车辆都采用了盘形制动。其中广州地铁 3 号线车辆最高速度 120 km/h，采用轴盘制动，4、5 号线直线电机车辆最高速度 90 km/h，采用轮盘制动。

磁轨制动：制动时将电磁铁放下，使磨耗板和钢轨吸合，列车的动能通过磨耗板和钢轨的摩擦转换为热能，然后经钢轨和磨耗板最终消散于大气中。磁轨制动得到较大的制动力，但由于对钢轨的损伤比较大，因此常用于高速列车紧急制动的一种辅助手段。

2）电（动力）制动。动力制动是将牵引电机转变为发电机，使列车动能转变为电能的一种制动方式。城市轨道交通车辆采用的主要形式有再生制动和电阻制动。

再生制动。再生制动是将列车的动能通过电机（将电动机转接成发电机）转化成电能（其电压高于线网电压时），反馈至电网上供其他列车应用。再生制动既节约能源，又减少了制动时对环境的污染，且基本上无磨耗，因此这是一种较为理想的制动方式。

电阻制动。将发电机输出的电能加于电阻器中，使电阻器发热，将电能转变成热能。而这些热能靠外加风扇强迫通风而消散于大气中。电阻制动能提供稳定的制动力，但在列车底架下需要较大的空间安装电阻箱。

城市轨道交通车辆一般采用再生制动、电阻制动和摩擦(闸瓦)制动三种制动方式，它们分别为第一、第二和第三优先级制动，并且还采取了程序制动措施。

充分利用电制动，尽量减少气制动，即在制动力未达到制动指令的 75% 时，同时在黏着力允许的条件下用足电制动，当两节动车的电制动力能满足一动车单元（2 动 1 拖三辆车）的制动要求时，则这一组车就不再使用气制动；反之，则要使用一些空气制动，以补足电制动的不足。

随着列车的速度下降，其电制动力也将不断地减弱，当列车速度降低至一定的速度（10 km/h）时，电制动力已不能再满足制动所需的要求，这时电制动力将逐渐被切除，所有的制动力则由摩擦制动来承担。

列车进入停站制动的程序：列车在接近车站的区间及站台区域时，设置了反映离对位停车点距离的标志器（传感器），它们分别设置于离对位停车点 350 m、150 m、25 m 和 8 m 处，另外在对位停车点还设有对位天线。当列车经过标志器时，列车车底的标志器检测天线，激励地面标志器，通过电磁感应，标志器谐振电路将感应信号返回车上，以告知列车已到达某个地点，启动列车闸瓦按照预置值制动，通过逐级制动，最终实现列车精确停站。同时，由于实行多级制动，减小了列车的冲击，提高了列车停站过程的舒适性。

（3）空气制动系统的组成

1）供气系统。摩擦制动的压缩空气由车辆的供气系统供给。供气系统主要由空气压缩机、干燥过滤器、压力控制装置和管路组成。由空气压缩机产生的压缩空气通过干燥过滤器，进入主风管和主风缸。主风管压缩空气除用于空气制动外，还向刮雨器、受电弓升弓风缸、客室车门驱动风缸、转向架空气弹簧、车钩风缸及汽笛等气动装置供气。

2）制动电子控制单元（BECU）。每辆车有一个电子控制单元（BECU）。BECU 根据输入的制动命令、电制动施加与否的信号、车体负载信号、空气制动实际值的反馈信号，输出电—气模拟转换和防滑控制的电信号，控制各种电磁空气阀，根据制动要求和空气制动施加的实际情况，不断地调整制动缸的压力。BECU 使用快速连接的多芯插头实现电气连接，安装和拆卸方便，无气动连接。

3）制动控制单元（BCU）。制动控制单元是空气制动的核心。我国目前的城市轨道交通车辆大多采用两种形式的制动控制单元：一种是传统的克诺尔（Knorr）制动机；另一种是克诺尔（Knorr）EP2002 制动控制系统。它们均为电气模拟指令式制动系统。

克诺尔制动机主要有模拟转换阀 a、紧急电磁阀 e、负载限压阀（称重阀）c、中继阀（均衡阀）d、载荷压力传感器 f（将载荷压力 T 转换成相应的电信号传输给 BECU）、压力开关 h 等元件，这些元件集中安装在铝合金基板上。同时，在气路板上装置了一些测试口，因此，要测量各个控制压力和制动缸压力，只要在这块气路板上测试即可，这样便于安装、测试、检修维护。BCU 的主要作用是将 BECU 发出的制动指令电信号通过模拟转换阀 a 转换成与之成比例的预控制压力 Cv，这个与控制压力呈线性变化，同时，也受到称重阀 c 和防冲击检测装置的检测和限制。在通过中继阀 d，沟通制动主风缸 B04 与制动缸的通路，并控制进入制动缸的压力，最后使制动缸 C01 和 C03 获得符合制动指令的空气制动压力。

七、空调通风系统

城市轨道交通的运输任务是运送短途乘客,这就要求客室内清洁、卫生和舒适。根据人们的生活实践和人体生理卫生上的要求及车内的环境特点,影响车内人体卫生和舒适性的主要因素是客室内的空气温度和相对湿度,人体周围空气的流动速度,客室内空气的洁净度。

1. 空调通风系统的组成

(1)通风系统。一般是指机械强迫通风。由离心式通风机、可调式进风口、滤尘装置、主送风道、支送风道、回风道、废排风道等组成。

(2)空调冷却系统。车辆空调主要采用蒸汽压缩式制冷设备,由压缩机、冷凝器、蒸发器、膨胀节流阀或毛细管节流装置四大部件组成,并辅以冷凝风机、送风风机、储液筒或气液分离器、压力继电器、干燥过滤器等辅助部件,组成一个完整的制冷系统。车内外的空气经过制冷机组的蒸发器降温除湿后,由离心式通风机送入送风道,以保证夏季客室内空气的温度达到指定的范围。

(3)空气加热系统。一般包括对进入车内的空气进行预热和对客室内的热损失进行补偿。在冬季,由通风机吸入车内的空气必须经过预热处理,而且由于冬季的客室内热损失较大,因此必须加设取暖装置,以补偿客室内的热损失,从而保证冬季车内空气的温度达到指定的要求范围。目前,大多数车辆空调中采用的加热装置为电加热装置。我国南方一些城市的轨道交通车辆空调装置不具备加热系统,如广州地铁3号线车辆等。

(4)空气加湿系统。用来调节客室内空气的相对湿度。

(5)调节和控制系统。为使上述设备运行达到规定的要求,在车内设置了控制调节系统,可以人工控制、自动控制和集中统一控制。

2. 空调通风系统的原理

(1)集中式单元空调机组。六节编组电动列车每节车辆上都设有两台集中式单元空调机组,分别位于每节车辆车顶的两端。

为了使车辆的外形轮廓不超出车辆静态限界,特在车顶两端设计了两个专用于安装空调单元的凹坑,并在安装空调单元的机座上衬垫减振橡胶以减小相互间的振动影响。

(2)空调系统的启动与监控。空调系统的启动、工作与监控,都是由设在每节车辆电器柜中的空调单元来实施自动控制、自动调节及本单元制冷压缩机的顺序气动,以免多台压缩机同时启动,启动电流过大,易导致给其供电的辅助逆变器负载过大而损坏。空调系统的电能由车辆辅助逆变器(ACM)提供。其中,Te车的逆变器提供控制系统的电源，Mp车的辅助逆变器承担各一个单元的空调机组的电源；每节车的另一个单元的空调机组则由M车的逆变器供电，这样可避免因一个逆变器故障而造成整节车的空调机组全部停机。

另外，电动列车每节车，或每台空调还设有一台紧急逆变器，在DC1500 V直流供电中断时，将列车蓄电池直流电源逆变成三相交流电，以供列车紧急通风45 min。

第三节　城市轨道交通车辆运用与检修管理

一、城市轨道交通车辆的运用管理

城市轨道交通车辆是城市轨道交通运输中最重要的设备之一，是实现城市轨道交通运输功能的物质基础。只有保证车辆技术状态良好，对车辆进行科学的运用和维护，以及对使用车辆的有关人员进行有效的管理，才能充分发挥车辆的性能和运用人员的工作能动性，从而保证安全、高效地完成城市轨道交通运输任务。

（一）城市轨道交通车辆管理部门

城市轨道交通的车辆管理部门，通常称为车辆部门或车辆系统，是城市轨道交通运输系统的重要组成部分。

1. 城市轨道交通车辆管理部门的组织架构

城市轨道交通的车辆管理，就是对车辆工作的技术、经济活动的组织、分析、监督、指挥和调节工作，这些职能是由一些组织机构来实现的。一般在城市轨道交通系统中设有车辆管理机构及相应的管理人员。生产单位主要为车辆段或停车场，在车辆段内主要分设车辆运用部门和车辆检修部门两个组织机构。

车辆段车辆运用部门或称车辆运用车间、车辆乘务部等。该部门主要由管理岗位人员（如主任或部长、运用工程师、安全工程师等）和生产工作人员（如车辆调度员、派班员、客运列车司机、工程列车司机等）组成。

车辆段车辆检修部门，或称车辆检修车间、车辆机电中心等。该部门主要由管理岗位人员（如主任或部长、转向架工程师、制动工程师、车门工程师、空调工程师、架修工程师等）和生产工作人员（生产调度、工长、车钩检修工、电机检修工、电子电气检修工、总装检修工等）组成。

2. 城市轨道交通车辆管理部门的任务

车辆的管理工作，原则上分为车辆运用和车辆检修两个主要方面。车辆运用工作的主要任务：按照列车运行图科学地编制车辆运用计划；按照车辆运用计划，为城市轨道交通运输提供质量良好的列车和技术熟练的列车乘务人员（司机、副司机）；做好车辆的保养工作，合理编排乘务人员的工作计划，充分发挥车辆的效能。与运输部门积极协调，不断提高车辆运用效率和劳动生产率；采用先进技术及手段实现现代化的管理。为此，车辆运用人员应具备高度的责任心和务实精神，热爱本职工作，高标准、严要求，对技术精益求精，确保行车安全、准点，能出色地完成列车运行和调车作业任务。车辆检修工作的主要任务：按照计划组织车辆的定期检修，恢复车辆的基本性能，不断改进检修工艺和检修方式，努力缩短在修停留时间并降低检修成本；提高列车质量，确保列车经常处于良好的技术状态，为完成城市轨道交通运输任务奠定良好的物质基础；在保证检修质量的同时完成车辆的临修任务。为此，车辆检修人员应具备高度的职业精神和熟练的职业技能，确保车辆的检修质量，能出色地完成车辆各种检修任务。

（二）列车运行交路和运转制

1. 列车运行交路

列车运行交路简称列车交路。它是指运营列车担当运输任务，在一个固定的运行区段内往复运行，这个运行区段就是列车运行交路，也称列车运行区段。列车运行交路的意义：列车固定在一个区段上工作，列车乘务员能充分熟悉线路及站场情况，有利于发挥操纵技术和保证行车安全；有利于为乘务员创造良好的工作和休息条件；有利于对乘务员进行有效的组织和管理；有利于及时对列车进行必要的保养；可以作为确定列车运用指标，考核列车运用工作的基本依据。列车运行交路的种类：按实际情况一般分为长交路和短交路。

2. 列车运转制

列车在交路上从事运行的作业方式称为列车运转制。它是组织列车运用，确定列车整备设备，决定列车周转时间，并影响城市轨道交通运输效率的重要因素。城市轨道交通列车运转制的主要形式为环形运转制，即列车由车辆段所在站出发，运行至另一端车站，折返后立即反方向运行返回至车辆段所在站，在此折返后立即出发，如此循环往复在一个交路上，连续运行多个往返。只有在列车需要整备或结束当日运营任务时，列车方回段（场）整备或停留。

（三）列车司机的工作及休息

城市轨道交通列车主要运行于城市内部，满足市内居民的出行要求。除应依据市内居民出行的特点及时间段来合理安排列车的运行外，还应采用合理的司机工作及休息制度，以及合理地安排列车司机的工作和休息时间。

1. 列车司机的工作及休息制度

列车司机的工作制度。根据列车司机工作的性质和特点，一般采用倒班制度，通常一昼夜时间可分成三四个时间段，每个时间段分别由不同的列车乘务组完成工作任务，即所谓的三班或四班工作制，如可采用早、中、晚三班制。

列车司机的休息制度。根据工作时间，休息方式一般采用轮乘间休制，司机可根据间休时间的长短自行安排休息，但必须遵守以下规定：严格遵守车辆段及运用车间安全生产的各项规章制度；确认下一次乘务的接车时间、地点，防止漏乘，并按规定提前出勤接班；在站台间休时，必须遵守车站的有关安全规定，不得影响他人的工作；未经允许一般应禁止离开本地外出。

2. 列车司机的工作及休息时间

为了保证城市轨道交通行车安全及列车司机的身体健康，使他们在工作中精力充沛、注意力集中，安全、准点地完成工作任务，城市轨道交通管理部门除对员工进行定期的体检，保证良好的劳动环境和工作条件外，还应明确规定其工作时间及休息时间。具体规定主要依据以下几个方面。

连续工作时间。列车司机每次出乘的连续工作时间是指从出勤开始起到完成工作任务退勤时止所经过的全部时间，其中应包括列车整备作业的时间和等待列车的时间。列车司机一次连续工作时间，一般应严格控制在标准以内（如 8 h 以内）。超过标准限度就可能超过了正常生理限度，就会造成列车司机难以保证精力集中，难以保证安全生产，严重时会危及行车安全。

休息时间。列车司机除工作时间以外的时间为休息时间，应充分保证列车司机的休息时间，严格防止列车司机过于疲劳。在两次乘务工作之间的休息时间最短不应少于前次工作时间的 2 倍。此外，在每个月还应安排适当次数的大休，如每月 1~2 次，每次 48~72 h。

（四）列车司机乘务制

列车司机配备在列车上的方式称为列车司机乘务制。列车司机乘务制通常分为包乘制和轮乘制两种基本形式。具体选择何种方式应以能保证列车司机的正常休息、最大限度地利用列车的工作时间、保证列车经常处于良好的技术状态为基本原则。

1. 包乘制

包乘制是一列经过车辆编组的列车由固定的列车乘务组（一般为 3~4 班），该乘务组通常称为包乘组，由包乘组负责本列车的使用并负责日常保养。包乘制的优点：有利于加强列车保养工作，保证列车经常处于良好的技术状态；有利于列车司机了解列车性能、特点，便于故障处理和发挥操纵水平；列车的利用程度和乘务组休息时间存在相互制约与相互影响。

2. 轮乘制

列车不固定乘务组，而由许多乘务组轮流使用，列车司机和检修人员分别负责列车的自检、自修和日常保养工作。轮乘制的优点：列车乘务组和列车没有固定的配置关系，列车运用不受乘务组作息时间的限制，可以缩短非生产停留时间，有助于提高列车运用效率；有利于合理掌握乘务员的作息时间，提高乘务员的劳动生产率；便于列车集中检修，提高检修人员的劳动生产率。

（五）列车司机的出勤方式及出乘方式

1. 列车司机的出勤方式

列车司机的出勤方式根据班次不同可分为车辆段（停车场）出勤和车站出勤。

（1）车辆段（停车场）出勤方式。

1）出乘前必须充分休息，保证睡眠，严禁饮酒。

2）早班列车司机及晚班收车后的列车司机应到车辆段内的公寓休息。在公寓休息的列车司机应严格执行公寓待班管理制度，执行公寓休息签到制度，不准外出（特殊情况除外）。签到后准时熄灯（如在 30 min 内），按时作息。

3）出乘室必须按照列车交路时刻表，按规定时间提前（如提前 60 min）到车辆段（停车场）派班室登记出勤，并且认真抄阅运行提示及注意事项，听取派班员的行车指示。

4）列车司机必须清楚所担当任务的列车车次、列车号、停放轨道、是否担当运营等。

5）出乘时要做好行车安全预想，做好行车用品的领用手续。

6）车辆段（停车场）派班员要认真审核《司机日志》所记载的行车指示，符合安全行车要求后签章交还司机，口头传达有关安全注意事项，发放用品，并做好登记。行车用品包括《列车运营时刻表》《列车走行公里统计表》《列车司机报单》《列车故障记录单》、一套客车钥匙、手持台及笔等。

7）派班员还要进行"三交三问"。"三交"指交领导指示要求、交行车安全事项、交行车用品。"三问"指问行车安全情况、问车辆质量情况、问行车规章。

8）办完出乘手续的列车司机到规定地点整备列车，准备出乘。

（2）车站出勤方式。

正线出乘列车司机需按照列车交路时刻表提前（如提前 15 min）在指定车站派班室登记出勤。出勤后，未经指定车站值班员允许不得擅离岗位。正线接车司机在指定车站派班室办好出勤手续后，应在所接列车到达时间之前（如提前 5 min）到达指定车站站台，立岗接车。列车到达后，与交车司机进行列车用品、技术状态、行车组织及线路状况、安全事项等的交接，然后准备出乘。

2. 列车司机出乘方式

列车司机如何出乘换班担当列车作业的方式，称为列车司机的出乘方式。根据列车交路情况及连续工作时间标准，列车司机出乘方式主要为立即折返式、中途换班式和随乘式。

立即折返式。即列车在交路上运行，在两端车站均立即折返后继续运行。列车司机的出勤及退勤均在段内或场内进行。

中途换班式。即列车在交路运行的中间站进行换班。在适当的中间站设立换班地点，列车司机在此进行交接班。

随乘式。即列车在交路上运行时配备两名司机，一名司机操纵，另一名司机休息，轮流操纵。

（六）列车运用的工作指标

列车运用的工作指标是考察列车运用工作的尺度，也是分析列车运用工作中存在的问题，研究改进列车运用工作的依据。

1. 列车全周转时间

列车全周转时间的构成：列车在一个交路上每周转（即往返）一次所消耗的时间，称为列车的基本周转时间。在此基础上列车周转时间有两种概念：列车全周转时间和列车运用周转时间。

（1）列车全周转时间 T 全是指列车由车辆段所在站始发开始至列车返回车辆段后再次由车辆段所在站始发为止所经过的时间。

（2）列车运用周转时间 T 运是指列车由车辆段所在站始发担当任务开始直至需返回车辆段到达其所在站为止所经过的时间。

（3）全周转时间与运用周转时间的关系为 T 全 =T 运 +i 段，式中，段为列车在车辆段的停留时间。

列车运用周转时间只能反映列车在车辆段外的工作过程，而全周转时间则能全面反映列车包括车辆段在内的全部工作过程。因此，全面分析全周转时间是研究列车运用工作的基础，详细分析影响列车的时间因素，有助于压缩列车非生产时间，从而找到提高列车运用效率的有效措施。

（4）缩短列车全周转时间的主要措施：根据列车全周转时间的构成，缩短列车全周转时间可在压缩运行时间和停站时间上采取措施。

1）列车区间运行时间主要根据列车性能、列车重量、列车司机驾驶熟练程度等原因确定。因此，可从提高列车性能、降低列车自重、分散客流量和提高乘务员业务能力等方面来压缩列车区间运行时间。

2）列车停站时间主要由车站上／下车人数、上／下车时间、开／关门时间、车门和屏蔽门的不同步时间、确认车门关闭良好与信号显示时间，以及列车司机的反应时间构成。压缩停站时间，就应该从组织乘客缩短上/下车时间；提高设备性能，减少不同步时间；熟练操作，缩短列车司机的反应时间等方面入手。

2. 技术速度和旅行速度

（1）技术速度，是指列车在区段内运行，不计入中间站停留时间时的平均运行速度。

（2）旅行速度，是指列车在区段内运行，计入中间站停留时间时的平均运行速度。

3. 列车走行公里

（1）列车走行公里是指每列车在一昼夜内走行的公里数。它是综合反映列车工时有效利用程度和列车速度两方面因素的重要指标。

（2）列车走行公里分为生产走行公里（列车在正线上担当运输任务的走行公里）和列车辅助走行公里。列车辅助走行公里又称为非生产走行公里，包括列车在正线上担当运输任务以外的所有走行公里。

（3）列车辅助工作百分率是指列车辅助走行公里占列车总走行公里的百分数。从城市轨道交通运营的经济观点来说，应尽可能减小列车辅助工作百分率。

（七）行车日志及司机报单

1. 行车日志

要抄写在司机手账上，里面的内容可分为出、退勤证明和行车注意事项两部分。前者一般包括司机姓名、出勤日期、身体状况、派班员签字盖章，以及副司机姓名和下次出勤时间，以此证明司机按时出退勤和提醒司机下次出勤。行车注意事项一般由前一天的行车注意事项和今天所需要注意的内容组成，以此来帮助司机做好行车之前的预想，保证本次出勤安全运行。

2. 司机报单

司机报单是统计列车走行和考核乘务员工作的原始单据，是编制各种列车统计报表的主要依据。

（1）司机报单由地铁运营公司统一编号分发给各条线路使用。各条线路应建立保管、交接和检查核对制度，并派专人负责保管。

（2）列车乘务员必须按规定认真、如实地填写司机报单，做到字迹清楚、内容完整、数字准确。当有数字需要更改时，更改人应盖章证明，严禁错填虚报，确保司机报单的正确、洁净、完整，防止滥用和丢失。

（3）列车调度员负责司机报单的日常发放、收回和登记工作，对司机乘务完毕交回的司机报单，认真审核无误后，在右上角签字并及时移交给统计室；对未能及时交回的司机报单，要及时追回。

二、城市轨道交通车辆检修管理

鉴于城市轨道交通车辆在城市轨道交通运输系统中至关重要的地位，车辆的检修工作是不可或缺的一项重要工作。现代化的城市轨道交通车辆检修工作要求建立适应城市轨道交通网络要求的检修管理体制，实现城市轨道交通设备资源、人力资源的统一管理、综合利用，采用集约化、规模化、规范化的管理手段，提高车辆检修质量、检修工作效率，保证车辆运用效率及安全，获得最佳运营经济效益和社会效益。

（一）城市轨道交通车辆检修单位（部门）的工作范围

1. 车辆检修单位（部门）根据列车的运用计划，制订相应的列车检修计划。制订列车检修计划时应考虑列车的修程和车辆检修条件，在保证列车运输需求和运行质量的前提下制订计划。列车检修计划出台后，车辆检修单位（部门）应认真组织实施。车辆检修单位（部门）按车辆检修规程和检修工艺，将列车修竣并经检验合格后与车辆运用单位（部门）进行列车交接。

2. 在每日列车运营结束后，车辆检修单位（部门）对回库列车进行日常检查、维护。经检查、维护和修理恢复良好技术状态的列车，检修单位（部门）交列车运用调度，并作为次日运用列车。当故障列车需要进一步检修，将车辆转为临修进行修理。

3. 运营列车在途中发生故障时，若在列车驾驶员处理范围之内，并经驾驶员处理恢复良好运用状态的列车，可继续运行或维持运行，尽量避免救援；列车驾驶员若不能处理时，应尽快组织救援，以保证运营线路的通畅。当列车需要进一步检修时，将车辆转为临修进行修理。

（二）城市轨道交通车辆的检修基地及功能

根据采用部件互换修方式和资源分享综合利用、统一管理的车辆检修原则，将城市轨道交通车辆所进行的检修工作分为停车场检修、车辆段检修、车辆修理、检修。

1. 停车场的功能

（1）承担城市轨道交通车辆的整备作业（包括停放及检查、清洁、维修任务）。

（2）进行车辆定修（年检）及以下范围修程。定修以检查车辆系统或部件的技术状态为主，并根据需要对其进行维修或进行车辆设备及零、部件更换。

（3）通过静态调试和动态调试，对列车进行综合性能的测试。

（4）对车辆施行临修或采用部件互换修方式进行车辆检修。

通常一条运营线路设置一个停车场。对于运营线路较短且运营线路为交叉或共线布局的线路，也可共用一个停车场；对于运营里程在 30 km 以上的较长线路，由于列车出、入停车场时间比较均衡，可以设置辅助停车场。辅助停车场一般只承担车辆的整备清洁停放任务及车辆检查工作，不负责车辆的检修工作。

2. 车辆段的功能

（1）进行车辆架修、大修的检修基地。

（2）具有本线停车场的能力。

（3）进行车辆的架修、大修时，采用部件互换修方式为主、现场修为辅的检修方式。采用部件互换修方式可以提高车辆检修效率，减少车辆停运时间，加快车辆周转时间。

（4）具备车辆部件的检测和维修能力，进行车辆设备及零、部件的专业化集中修理，供给本车辆段和其他车辆段车辆设备及零、部件的互换件。

按照车辆检修资源共享综合利用、统一管理的原则，在城市轨道交通形成网络时，大都采用多线共用方式，将车辆段作为共用的车辆架修、大修基地。例如，上海城市轨道交通3、4号线，M8线共用宝山车辆段；1、2号线共用梅陇车辆段；北京地铁14、15号线共用马泉营车辆段等。

3. 车辆修理厂的功能

（1）对车辆集中进行全面大修、翻新和技术改造工作。

（2）承担轨道交通网络车辆部件（模块）的维修，以满足停车场、车辆段互换修的需求。

（3）具备停车场、车辆段进行部件检查维修的能力。

（4）作为零、部件物流中心。

（三）城市轨道交通车辆检修的类型

1. 按检修制度分

车辆检修按检修制度分可分为预防性检修和故障性检修两种。

（1）预防性检修是在车辆故障率没有超过事先确定的指标之前，为了限制故障的产生而对设备采取的维修措施，其判定标准主要为车辆的使用时间和走行公里数。预防性检修有以下三种：

1）计划修。计划修是根据事先确定的计划，当达到预计时间周期或车辆运行公里数，对相关的设备进行相应的检查和处理。各城市的计划修标准大同小异。例如，北京城市轨道交通车辆检修分为月修、定修（年修）、架修和厂修等；上海城市轨道交通分为日检、双周修（半月修）、双月修、架修和厂修等。

2）状态修。状态修是根据设备实际技术状况来确定维修时机。它不对设备规定固定的拆卸分解范围和维修期限，而是在车辆状态监测和技术诊断基础上，实时掌握设备情况，适时安排预防性修理。

3）均衡修。预防性计划修是将列车停运集中进行全面检查，如果利用列车运行窗口时间将其检查内容分散在几个时段及不同场合进行，就可以使检修工作分散而均衡，这就是均衡修方式。其优点：避免必须使列车退出每日运行才能进行检修的弊端，发挥最大运输效能；检修力量和检修设备避免忙闲不均现象，检修能力效益最大化。

（2）故障性检修是在车辆零部件出现故障后所采取的维修方式。故障性维修的工作负荷一般是无法预计和评价的，是由运营者发现故障并报告之后展开维修。故障维修可以是彻底维修，也可以是临时性的维修，设备在临时维修之后仍然可以投入运营，并等待彻底维修。

2. 按检修作业方式分

车辆检修可分为现车修和互换修两种。

（1）现车修是将待修车上零部件经过修理消除故障后，仍安装在原车，这种作业方式除报废零件需要更换外，其他零部件经修理后均可装回原车。其优点是可减少备用零部件数量，缺点是常因等待零件而延长维修时间。

（2）互换修是指将待修车上分解下来的零部件修理后装到其他车上的修理方法。车辆的检修以直接更换零部件修理为主，车辆零部件不在各车辆段进行修理，而是集中修理，再通过物流的方式运送到各车辆段。其优点：可以大大缩短车辆的检修停运时间，提高车辆的使用率；合理组织生产，有效提高劳动生产率；能提高车辆的检修质量，增强车辆运行的可靠性；形成车辆设备及零、部件检修的专业化；列车运用投入率提高，减少城市轨道交通工程建设投资，降低运营成本。

3. 按检修制式分

车辆检修按检修制式分可分为厂修、段修分修制和厂修、段修合修制两种。

（四）城市轨道交通车辆的修程

国内地铁车辆检修制度基本沿用了传统的城市轨道交通车辆的检修经验，虽然车辆检修采用了新技术，检修周期也不断延长，但车辆检修制度仍然是按照车辆运营公里数（运营时间）来指定。通常车辆的检修修程分日常检修和定期检修。日检、双周检、月（三月）检属于日常检修范畴，大修、架修、定修（年修）属于定期检修范畴，车辆通过定期检修修成后，要对车辆进行静态调试、试运转运行及动态调试。

1. 日检

于每日运营列车入库后在整备线上进行，主要进行车辆外部检查，以保证次日列车的正常运营。检查项目包括车体车辆走行装置、车辆制动系统、车门传动装置、受电弓、照明等装置。

2. 双周检

对主要部件运用状态进行技术标准检查，如轮对运用尺寸、蓄电池电解液浓度、制动闸瓦厚度等。

3. 月（季度）检

对列车进行全面、细致检查；更换接近使用限度的易损、易耗件；并对主要部件的技术状态进行检查、测试和保养。

4. 定修（年修）

对主要设备及零、部件运用状态进行检查；对不良的设备及零、部件进行更换或维修，保证技术标准符合运用要求；并对电气部分技术整定值进行检测及调整。

5. 架修

架修是将车辆予以解体，进行设备及零、部件的检查、测定、修复及更换等检修。对重要部件：转向架、车钩、车门传动装置、制动装置、牵引电动机受电弓等进行测试、检查、修复，恢复车辆设备及零、部件的运用性能。

6. 大修

对车辆进行全面分解，整体修复，修竣后性能、标准应达到新造车的技术水平。

（五）城市轨道交通车辆检修制式

1. 厂修、段修分修制

分修制是指在城市轨道交通网络中修建专门的车辆大修厂（不限于一个），承担全线网各线车辆的大修任务。车辆的架修、定修及其以下的修理工作，由各线的车辆段承担。

分修制的优点在于实行专业化生产，形成规模效益，有利于提高修车质量。其缺点在于工程建设起始阶段须同时修建车辆大修厂和车辆段，由于形成有一定规模的城市轨道交通线网需经过几十年时间，因此大修厂在建成后相当时间内，因系统规模小，大修车任务量不足，投资效益难以发挥。

2. 厂修、段修合修制

合修制是指不设专门的车辆大修厂，车辆的大修在车辆段内进行。采用合修制，可以避免厂修、段修分修制带来的问题。另外，因车辆做大修和架修所用的机械设备基本相同，将厂修与段修合并可减小设备的重复投资，提高利用率。

分修制往往用于城市轨道交通线网规模较大的城市，具有一定的经济性。对于线网规模不大的城市，采用合修制较经济。从国内外情况来看，只有莫斯科和北京采用分修方案，其中北京的车辆厂修任务由宋家庄车辆厂、平西府车辆厂承担，而其他城市多采用合修制。

第六章　城市轨道交通车站机电设备

第一节　自动售检票系统

一、自动售检票系统概述

城市轨道交通自动售检票系统（Automatic Fare Collection，AFC）是通过对计算机、统计、财务等专业知识的综合运用，来实现城市轨道交通的售票、检票、计费、收费、统计、清分结算和运行管理等全过程的自动化系统，同时也为决策提供客流、收入等各类信息支持。

自动售检票系统需要根据轨道交通规划、客流量需求、票务管理需求，进行系统方案的设计，选择合适的技术平台，实现乘客的自助售检票和信息处理的自动化。作为轨道交通运营管理重要子系统之一的自动售检票系统，有其丰富的内涵，主要体现在人性化、客流导向、社会效益、提供信息支持、提高运行效率、强化安全管理、提升形象等方面。

二、自动售检票系统的内容

城市轨道交通自动售检票系统由中央计算机系统、车站计算机系统、终端设备、车票媒介、网络、各种接口和运作制度组成。其主要工作内容有实现中央系统、车站系统和终端设备之间的数据传输和处理；完成车票制作、售票、检票、票务统计分析等工作；及时、准确地进行客流、票务数据的收集、整理、汇总和分析；实现轨道交通收益方的清分结算及与关联系统等外部接口之间的清分结算，同时可通过银行或金融机构实现账务划拨。随着轨道交通的快速发展、相应技术的进步及不同政策组合的灵活应用，自动售检票系统的发展趋势是标准化、简单化、集成化和人性化。

三、自动售检票系统业务管理

城市轨道交通自动售检票系统业务管理是运用物流、信息、财会、统计等必要的技术方法，通过该系统的网络、计算机等设备，充分发挥自动售检票系统整体功能，以满足运营管理的需求。一个较完整的轨道交通自动售检票系统业务管理通常包括票卡管理、规则管理、信息管理、账务管理、模式管理、运营监督六类主要内容。这六类业务管理工作通常赋予以下主要职责。

1. 票卡管理

票卡是旅客乘坐轨道交通的有效凭证，是自动售检票系统中不可缺少的信息载体和信息交互媒介。票卡管理就是对票卡的发行、发售使用、票务处理和回收等全过程进行有效管理。轨道交通的正常运营离不开对票卡的有效管理，包括车票的编码定义、初始化、赋值发售、使用管理、进出站处理、更新、加值、退换、回收、监督管理、注销及黑名单管理等。

2. 规则管理

规则管理就是为确保系统规范运作，而制定出一系列规则和流程并加以实施，包括票价策略、收益分配、结算规则权限管理和操作流程等。

3. 信息管理

信息管理就是对系统中相关的信息进行收集、传递和处理，包括信息收集、信息传输、信息存储、信息统计分析和信息发布等。

4. 账务管理

账务管理就是对系统内的票务收入进行汇缴、分配、入账等过程的管理，包括账户设置、票款汇缴、登账稽核、收益清算、对账、资金划拨和对凭证进行有效管理等。

5. 模式管理

模式管理就是针对不同的运营状况、条件所做出的相应操作行为的选择和实施，包括正常运营模式、降级运营模式及相配套的运营管理。

6. 运营监督

运营监督就是通过本系统的设备及所具有的完整、严密、及时的信息流对运营状况进行实时跟踪监督，以提高运营质量和服务水平，包括信息传输状况监督、客流状况监督、车票调配监督、收款监督及收益监督等。

四、自动售检票系统架构与功能

（一）自动售检票系统架构

城市轨道交通自动售检票系统的架构是多种多样的，但系统架构的选择与轨道交通网络结构、售检票方式清分需求和车票媒介等相关联。

城市轨道交通自动售检票系统处理城市范围内众多轨道交通线路的售检票业务，涉及路网业务、线路业务、车站处理、终端处理和车票媒介方面的内容。根据业务和应用，自动售检票系统架构的参考模型包括五个层次：第一层是路网层，第二层是线路层，第三层是车站层，第四层是终端层，第五层是车票层。在自动售检票系统架构中，相邻层次是通过对应的接口和协议实现连接的，在实施过程之前必须确定各相邻层的接口方式和协议。

（二）自动售检票系统类型

1. 售检票方式

售检票系统是轨道交通运输组织的一个非常重要的环节，根据售检票作业的环境分为开放式售检票作业方式和封闭式售检票作业方式。

（1）开放式售检票作业方式。开放式售检票作业方式是指车站不设检票口，乘客在上车前（指进入付费区后）或在列车上进行检票，并随机查票的售检票作业方式。一般适用于客流量较小的系统，同时要求乘客有较高的素质。

（2）封闭式售检票作业方式。封闭式售检票作业方式是指乘客进、出付费区都要经过检票口检票的售检票方式。这种方式能够减少或杜绝无票乘车现象，减少或避免票务流失。在封闭式售检票的作业环境下，售检票方式可分为人工售检票、半自动售检票、自动售检票。

2. 计价方式

计价方式将直接影响到售检票方式和售检票系统的构成。计价方式通常有单一票价、区域票价和计程计时票价。

（三）自动售检票系统功能

1. 系统设备组成

自动售检票系统在对乘客一次乘车的完整处理过程中，系统的路网中央计算机系统、线路中央计算机系统、车站计算机系统、终端设备和车票媒介协同作业，各行其责，共同完成完整的处理。

（1）路网中央计算机系统。需要对整个路网进行运营管理和票务管理。其数据处理系统依据收益清分管理需求确定系统是否具有跨线换乘清分的功能,保证票务交易数据的安全、不可抵赖和有效性,并决定系统的构架和组成。路网中央计算机数据处理系统的应用功能包括车票管理、车票发行、票务清分、票务结算、财务管理、运营参数管理、票务参数管理、安全管理、报表统计、运营模式管理、运营监控、票务监控监视、系统维护和接入测试及与外部接口(如银行系统或允许在轨道交通内使用的外部卡发行商清算系统等)交换数据等。

(2)线路中央计算机系统。负责线路自动售检票系统自动运行监控和票务信息管理,包括采集汇总、转发、分类统计、客流分析、营收款统计及与路网其他中央计算机数据处理系统的数据交易转发、对账和结算等处理;还需具有与外部卡发行商清算系统之间的通信接口,包括外部卡在本线路内的各种票务数据转发、确认双方票务交易数据的一致性、统计对账和财务结算等处理。

(3)车站计算机系统。负责把车站内的各种自动售检票系统的终端设备产生的票务交易数据、设备运行状态和维护日志等上传给线路中央计算机系统,并接收线路中央计算机系统上传的各种运行参数和命令等。车站计算机系统中的车站计算机负责与本站各类自动售检票终端设备的通信和接收自动售检票终端设备主动发送的票务交易数据和设备状态等数据,下发运行参数和相关命令等。车站计算机系统具有独立的自动售检票运营监控、票务监控和分类统计等管理功能。

(4)终端设备。终端设备将根据票务规则验证车票和进行车票费用处理,收集票务信息并上传,同时接收车站计算机系统的命令和参数。自动售检票系统中的终端设备根据用途划分主要包括分拣编码机、自动检票机 AG、自动售票机 TVM、半自动售/补票机 BOM、自动加值机、便携式验票机、自动验票机等。

(5)车票媒介。目前经常采用的有视读印刷票、机读印刷票、磁票、智能卡等。终端设备与处理的票卡相关。由于车票媒介决定了终端设备的选型,因此车票媒介的选择是一个非常重要的环节。

2. 票务管理功能

票务管理主要的发卡、售票、检票和结算功能。

(1)发卡功能。票卡发行管理包括票卡编码、票卡初始化发行、储值卡处理、调配挂失、注销、销卡等功能。

(2)售票功能。乘客在车站非付费区内可以通过自动售检票系统的终端设备,如自动售票机或半自动售票机购票。售票过程是终端设备根据中央计算机系统下发的运行参数和票务参数,按照乘客需求为乘客提供乘车的有效凭证(车票)。

(3)检票功能。乘客进站时,进站检票机将对乘客所持有的车票进行合法性和有效性检查,若所持车票合法,则在车票中写入乘客的进站信息并开闸放行,允许乘客进入车站付费区。乘客出站时,出站检票机将对乘客所持有的车票进行有效性检查,若所持车票有效（包括车票计程、计时有效或车资足够），储值票被扣除相应票款后在车票中写入出站信息，单程票则由出站检票机自动回收，开闸放行让乘客出站。出站检票时，如发现乘客无票，或所持车票无效，或单程票金额不足等，都会提示乘客到补票亭按照有关规定进行补票处理。

（4）结算功能。所有票务交易数据均由自动售检票系统的各类终端设备产生，经车站计算机系统上传到线路中央计算机系统或路网中央计算机数据处理系统，根据票务政策清分规则和结算方法进行票款清分、清算和结算处理、银行划账和收益方对账等。

3. 数据处理功能

轨道交通网络的票务管理由众多数据流程组成，包括交易信息流、车票流、资金流、乘客流、列车流、凭据流、备件流、控制流和指令流等。其中，交易信息流、车票流和资金流是票务处理和管理的主要输入数据源；备件流、控制流和指令流是自动售检票系统运行管理的输入源；交易信息流、车票流、乘客流和列车流是客流分析的输入源。同样，交易信息流、车票流、资金流和凭据流是财务管理的输入源。其他管理都能够在上述数据流的沉淀数据中获得相关信息。

路网中央计算机系统或线路中央计算机系统主要用于上述各种数据流的收集、生成（含下发）、统计、分析和使用，并提供联机存储和存储管理、数据备份/恢复等可靠性方面的处理。

第二节　电梯与自动扶梯系统

一、垂直电梯系统的组成及功能

1. 电梯概述

（1）电梯及其发展。所谓电梯，指的是用电力拖动轿厢运行于铅垂的或倾斜不大于15°的两列刚性导轨之间，运送乘客或货物的固定设备。电梯属于起重机械，是一种间歇动作的升降机械，主要担负垂直方向的运输任务，是现代建筑物中必不可少的配套设施之一。1852年，世界上第一台电梯在德国柏林诞生了，采用电动机拖动。以后，美国出现以蒸汽机为动力的客梯。美国人奥的斯研究出电梯的安全装置，开创了升降机工业或者说电梯工业新纪元。1857年，世界第一台载人电梯问世，为不断升高的高楼提供了重要的垂直运输工具。1889年，奥的斯公司在纽约试制成功第一台电力驱动蜗轮减速的电梯,这一设计思想为现代化的电梯奠定了基础。

(2) 电梯分类。按驱动方式可分为曳引电梯、交流电梯、直流电梯、液压电梯、齿轮齿条电梯、螺杆式电梯及直线电机驱动的电梯等。

(3) 电梯的工作原理。电动机带动钢缆拉动轿厢在垂直固定的导轨上来回上下往复运行。曳引绳两端分别连着轿厢和对重,缠绕在曳引轮和导向轮上,曳引电动机通过减速器变速后带动曳引轮转动,靠曳引绳与曳引轮摩擦产生的牵引力,实现轿厢和对重的升降运动,达到运输目的。固定在轿厢上的导靴可以沿着安装在建筑物井道墙体上的固定导轨往复升降运动,防止轿厢在运行中偏斜或摆动。常闭式制动器在电动机工作时松闸,使电梯运转,在失电情况下制动,使轿厢停止升降,并在指定层站上维持其静止状态,供人员和货物出入。轿厢是运载乘客或其他载荷的箱体部件,对重用来平衡轿厢载荷、减少电动机功率。补偿装置用来补偿曳引绳运动中的张力和重量变化,使曳引电动机负载稳定,轿厢得以准确停靠。电气系统实现对电梯运动的控制,同时完成选层、平层、测速、照明工作。指示呼叫系统随时显示轿厢的运动方向和所在楼层位置。安全装置保证电梯运行安全。

2. 地铁电梯系统的组成

地铁电梯系统包括电梯(垂直升降)、自动扶梯与轮椅升降机。它是城市轨道交通系统的一个重要组成部分,它每天担负着运送大量客流的任务,其对客流的及时疏散起到了至关重要的作用。

电梯组成部件包括供电及控制系统、曳引机、传动装置(曳引轮、钢缆)、对重、导轨、轿厢等。

(1) 电梯曳引机:通常由电动机、制动器、减速箱及底座等组成。

(2) 传动装置:曳引轮、钢缆。

(3) 对重:对重是曳引电梯不可缺少的部件,它可以平衡轿厢的重量和部分电梯负载重量,减少电机功率的损耗。

(4) 导轨:主要作用为轿厢和对重在垂直方向运动时导向,限制轿厢和对重在水平方向的移动;安全钳动作时,导轨作为被夹持的支承件,支承轿厢或对重;防止由于轿厢的偏载而产生的倾斜。

(5) 轿厢:轿厢一般由轿厢架、轿底、轿壁、轿顶等主要构件组成。

轿厢架是轿厢的主要承载构件,它由立柱、底梁、上梁和拉条组成。

轿厢体由轿底板、轿厢壁、轿厢顶等组成。轿厢内一般设有如下部分或全部装置:操纵电梯用的按钮操作箱;显示电梯运行方向及位置的轿内指示板;通信联络用的警铃、电话或对讲系统;风扇或抽风机等通风设备;有足够照明度的照明器具;标有电梯额定载重量、额定载客数及电梯制造厂名称或相应识别标志的铭牌;电源及有/无司机操纵的钥匙开关等。

3. 电梯系统在地铁运营中的重要作用

便于客流组织，使车站进、出平稳有序；改善乘客乘车环境，提高乘客舒适度和满意度；满足老弱病残群体出行需求，体现人性化服务；加快人员流动速度，提高运输效率；有利于灾害条件下的客流疏散，避免人员慌乱。

二、自动扶梯系统的组成及功能

1. 自动扶梯概述

自动扶梯是由电动机驱动的，通过链式传动装置带动载客部件（循环运行梯级）在倾斜的固定环形轨道中做往复运行的，方便行人在建筑楼层间上下的运输工具。1900年，巴黎国际博览会展出的一台阶梯状动梯是现代自动扶梯的雏形。以后，自动扶梯广泛用于车站、码头、商场、机场和地下铁道等人流集中的地方。其特点是：输送能力大，能同时运送大量乘客；运送客流量均匀，能连续地运送乘客；可上下逆转。

2. 自动扶梯结构组成

自动扶梯由桁架、驱动装置（电动机及减速齿轮箱）、传动系统（驱动轮、传动轮轴、传动链等）、导轨系统、承载梯级、扶手系统、制动装置、电气控制系统、监测与安全保护装置等部件组成。

（1）桁架。桁架为焊接结构，强度符合国家规定。承载能力由桁弦（截面为L形）的尺寸和桁架中心部分的高度决定，可根据负载的大小选用。

（2）导轨系统。自动扶梯的梯级的四个轮子分别在四条固定的环状导轨内循环运转，导轨承受了运动部件及乘客的重量。

（3）驱动装置。驱动装置安装在桁架的上驱动端站，是自动扶梯的动力源。它通过主驱动链，将动力传递给驱动主轴。通常有单驱动和双驱动之分。目前常用的驱动装置为立式驱动装置，它由电机、立式蜗轮蜗杆减速箱或行星齿轮减速箱和制动器组成。

（4）制动器。传动轴上的安全制动器的主要作用：一是当扶梯或人行道在不被允许工作，出现下滑的情况时，安全制动器的电磁线圈无工作电压，安全制动器联动杆上的挡块会挡住传动轮上限位块，制止下滑现象；二是在传动链断裂，接触器或者速度监控器启动时，安全制动器立即失电制动。

（5）传动链装置。自动扶梯的传动链装置主要由梯级链、主驱动链、扶手驱动链组成。梯级曳引链是一种专用的特殊链条，其滚子采用弹性的梯级主轮，在与链轮啮合时，能减轻振动和降低噪声。主驱动链采用双排套筒滚子链，扶手驱动链采用双排套筒滚子链。

（6）梯级。梯级通常采用铝合金整体压铸梯级，通常有两种形式：一种是不带黄色边框的整体梯级；另一种是带黄色边框的整体梯级。

（7）梳齿板/前沿板（过渡盖板）。梳齿板位于扶梯的进出口处，每个梳齿用螺钉固定在梳板的前段，并与踏板齿槽相啮合。梳齿表面当有外物嵌入梯级时，梳齿板是可移动的，在其后端装有电气触点（KKP），一旦在梯级与梳齿啮合的地方有硬物卡住，使作用在梳齿板上的力超过额定值时，将使梳齿板发生水平或垂直方向的移动，使触点动作，扶梯将停止运行。它是连接建筑物和自动扶梯设备之间的中间环节。梳齿与梳齿板的啮合结构是为了防止卡夹乘客的鞋子、衣物、行李等，避免意外伤害的发生。

（8）扶手装置。扶手装置的组成有扶手支架、扶手护栏（玻璃/不锈钢）、扶手型材、扶手链、扶手带、扶手驱动装置、扶手涨紧装置、扶手照明及检测装置。

扶手带是由扶手带传动轴驱动的，而扶手带传动轴是由主传动轴通过一根复式链传动的。扶手带涨紧装置必须调节正确。如果扶手带打滑，就必须检查扶手带涨紧情况。另外，如果扶手带涨得过紧会使扶手带使用寿命大大缩短，这是由于过分涨紧扶手带并不增加驱动力相反只会缩短其使用寿命。扶手入口装置，在自动扶梯的围裙板和内外盖板端头，设有一个扶手带入口装置，其内部有一个电气触点，当扶手带入口处有异物进入，触动触点，会使扶梯停止运行。

（9）控制箱。控制箱置于上部桁架的机房内，为方便维修，在机房盖板被去掉后，整个控制箱可以顺着一根导轨拉上来并且转动。

（10）润滑装置。润滑是自动扶梯保养的一项重要工作，也是保持扶梯良好运行状态的重要条件。

三、轮椅升降台（机）

1. 轮椅升降台的组成

轮椅升降台由控制屏、平台、扶手导轨、充电电源等组成。

2. 轮椅升降台的工作原理

工作原理：直流电动机带动传动齿轮，齿轮驱动传动链，传动链与导轨配合带动平台慢速运行。

3. 轮椅升降台的使用

轮椅升降台专为残疾人士设计，使用操作简单，设备安全性高，维护操作简单。可与车站控制室视频通话，方便乘客召援。轮椅升降台占地面积小，安装灵活，在不方便安装电梯的地方使用。

轮椅升降台通常安装在站厅层通往站台层的楼梯扶手上，平时不用的时候，轮椅升降机的平台就竖起来固定在楼梯扶手顶端。当坐轮椅的乘客要从站厅层到站台乘坐地铁时，只需要在台阶扶手边按下求助按钮，站务人员便可以启动这台升降机，轮椅升降平台将从楼梯扶手打开，轮椅上到平台并固定后，升降平台就缓慢地沿着台阶水平下降到站台层。升降机也可以将站台的轮椅送到站厅层，用完后按下按钮把升降平台折叠起来。

第三节 屏蔽门系统

一、屏蔽门系统的组成及功能

（一）地铁屏蔽门及其发展

屏蔽门系统是安装于城市轨道交通沿线车站站台边缘，将车站站台区域与轨道区域隔离开来，用以提高运营安全系数、改善乘客候车环境、节约运营成本的一套机电一体化的机电设备系统。屏蔽门是由一系列门体组成的屏障。它综合了力学、机械学、电子学、控制论、计算机技术、传感技术、人工智能技术、系统工程等多学科、多领域的先进技术。屏蔽门是 20 世纪 80 年代出现的一种现代化的地铁设备系统。其设计的思想，一是为了节省能源，提高地铁运营的经济效益而设置了屏蔽门系统；二是考虑乘客乘车的安全性（防止人员有意或无意跌入轨道，减少乘客撞伤危险）。新加坡地铁屏蔽门系统当时采用气动控制系统，在外观上也较少追求美观，力求经济实用。从其近年来的使用情况看是成功的，它既保证了较高的可靠性，又满足了地铁的运营需要，同时节能率近 50%。近年来，地铁屏蔽门系统已被越来越多地用于世界各国地铁车站中。

（二）地铁屏蔽门分类

1. 按屏蔽门功能，可分为闭式和开式两大类。闭式屏蔽门是一道自上而下的玻璃隔离墙和活动门，沿着车站站台边缘和两端头设置，能把站台候车区与列车进站停靠区完全隔离。这种屏蔽门系统的主要功能是增加安全性、节约能耗及降低噪声等。

开式屏蔽门又称为可动式安全栅，半封闭式屏蔽门，它是一道上不封顶的玻璃隔离墙和活动门或不锈钢篱笆门。与全封闭式相比，安装位置基本相同，但结构简单，高度低，空气可以通过屏蔽门上部流通，造价也低。它主要起隔离作用，提高站台候车乘客的安全；同时也有一定的降噪作用。这种结构不能完全隔断列车活塞风和噪声对乘客的影响，因此，多用于敞开式地面站台或高架站台。

2. 按屏蔽门结构，可分为上部悬吊式和下部支承型。

3. 按控制方式，可分为气动控制和电动控制。

4. 按门体使用材料，可分为铝合金屏蔽门、不锈钢屏蔽门和彩板屏蔽门等。

5. 按设置规模不同划分，可分为全线设置型和部分设置型。前者为每个地铁车站均设置，后者仅为部分地铁车站设置。

（三）地铁屏蔽门组成及其功能

1. 地铁屏蔽门组成

屏蔽门系统由机械部分（门体结构和门机驱动系统）和电气部分（供电电源和控制系统）组成。

（1）门体结构由支承结构、门槛、顶箱、滑动门、固定门、应急门和端门组成。

1）支承结构。包括底部支承部件（包括踏步板、绝缘衬垫、调节板、下部预埋件等）、门梁、立柱、顶部自动伸缩装置等部分。

支承结构能够承受屏蔽门的垂直载荷、隧道通风系统产生的风压、列车运行活塞风形成的正负方向水平载荷、乘客挤压力和地震、振动等载荷。底部支承部件分为上下两部分，底部下部构件表面通过绝缘镀层处理，采用绝缘安装，使屏蔽门与建筑结构绝缘；底部上部分采用椭圆形孔连接，实现前后方向的调整；与底部预埋槽钢配合，实现纵向调整。顶部自动伸缩装置与立柱连接，实现高度方向 ±30 mm 的调整，通过顶部方形垫板上的弧形孔和预埋件的纵向导槽实现前后左右的位置调整（立柱顶部装有万向调节伸缩装置，该装置能有效吸收土建顶梁不平度误差，并消除顶梁及站台面的不均匀沉降对屏蔽门系统的影响）。

屏蔽门与路轨相连以保持同一电位，同时屏蔽门与站台之间宽 1.5 m 的地板上铺设一层电气绝缘胶膜，保证站台绝缘电阻值大于等于 0.3 MΩ；而屏蔽门安装时与站台板和顶板电绝缘，其电阻值要求大于等于 0.5 MΩ，以保证乘客上下车时的安全。

2）门槛。门槛是屏蔽门安装的基准面。包括固定门门槛和活动门门槛。固定门门槛承受固定门的垂直载荷，活动门门槛承受乘客载荷。门槛采用不锈钢材料，表面设有防滑齿形槽，提高门槛的耐磨性和防滑性。门槛结构中有滑动导槽，与滑动门配合应滑动自如，导槽底部有直通孔，导槽内的杂物和灰尘可以下落。

3）顶箱。顶箱由 L 形铝合金框架承托，在站台侧用不锈钢固定板铰接在门立柱之上，借助长而坚固的框架形成一条与滑动门等宽的连续跨度。顶箱内安装有 DCU（门控单元）、电机、变速箱、电磁锁、模式开关、配电端子箱、导轨及顶梁等部件。

4）滑动门。滑动门（SD）由门玻璃、门框、门吊挂连接板、门导靴、门缘橡胶密封条、手动解锁装置等组成。滑动门通常由不锈钢门框和钢化玻璃组合而成，每个滑动门单元上均由左右各一扇滑动门组成，在左滑动门的轨道侧有一绿色紧急手动开门拉杆，滑动门的站台侧有一个三角锁手动解锁装置。

正常运行时，滑动门是乘客上下车的通道，也是车站隧道内发生火灾或故障时，列车到站后乘客的疏散通道。滑动门上部的吊挂连接板与门机的吊挂板连接，下部装有导靴，两扇滑动门靠近中心处装有橡胶密封条，站台侧1.8 m高处有手动解锁的钥匙孔。滑动门设有锁紧装置和手动解锁装置；滑动门关闭后，锁紧装置可以防止门由于外力作用被打开；采用开门把手或钥匙手动释放解锁装置可将门打开。滑动门能满足系统级控制、站台级控制和手动操作要求，手动操作为优先级。

当系统级、站台级控制失败时，乘客可从导轨侧使用紧急手动开门拉杆（开门把手）将门打开，授权的站台工作人员也可以用钥匙进行手动操作打开滑动门。

5）固定门。固定门（FSD）位于滑动门之间，由门玻璃和铝制门框等组成，起隔离作用。

固定门是把车站与列车隧道隔离的屏障之一。所有固定门处在同一水平面内，从站台看不到支承固定门的铝制门框。固定门门框插入立柱上的方形孔，门框和支承柱之间有橡胶垫，可有效降低振动。

6）应急门。应急门（EED）由应急门板、门框、闭门器、推杆锁等组成。应急门由不锈钢门框和钢化玻璃组合而成，每组2道，每组分别与每节车厢对应。应急门的站台侧设有钥匙解锁开关，在轨道侧，应急门的中央设有绿色手动解锁推杆。

应急门是列车进站停车后，列车门无法对准滑动门时，至少有一道应急门对准列车门作为疏散乘客的通道。在应急门的中部装有手动推杆解锁装置，应急门不会因列车活塞风压、隧道通风系统风压影响而自动开启。在导轨侧，乘客通过推压解锁推杆，推杆带动门框内的解锁机构，松开应急门上下的门闩将门向站台侧旋转90°打开；在站台侧，站台工作人员也可以用"通用"钥匙打开应急门。应急门门框的上部装有闭门器，保证应急门在手动开启后能够自动复位关闭。

注意：应急门的设计是在紧急情况下使用的逃生门，在日常的轨行区作业时禁止使用应急门。

7）端门。端门（PED）由门玻璃、门框、闭门器、门锁和手动解锁装置等组成。端门由不锈钢门框和钢化玻璃组合而成，端门安装在屏蔽两端，使之能分隔站台区域和工作区域端的站台侧，设有钥匙解锁开关，而在站台外侧中央设有绿色手动解锁推杆。

端门是当区间隧道发生火灾或故障时，列车停在隧道内，乘客从列车下到隧道后疏散到站台的通道，也是车站工作人员进出隧道进行维修的通道。在隧道侧乘客通过推压手动解锁推杆，推杆带动门框内的解锁机构，松开端门上下的门闩将门打开；在站台侧，站台工作人员也可以用钥匙打开端门。

门框的上部装有闭门器，保证端门在手动开启后能够自动关闭。

（2）门机驱动系统。门机驱动系统由电机及减速箱、传动装置组成。

1）电机及减速箱。门机的功能是控制门的开关，一般采用无刷直流电机，电机轴与减速箱直联，减速箱采用蜗轮蜗杆传动，减速箱输出轴装有传动齿轮。

2）传动装置。传动装置由驱动皮带和门悬挂设备组成。皮带传动采用正向啮合驱动，保证两扇门运动同步、稳定。采用重型皮带传动装置，更好地调节皮带张紧力，消除皮带打滑。滑动门由滚轮悬挂在J形截面不锈钢轨道中运行，整个运动过程中，滑动门保持在一个恒定的水平，使其平稳运行，减小摩擦力。

（3）供电电源包括UPS驱动电源、UPS控制电源、系统配电柜（PDP柜）等。

（4）控制系统由中央接口盘（PSC）、就地控制盘（PSL）、站台远程监视设备（PSA）、门控单元（DCU）和连接这些装置的通信通道等组成。

屏蔽门控制系统具有系统级控制（SIG）、站台级控制（PSL）、手动操作控制、火灾模式（IBP）。其中以手动操作控制优先级最高、系统级最低。只有在执行完高优先级的操作后，才可以进行低级别的操作。

站台每侧屏蔽门配置完整的控制子系统（包括PEDC、DCU、PSL、PSA及连接其他系统的接口），与上下行信号系统配合，与主控制系统（PSC）连接，分别控制各侧屏蔽门。系统内部采用现场总线和硬线两种连接方法。

中央接口盘（PSC）由单元控制器（PEDC）、220 V/50 V的变压器和外围接口构成。每个CIP包含2个PEDC，PEDC分别控制相应的站台屏蔽门。

从外形上看，地铁屏蔽门系统是由若干扇门组成。

2. 地铁屏蔽门控制模式

屏蔽门系统控制模式设置有系统级、站台级、人工操作（或称手动操作）三种正常控制模式。系统级控制即执行信号系统命令的控制模式；站台级控制即执行站台PSL操作盘发出命令的控制模式；手动操作即站台工作人员在站台侧用专用钥匙解锁或由乘客在轨道侧推动解锁装置打开滑动门。此外，屏蔽门系统设置有火灾控制模式，即在相应的火灾模式下，车站值班人员在车站控制室操作消防联动盘、操作屏蔽门紧急控制开关，配合打开滑动门，疏散乘客和配合环控系统排烟。上述模式的控制优先权从高到低依次为人工操作（或称手动操作）模式、火灾控制模式、站台级控制模式、系统级控制模式。屏蔽门系统具有障碍物检测功能，即滑动门关闭时检测到障碍物，会后退作短暂停止以释放夹到的障碍物，然后再关闭，从而避免夹伤乘客。

屏蔽门系统与车站机电设备监控系统（EMCS）之间或主控系统（MCS）之间设有通信接口，用于传送屏蔽门系统运行状态故障诊断信息，便于车站控制室人员、维护人员监视屏蔽门状态。在站台监控亭设有屏蔽门系统监控器（PSA），车站工作人员、屏蔽门维护人员可在此PSA上监控屏蔽门系统运行状态，查看、下载屏蔽门系统运行历史记录，修改、上载屏蔽门系统控制程序、参数等。

3. 地铁屏蔽门功能分析

（1）屏蔽门与每节车厢单侧的车门对应的是滑动门，可以向两边打开，当列车停靠时，滑动门与车门一一对应。每一道门由左右两扇滑动门组成，在正常使用状态时，滑动门关闭过程中如遇到障碍物，会通过3次减速的检测功能，检测是否有障碍物的存在。如果第三次探测到障碍物仍然存在后，DCU会发停止命令，马上停止滑动门的运动状态。

（2）和每个车厢相对应分布有应急门，应急门由两扇铰链门构成，以预防突发事件。

（3）滑动门与应急门之间装有平滑的玻璃制成的固定门。

（4）每个车站有2扇（两端各1扇）端门。

（5）在同一站台上整侧门中的第一道和最后一道门为非对称门，这是因为它们打开时会堵住紧靠屏蔽门两端的司机门。除这两道门外其他门具有全尺寸，便于乘客上下列车。

（6）所有的门上方盖板上均有门头指示灯，当开门或关门时指示灯会有不同状态的显示。

（7）屏蔽门可以接受远程操作而被驱动执行开门、关门命令，通过这个功能就可以响应来自控制着列车运动的信号系统的命令。因此，屏蔽门在信号系统的控制期间只有列车停下来时才被打开，而在关闭且锁紧后列车才允许离开。

（8）在信号系统失效或弃用信号系统时，可以通过就地控制盘（PSL）来取得门的控制权。每个PSL都位于屏蔽门的站台侧端门外，并在列车正确停靠时与驾驶室并列，也就是说，每侧站台只有一个PSL（或称站台操作盘）。

（9）"开门"或"关门"命令从信号系统（或PSL）发送到屏蔽门控制器（PEDC），经过PEDC处理后再传给滑动门控制单元（DCU），控制滑动门的开和关。同时，DCU也可以把控制信息和状态信息回传给信号系统PEDC和PSL。

二、屏蔽门系统接口

在屏蔽门系统的设计过程中需要考虑屏蔽门系统与车站下列各个专业的接口。

1. 与车辆的接口

对应车辆的编组方式，屏蔽门的布置采用沿站台边缘对称布置的方式。应确保列车在正常停车精度范围内（+350 mm），滑动门与列车门一一对应，保证乘客安全迅速地上下车。

2. 与车站建筑专业的接口

屏蔽门上部结构应与室内吊顶间绝缘、密封。在安装好屏蔽门系统，并且完成屏蔽门系统的所有测试试验后再进行屏蔽踏步板与站台装饰石材之间的绝缘带的敷设。

3. 屏蔽门系统与低压配电系统的接口

车站低压配电系统向屏蔽门系统提供一类负荷，两路三相 380 V、50 Hz 的交流电源，屏蔽门系统与低压配电系统的接口为驱动电源的两路进线开关的输入端。

4. 屏蔽门系统与信号系统的接口

按照用户的要求安排信号系统与屏蔽门系统之间的接口形式，信息交接点为中央接口盘（PSC）的端子排。

5. 屏蔽门系统与设备监控系统的接口

按照用户的要求安排设备监控系统与屏蔽门系统之间的接口形式、通信协议类型、数据格式。信息交接点在屏蔽门系统的中央接口盘（PSC）的端子排上。

三、屏蔽门操作安全和相应措施

1. 列车门和屏蔽门之间存在着缝隙

屏蔽门系统最大优点之一是防止人员有意或无意跌入轨道，大大减少了乘客被列车撞伤的危险，尽管屏蔽门系统杜绝了这种危险性，但却导致了另一种潜在危险。因为在列车门和屏蔽门之间存在着缝隙，当列车车门正常打开而屏蔽门发生了故障未及时打开时，若乘客试图手动打开屏蔽门，列车门却正好在其身后关闭，那么乘客就有可能从缝隙中跌入轨道，酿成事故。

2. 屏蔽门开启

（1）无论是人工操作或自动操作，当列车尚未停站时屏蔽门千万不能处于开启状态，因为处于开启状态的屏蔽门系统站台要比不设屏蔽门系统的站台危险性大得多，乘客（特别是儿童）出于好奇有可能向屏蔽门外张望，这种行为异常危险。进一步若有几扇屏蔽门出现故障未能及时打开，则会出现列车延时的后果。

（2）如因门故障，需打开滑动门并使其处于开门状态，必须隔离该门单元并加强监控，以免影响安全行车。

（3）正常行车状态下，严禁打开应急门。一经使用后，必须确认关闭并锁紧，严禁使用异物阻挡应急门关闭，严禁放置任何物品在滑动门槛上。

（4）任何工作人员使用端门后，必须确认关闭并锁紧，严禁打开后无人守护，严禁使用异物阻挡端门关闭。

（5）严禁乘客倚靠屏蔽门。

（6）清洁门体、地板、隧道时，不得使底座绝缘套受湿。

（7）严禁在距屏蔽门门体边沿 2 m 范围内钻孔安装任何设备设施，破坏绝缘层。为此必须拥有一批训练有素的车站服务人员，随时排除屏蔽门出现的故障。

第四节 环境控制系统

一、地下铁道的环境特点及环控要求

1. 环境控制系统的发展历程

20世纪30年代末以前，大多数地铁都没有考虑环境控制。世界上第一条地铁在伦敦开通，由蒸汽机车驱动，冒烟的发动机在运行时造成环境污染。而以后的伦敦地铁在引入电力机车时又遇到新的问题，电力机车的功率很大，放出的热量也更多，由于散热量的增加和客运量的增大，地铁内形成了一种难以忍受的窒息状态。在后来的地铁建设中，设计人员已经认识到为乘客们提供一个舒适环境的必要性，提出"采用人工通风方式获得纯净空气，在隧道内使用电灯提供照明"，并总结出"温度问题与通风有关，加大通风换气次数，将减少隧道内外温差"。波士顿地铁采用隧道顶部的风管进行通风，并且车站出入口设计较大，地铁内有比较良好的环境。

芝加哥的第一条地铁于1943年建成，建立了计算列车活塞效应的方法和计算式，为了在地铁中实现热量平衡，不仅考虑了为保持舒适的地铁环境所需的空气变化，同时也考虑了隧道壁、土壤温度日变化和年变化影响及热量的累积作用，并测定了多种温度及循环下的累积效应。在设计芝加哥地铁时充分利用了这些数据，创造了未使用空调几乎全年都能提供充分通风和宜人温度的地铁系统。

目前，车站热负荷主要源于地铁列车的加速匀速运行、制动、空调、接触网、客流、照明、广告、导向牌、自动扶梯、自动售检票设备、屏蔽门关闭和开启的渗漏风、围护结构散发，涉及地下铁道环境中空气的温度湿度、气流速度、空气的品质、噪声的控制、环境的色调与照度及装饰的协调与配合等诸多因素，是一项复杂的系统工程。

2. 地铁环境特点

地铁的地下线路是一个狭长的地下建筑，除各站的出、入口、送排风口与外界大气相通外，基本上与外界隔绝，列车的高密度运行及大量乘客的集散，形成了地下铁道独特的环境特点。

（1）地下铁道的车站和区间隧道除出入口等极少部位与外界相连通外，基本上与外界隔绝，只有用气候环境才能满足乘客的要求。

（2）列车各种设备的运行和高度密集的乘客都将释放出大量的热，如不及时排除，车站和区间的温度上升，乘客在此环境中将难以忍受。

（3）由于地层的蓄热作用，运营初期地铁系统内部的温度会逐年升高，若处理不当，会对地铁系统的远期环境造成影响。

（4）车站内高度密集的人群会释放出大量的异味和二氧化碳，如果没有足够的新鲜空气和有效排出废气的措施，将会使车站内的空气十分污浊。

（5）地下铁道是一个狭长封闭的地下建筑，列车及各种设备的运行产生的噪声不易被消除，对乘客的影响较大。

（6）地铁列车运行时产生的"活塞效应"，若不能合理利用，会干扰车站的气流组织，使乘客感到不舒适，并影响车站的负荷。

（7）当发生事故，尤其是发生火灾事故时，将导致环境恶化，不易救援，需要采取有效的措施。

3. 环控基本要求

地铁环控系统（Environmental Control System，ECS）的目的就是在正常运行期间为地铁乘客、工作人员提供舒适的环境，以及在紧急情况下能够迅速帮助乘客离开危险地并尽可能减少损失，一个地铁不论采用何种环控系统都必须满足以下三个基本要求。

（1）列车正常运行时，环控系统能根据季节气候，合理有效地控制地铁系统内空气温度、湿度、流速和清新度，气压变化和噪声及舒适、卫生的空调环境。

（2）列车阻塞运行时，环控系统能确保隧道内空气流通，列车空调器正常运行，乘客们感到舒适。

（3）紧急情况时，环控系统能控制烟、热气扩散方向，为乘客撤离和救援人员进入提供安全通道。

地铁环控方式有多种，不同的城市其气候条件、室外温湿度差异很大，因此选用何种环控方案应根据客观条件、工程造价、运行效果等方面综合分析。

二、地铁环控系统的组成及功能

地下铁道环控系统一般由区间隧道通风系统、车站隧道通风系统、大系统、小系统、水系统几个部分组成。

1. 区间隧道通风系统

区间隧道通风环控系统主要用作隧道的通风换气，在隧道中发生火灾时，此系统也兼有防灾报警功能。区间隧道通风系统主要靠通风来降低隧道内的空气温度，一方面由设在地铁站两端的事故风机在夜间列车停运时向隧道内送风和排风来降低区间内的空气温度；另一方面白天列车运行时，所产生的活塞风经过活塞风道，由地面上的风亭排出区间内的空气和吸入外界的温度较低的空气，对隧道内进行通风。

2. 车站隧道通风系统

车站隧道通风系统指服务于车站内屏蔽门外侧列车停车区域隧道的通风及防排烟系统。

（1）正常运行状态。在正常运行状态下，关闭所有的区间隧道排热风机，隧道的换气主要靠列车运行时产生的活塞风进行空气交换。地铁停止运行时，打开区间隧道通风机和隧道排热风机对隧道进行空气交换。

（2）列车故障状态，分为以下两种情况。列车阻塞在站内：此时需打开此站的部分隧道通风机及相应的电动组合风门来增加排气量，依靠空气的自然流动来进行空气交换。列车阻塞在区间隧道内，此时打开区间两端隧道通风机及相应的电动组合风门对隧道区间强制进行空气交换。

（3）发生火灾时列车运行状态。当列车在运行过程中发生火灾时，此时区间隧道通风系统各设备运行的原则是：必须保证隧道中的风向与旅客疏散的方向相反，以保证旅客的生命安全。有四种可能的火灾模式，即隧道列车尾部发生火灾、隧道列车头部发生火灾、隧道列车中部发生火灾和站台列车发生火灾。

3. 大系统

"大系统"指服务于站厅、站台公共区（即乘客所处区域）的通风空调及防排烟系统，又称公共区空调通风环控系统。地铁站大系统空调通风系统包括站厅层、站台层公共区的所有环控设备。

在正常情况下，环控系统通过测量新风、送风、回风、混合风的温湿度和CO_2浓度来调节空调机组回水管自动调节阀的开度，控制风阀开关和风机的启停。

4. 小系统

"小系统"指服务于设备、管理用房区（即工作管理人员及设备所处区域）的通风空调及防排烟系统。车站空调通风小系统是一套独立的系统，其运行方式比较简单。在正常运行时，送/排风机的送/排风量是固定的，不随季节的变化而变化。当出现火情时，系统按照预定的灾害程序运行。

"水系统"指为大、小系统提供冷源的一套系统。对冷却泵来说，通常以冷凝器进水和回水间的温差作为控制依据，实现进水和回水间的恒温差控制。系统由冷冻水泵、冷却水泵、冷却塔、冷水机组、膨胀水箱、集水器、分水器、设备之间的连接管线和一些阀门组成。

典型地铁车站环控，大系统配有4台组合式空调机，4台回排风机，2台全新风机；小系统配有多台小型空调机及排风机，大小系统共用2台冷水机组。通常情况下大系统在运营时间内开启2台或4台空调机及排风机，小系统24 h连续运行，冷水机组在空调季时24 h开启。

第五节　给排水系统

一、地铁车站给排水系统组成及功能

地铁的给排水系统包括车站和车辆段给水排水系统，由给水系统和排水系统两部分组成。

1. 地铁车站给水系统的任务

地铁车站给水系统的主要任务是满足地下铁道生产、生活用水，消防用水、人防用水的需求。

生产用水包括车站公共区域地坪等冲洗用水、车站设备用房洗涤盆用水、车站冲洗用水量、空调冷冻机的循环水、冷却循环水、系统补充水；生活用水主要指车站工作人员使用的卫生间、茶水间等用水；消防用水主要指消火栓用水；人防用水指地铁工程除在平常作为重要的交通枢纽外，作为地下工程还兼有人防工程的特点，在战时可作为人员掩蔽的场所，在给水工程中也应考虑到相应的人防要求。

2. 地铁车站排水系统的任务

排水系统的主要任务是及时排除生产废水、生活污水、隧道结构渗漏水、事故消防废水及敞开式出入口和风亭部分的雨水等，以满足地铁安全运营的需要。

二、地铁车站给水系统

1. 水源

（1）地铁车站所在地一般为城区，周围有较完善的市政给水管网，以市政自来水为供水水源。每个车站由两条不同的城市自来水管，引入消防和生活、生产给水管，并在引入管上加设电动和手动蝶阀。手动蝶阀平时开启，电动蝶阀平时一开一闭并定期轮换供水；发生火灾时全部打开。电动蝶阀由机电设备监控系统（EMCS）实现监控。

（2）采用生活、生产用水和消防用水分开的给水系统，分别设置水表及阀门井。水压按卫生器具用水要求和生产用水要求确定，地铁车站位于地下，市政水压一般能满足生产、生活给水系统水压要求，采用市政给水直接供水给水系统。

（3）引入车站的水源，在站内形成环状管网，生活、生产给水系统从引入管接出给水管后在车站布置成枝状，供给各用水点，消防给水系统在站内成环状布置。

2. 进出车站的给排水管道布置

（1）给排水管道不能穿过连续墙，宜在出入口或风井部位布置，因地铁车站连续墙厚度近 1 m，预留空洞给结构工程带来不便。

（2）给水管道严禁跨越通信和电器设备用房。

（3）给水干管最低处设置泄水阀，最高处设置排气阀，排气阀一般设于设备用房端部没有吊顶的部位。

（4）给水干管穿越沉降缝处，宜设置波纹伸缩器。

（5）由于生产、生活给水管一般采用塑料管材，塑料管材的线胀系数大，地铁车站站厅、站台层长度一般在 100 m 以上，管线布置时要有效地减少或克服管道线性变化值。在可能暗敷的场所尽量采用暗敷的安装方式，管道直线长度大于 20 m 时应采取补偿管道涨缩的措施，支管与干管、支管与设备的连接应利用管道折角自然补偿管道的伸缩。当不能利用自然补偿或补偿器时，管道支架均应为固定支架。管道支架不仅起管线固定的作用，还要求能承受管线因线性膨胀而产生的膨胀力，其间距应比传统的镀锌钢管小得多。

（6）地下区间的给水干管的布置，当为接触轨供电时，应设在接触轨的对侧；当为架空接触网供电时，可设在隧道行车方向的任一侧，管道和消火栓的位置不得侵入设备限界。

3. 生产、生活给水系统的组成及功能

生产、生活给水系统由水源（城市自来水）水池、水泵、水塔（水箱）气压罐、管道、阀门、水龙头等组成。其功能是满足车站生产、生活用水对水量、水质和水压的要求。地铁车站的生产、生活给水管网是独立的内部供水系统，从两根接自市政管网的消防进水管中的任一根接出生产、生活给水管，生产、生活给水水表和消防水表设在同一个水表井内，单独设置水表后进入车站，呈枝状布置。一般给水引入管是从风井引入车站，如果车站风道长度很短，可以从两端各接入一根生产、生活给水管进车站，这样两根生产、生活给水管分别接至车站两端的用水点，就可以不经过公共区从车站的一端引至另一端，站内给水管长度就缩短很多，既避免了不必要的浪费，也可以减少和站内其他管线的交叉。车站生产、生活给水系统的主要供水点包括卫生间，开水间，环控机房，冷冻机房，冷却塔，污、废水泵房冲洗水及车站公共区两端的冲洗水栓等。

4. 消防给水系统的组成及功能

车站的消防给水主要供给车站及相邻区间的消防用水。消防给水系统由水源（城市自来水）、消防地栓、水泵结合器、消防水泵、管道、阀门、消火栓（喷头）、水流指示器等组成。消防地栓为消防车提供水源，根据环境条件，可分为地上式、地下式和墙壁式。水泵结合器的一端由室内消火栓给水管网引至室外，另一端井口可供消防车或移动水泵站加压向室内管网供水，在断电或消防水泵故障时能保证车站消防给

水。与室外消防地栓的距离在 15~40 m 范围内。

　　车站的消防干管布置成环状，并与区间消防管网连接。按消防要求，车站两条与市政供水管网连接的引水管上设闸阀，水表前设室外消火栓。区间消防管端头设电动蝶阀和手动蝶阀旁路，平时电动蝶阀关闭，手动蝶阀开启 2%，一旦区间发生火灾，EMCS 开启电动蝶阀，保证区间消防水压、水量。给排水系统主要设备为阀门与水泵。

三、地铁车站排水系统

　　车站、区间的废水、雨水均应就近排入市政排水系统，污水应按规定达标后排放。地下车站及地下区间应设置废水泵房、污水泵房和雨水泵房。

　　1. 排水系统

　　（1）废水系统。废水包括消防废水、站厅、站台地面冲洗废水、环控机房和各类排水泵房洗涤池排水、事故排水、结构渗漏水等。

　　（2）污水系统。污水主要指车站内卫生间及开水间生活污水。现在大部分城市地铁车站都设置了公共卫生间，所以要考虑乘客生活排水量。

　　（3）雨水系统。在地铁洞口、车站露天出入口及敞开式风亭处，当雨水不能自流排除时，宜单独设置排水泵房。经泵提升雨水经压力窨井后再排入市政雨水管道系统。

　　2. 排水量标准

　　（1）工作人员生活排水量按生活用水量的 95% 计算。

　　（2）生产用水排水量按工艺要求。

　　（3）冲洗、消防废水量与用水量相同（结构渗漏水量为 1 L/m² 昼夜，如上海）。

　　3. 车站排水系统的组成及功能

　　（1）污水排放系统的组成及功能。车站污水排放系统主要由集水井、压力井、化粪池等组成。用排水管道将车站内的厕所、盥洗室、茶水间冲洗水等生活污水汇集到集水井，经潜水泵提升到压力井消能、地面化粪池简单处理后，排入城市污水管网。压力井是排水进入市政排水管网前的消能设施，其构造要求进、出水管道不得在同一高程上且侧壁有防冲洗的措施，车站化粪池采用国标 4 号化粪池。

　　（2）废水排放系统的组成及功能。车站废水排放系统主要由集水井、压力井等组成。用排水管道或排水沟将车站内的生产、消防废水、结构渗漏水汇集到集水池，经潜水泵提升到压力井消能后排入城市污水管网。区间隧道设置独立的排水系统，其泵房设在区间隧道的最低处，明挖隧道的废水泵房设在隧道外侧或联络通道内，盾构隧道则利用联络通道作为废水泵房。压力井内进、出水管道要求与污水系统一样。

　　（3）雨水排放系统的组成和功能基本上和废水系统相同。

第六节 防灾报警系统

一、火灾报警监控系统概述

城市轨道交通是一个由站点建筑连接区间隧道形成的大型运输通道,作为日常公共的大容量交通工具,每天都要运送成千上万名旅客,在城市公共交通中占有重要的位置。但自从有了轨道交通开始,安全运营,确保旅客和工作人员的生命安全,就处于整个运营服务的首要位置。

近年来,世界一些国家、地区相继发生地铁火灾、爆炸事故,几乎每年都有数起危害严重的地铁安全火灾事故发生,造成了巨大的人员伤亡和经济损失。例如:1995年10月28日阿塞拜疆巴库乌尔杜斯地铁火灾事故,造成558人死亡;2003年2月18日韩国大邱地铁火灾事故造成198人死亡,近200人受伤;2005年7月英国伦敦地铁爆炸案造成了45人死亡,千余人受伤。

上述地铁火灾、爆炸事故的案例再次警示我们:轨道交通消防安全不容忽视,加强轨道交通消防安全管理、完善其消防系统设施刻不容缓。目前,我国轨道交通建设规模越来越大,线路越来越多,系统综合应用越来越复杂,有的车站各条地铁交叉重叠,一旦发生火灾,极易酿成事故,这将对人民的生命财产带来极大的威胁,造成重大经济损失并产生严重的社会政治影响。

城市轨道交通的防灾报警在轨道交通自动化系统中占有特殊的地位,一方面它是轨道交通运营防灾救灾工作的关键环节;另一方面系统的建立必须满足国家和地方的消防规范,对轨道交通的防灾报警系统与其他系统的集成,必须满足有关规范的制约。

城市轨道交通的防灾报警系统是基于火灾报警系统(FAS)而建立的以火灾报警为主,并辅以水灾、地震等其他灾害的报警。因此,在轨道交通中的防灾报警系统仍沿用了火灾报警系统的英文简称FAS。

二、地铁 FAS 的组成

地铁FAS主要由设置在各地铁车站区间隧道、控制中心大楼、车辆段、停车场、主变电站等与地铁运营有关建筑与设施的FAS设备及相关的网络设备和通信接口组成。系统分为三个级别:设置在OCC的中央监控管理级、车站(车站与车辆段)监控管理级、现场控制级。

1. 中央监控管理级

中央监控管理级设置在控制中心，作为地铁消防的指挥和控制中心，用于监视地铁全线各车站、区间隧道、控制中心大楼、车辆段、停车场、主变电站等下属所有区域的火灾报警、消防联动和故障情况。中央监控管理级在 OCC 配备防灾报警主机，FAS 主机由两套消防通信机（火灾报警控制器）和 OCC 两台互为热备用的 FAS 监控总站，即操作员工作站组成。FAS 主机一般通过专用网卡与整个系统 FAS 专网相连，并作为网络的一个结点与各防灾报警分机保持通信。中央监控管理级操作站需要设置打印机等外围设备。一般在 OCC 设 FAS 大屏幕或模拟显示屏上，以图形的方式直观地显示全线各区域的火灾报警及故障信息，支持全线的防灾、救灾指挥。

2. 车站监控管理级和现场控制级

车站监控管理级和现场控制级由车站 FAS 分机（火灾报警控制器）、车站 FAS 操作员工作站、打印机、消防联动控制柜和现场的火灾探测器、控制及监视模块等组成。车站控制室设：FAS 分机（火灾报警控制器），通过总线与现场设备相连组成所辖站点的 FAS，负责车站的火灾报警处理及联动控制，并通过 FAS 网络与其他车站的火灾报警控制器及控制中心操作工作站进行通信，报告火灾报警、系统故障、联动控制及各消防设备的运行状态等信息。

在车站控制室设置消防联动控制柜，用于消防泵（引入管电动蝶阀）、TVF 风机、UPE/OTE 风机、组合式空调箱、变风量空调器、回排风机（兼排烟风机）、小系统回排风机、送风机等火灾工况下运行的设备的直接手动控制。消防联动控制柜采用硬连线的方式直接连接所控制的消防设备的控制回路。

3.FAS 专网

中央监控管理级的操作工作站与车站监控管理级的火灾报警控制器之间通过 FAS 专用网络接口组成 FAS 系统独立的环网。由于火灾报警控制器与中央操作工作站直接通信，不受其他系统网络负荷和设备故障的影响，此网络通信方式响应速度较快，安全可靠。

三、地铁 FAS 功能

地铁防灾报警系统的功能也分为中央级功能和车站级功能。

1.FAS 中央级功能

FAS 中央级监控功能主要是监视地铁全线各车站、区间隧道、控制中心大楼、车辆段、停车场、主变电站等下属所有区域的火灾报警、消防联动和故障情况，在火灾发生时承担全线防灾指挥中心功能。下面分别进行介绍。

（1）通过火灾报警网络接收并存储全线消防设备运行状态信息，远程监视就地级消防设备的运行状态。主机通过显示画面和数据表格提供现场的监视信息，具有丰富的 HMI 画面，展现 FAS 的中央功能。

（2）接收全线车站、车辆段、主变电站、指挥中心的火灾报警信息并显示报警部位。

（3）控制中心声光报警系统发出声、光火灾警报信号。

（4）打印机实时打印出火灾报警系统发生的时间、地点、火灾类型等。

（5）通过控制中心的网络向 EMCS 发出火灾紧急信息，并指令 EMCS 进入火灾报警处理模式。

（6）通过闭路电视系统切换装置和显示终端确认火灾情况。当确认火灾发生后，在一定时间内如果现场火灾报警控制器还未做出反应，可在控制中心发出指令给站点火灾报警器，指挥现场的火灾抢救工作。

（7）存储记录的功能：存储事件记录和操作人员的各项操作记录。包括火警监视故障状态、设备维修、清洗等信息记录。

（8）系统编辑功能，在线编辑功能：具有相当权限的维护人员通过工作站能添加系统设备或直接在现场编辑，自定义设备。通过系统提供的程序监控软件，在防灾报警主机上进行在线编辑并输出至打印机或磁盘等。离线编辑功能：现场设备的定义和参数修改可在办公室的 PC 上完成，经编译转换后，到现场通过电话线（下载）将程序发送到火灾报警控制机上。

（9）历史档案管理：将报警、事件等信息记录归档处理。操作人员可根据要求随时进行信息的查看和打印输出。

（10）网络自诊断功能：FAS 主机具有网络自诊断功能，可及时判断网络故障的位置及原因，并按事件方式进行报警。

（11）主时钟：火灾报警系统每一瞬间间隔接收一次防灾指挥中心的主时钟信息，接收时间间隔随主时钟系统而定，并与该主时钟同步，其误差小于 10 m/s。系统实时对各站点分控级的火灾报警控制器进行校对，以保证整个系统的时钟同步。当发生主时钟通信中断时，该主机内时钟发生器将继续保证火灾报警的正常计时工作。

（12）主机具有安全管理机制，设置多级口令，一般包括以下部分：

操作员级，可进行系统的正常操作功能。

工程师级，可进行系统现场参数的定义。

管理员级，可对系统进行运行状态检测和功能试验。

维护保养级，程序检测和系统参数定义。

编程员级，对系统进行程序开发、调试和修改。此级需得到授权才可实施。

（13）除以上功能外，FAS 中央总站必须与其他子系统协调配合。

2.FAS 车站级功能

FAS 的车站级功能主要有监视、报警、控制及与其他系统的联动等。

（1）监视模式

在正常情况下，设在各车站的防灾报警分机通过探测器和信号输入模块，对火灾状态和消防设备的运行状态进行实时监测。同时，FAS 系统对其系统内部的部件状态也进行实时监测。通过火灾报警网络连接的各控制器和信道网络也在进行自动监测。所有的监测信息都将传送到控制中心的消防监控工作站，并通过控制中心的综合监控网络形成实时信息，供整个综合监控系统共享。

消防监控工作站上的显示器以平面图的形式显示整个系统各站点内各防火分区、防烟分区的火灾探测器和消防设备的运行状态和火灾信息。设在各站点的火灾报警控制器接受探测器和监视模块的实时报警信号。

（2）报警模式

车站 FAS 报警有两种方式：自动确认模式和人工确认模式。自动确认模式：这一模式是通过智能探测器（感烟、感温等）或智能模块连接的探测器（感温电缆、红外对射式感烟探测器等）及感温光纤探测系统实现的。在自动确认模式下，通过软件功能对火灾自动确认，强化了报警功能，提高了火灾报警的准确性。人工确认模式：当探测器发出火灾报警信号时，消防值班人员借助其他手段，如闭路电视、现场手动报警按钮、对讲电话等的报警信号进行火灾确认，通过控制器上的人工确认按钮，实施人工报警确认，启动控制器进入火灾处理程序。

（3）消防联动模式

系统在火灾确认后，除发出火灾声光报警，火灾信息显示、火灾打印记录等，还将进入消防联动模式。

1）通过监控模块实现对消防栓、自动喷洒灭火、气体灭火、防火卷帘门、声光报警器和警铃等消防设施的直接联动控制。

2）通过车站级局域网由相关系统实现对防排烟设施、空调系统、电梯扶梯、非消防电源、门禁、自动售检票、疏散诱导标志灯等消防设施和相关非消防设施间接控制。

3）接收监视、报警模式的监控信号，并通过地铁骨干网依次传送到防灾指挥中心。

（4）防灾通信模式

当灾害发生时，由 FAS 发出指令，全线转换为灾害模式。

1）车站级通过自动或手动的方式将广播、闭路监视系统强制转入防灾状态。车站级防灾控制室通过话筒或预定语音对所管辖车站进行防灾广播，通过显示终端可以非常直观地了解灾害区域状况，各级防灾广播、防灾监视都具有最高级优先权。

2）消防电话系统：各分控制级防灾控制室分别设置一套独立的消防电话网络，

电话主机设在各防灾控制室内，重要设备间的电话挂机、火灾报警按钮旁的电话插孔均纳入分控制级的消防电话网络中。可用于实现对火灾的现场人工确认及必要的通信。

（5）防灾报警分机集成化功能

一般车站防灾报警分机选用联动型控制器，它可以根据用户的需要将监视、报警、联动控制及紧急对讲通信集成为一体。同时在软、硬件方面都支持与相关系统的集成；而且防灾报警分机上设有手动确认开关，当有火灾发生时，操作员远程手动控制防灾报警分机执行所有的联动程序（包括气体喷放远程启动开关）。

（6）防灾报警分机之间网络通信功能

防灾报警分机通过总线将现场设备联系起来，组成所辖站点的火灾报警子系统。各站点（OCC 大楼、车站、变电站、车辆段）内的火灾报警子系统负责所管辖内火灾报警信息的实时监测和消防设备的实时监控。

第七节　乘客信息系统

一、乘客信息系统组成与结构

现代城市轨道交通系统的运营管理越来越注重对乘客的服务，越来越以对人的服务为中心。为乘客服务的乘客信息系统（Passenger Information System，PIS）的建设尤其重要。特别是 2003 年，韩国大邱市地铁发生的火灾惨剧震惊了全世界，与乘客息息相关的乘客信息系统被提上日程。

PIS 的基本概念是指地铁运营商采用成熟可靠的网络技术和多媒体传输、显示技术，在指定的时间，将指定的信息显示给指定的人群。

PIS 在正常情况下，可提供列车时间信息、政府公告、出行参考、股票信息、广告等实时多媒体信息；在火灾及阻塞、恐怖袭击等情况下，提供动态紧急疏散指示。PIS 为乘客提供了上述各类信息，使乘客安全、高效地在地铁中行走，使地铁车辆高效安全地运营。

（一）PIS 系统控制功能

从控制功能上分，PIS 系统可分为四个层次：信息源、中心播出控制层、车站播出控制层和车站播出设备。

（二）PIS 系统结构

从结构上 PIS 系统可分为中心子系统、车站子系统、车载子系统、网络子系统、广告制作子系统。

1. 中心子系统

中心子系统主要负责外部信息流的采集、播出、版式的编辑、视频流的转换、播出控制和对整个 PIS 系统设备工作状态的监控及网络的管理。

中心子系统主要设备有中心服务器、视频流服务器、中心操作员工作站、中心网管工作站、播出控制工作站、数字电视（DVB-IP）设备、外部信号源和集成化软件系统等。整个控制中心设备构成了一个完整的播出和集中控制系统。同时，中心子系统还将提供多种与其他系统的接口。包括中心服务器、视频流服务器、中心操作员工作站、播出控制工作站、数字电视设备、网络设备。

2. 车站导乘子系统

车站导乘子系统的主要构成为车站数据服务器、车站播控服务器、车站操作员工作站、屏幕显示控制器、网络系统和集成化软件系统等，车站子系统通过传输通道转播来自控制中心的实时信息，并在其基础上叠加本站的信息，如列车运行信息和各类个性化信息等。

所有这些设备分为控制和现场显示两部分：控制部分，包括车站服务器/车站播控站、车站操作员工作站、TS 流解码器、PDP/LED 控制器外部系统接口、网络部分等；现场显示部分，包括所有的 PDP 屏和 LED 屏及相应的显示控制器。

（1）车站服务器（或车站操作员站）。车站服务器上行与中心服务器同步播出时间表、版式和数据，下行则集中管理本站内的车站操作员站、所有显示控制器、终端显示设备。车站服务器集中管理控制整个车站的所有工作站、显示控制器和显示终端设备。车站服务器能从中心服务器、广告中心服务器接收控制命令，集中转发至站内的终端显示设备显示控制器，进行解释执行。

（2）PDP 显示控制器。PDP 显示控制器既可以控制单个 PDP 屏，也可以控制一组 PDP 屏。PDP 显示控制器支持文本动画的显示，图像动画的显示，AVI 影视文件的显示，各种常用文件格式文件的显示，网络视频流的显示，网页的显示，模拟时钟及数字时钟的显示。显示控制器支持动态分屏播放模式。屏幕的子窗口结构、布局配置、分辨率等能够根据时间表的预先设定动态地改变。

（3）LED 显示控制器。每个 LED 屏都配备一个独立的显示控制器，以实现每一终端显示设备能够可靠自主地显示独立指定的内容，并且能智能地处理各种异常情况。可实时播放视频节目，也可用来举行重要会议和发布重要信息。

（4）PDP 触摸屏显示控制器。PDP 触摸屏显示控制器控制车站播放的视频。不对屏进行触摸操作时，正常滚动显示来自车站服务器的信息；对屏触摸操作时，能实时互动地显示来自车站服务器的信息。

（5）PDP显示屏。等离子显示器由两片玻璃组成，其内部有接近一百万个像素。这些像素含有载满气体的微小蜂窝，而蜂窝顶部及底部均附有电极。有电流通过时，气体电离后产生紫外线从而激发红绿及蓝色荧光粉，使其放射出可见光线，形成色彩鲜艳夺目的影像。

（6）LED显示屏。LED显示屏可用来显示文字、计算机屏幕同步的图形。它具有超大画面、超强视觉、灵活多变的显示方式等独具一格的优势，成为目前国际上使用广泛的显示系统，被广泛应用于金融证券、银行利率、商业广告、文化娱乐等方面。它色彩丰富、显示方式变化多样（图形、文字、三维、二维动画、电视画面等）、亮度高、寿命长，是信息传播设施划时代的产品。用于制造显示屏的发光二极管有单管、矩阵块、像素管三种规格，可以满足不同使用场合的要求。

3. 网络子系统

网络子系统是指地铁主干通信网提供给PIS系统的通道，该通道用来传输从OCC到各车站的各种数据信号和控制信号。

中心局域网、广告中心局域网、车站局域网都是通过网络交换机连接本局域网内的各种设备，再由交换机经硬件防火墙设备连接至传输网上。

4. 广告子系统

PIS的广告子系统设置在地铁大厦中。广告子系统主要提供直观方便的用户界面，供业务人员/广告制作人员制作广告节目（如广告片、风光片和宣传片，并可承接地铁以外的一些广告制作），编辑广告时间表，控制指定的显示屏或显示屏组播放显示指定的时间表，并将制作好的素材经审核通过后通过网络传输到控制中心和各车站进行播出。

广告子系统主要包括：图像存储服务器（可无限扩容）、非线性编辑设备（用于节目的串编）、视频合成工作站（用于高端广告片、形象片的制作）、数字编辑录像机、数字编辑放像机、数字/模拟摄像机网络系统、合同管理软件系统和屏幕编辑预览系统等。

5. 车载子系统

PIS的车载子系统是指车辆段、地铁沿线、列车上的PIS设备。主要包括车辆段PIS监控站，车辆段和车站PIS数字视频发送设备、无线集群通信系统（通信专业提供）、车载PIS数字视频接收设备、车载LCD/LED显示控制器。

目前，已经应用的PIS车载系统获取信息的来源通常有三种方法：一是在列车上播放预先录制节目的DVD光盘，主要是广告信息；二是在固定的地点（如车辆段）通过有线或无线的方式向列车传输信息，行驶过程中列车PIS系统可播放这些信息；

三是通过车载无线集群系统向列车传送信息，该方式可保证信息的实时性，如天气预报、文字新闻、其他信息等。

随着数字电视技术（DVB）的发展，采用移动数字电视技术进行数字化的视频图像接收成为可能。在不久的将来，这样的系统也可用于轨道交通的车载PIS系统。

二、PIS系统功能

1. 地铁PIS系统总体功能

PIS系统在正常情况下，提供列车时间信息、政府公告、出行参考、股票信息、广告等实时多媒体信息；在火灾、阻塞、恐怖袭击等情况下，提供紧急疏散指示。具体功能有：紧急疏散功能；广告播出功能；多区域屏幕分制功能；实时信息的显示功能；时钟显示的功能；终端显示屏的广泛兼容性；定时自动播出的功能；多语言支持功能；显示列车服务信息；集中网管维护功能；全数字传输功能；广播级的图像质量；灵活多样的显示功能。

2. 系统支持的信息类型

（1）紧急灾难信息：火警、台风警报、洪水警报等；紧急站务警告信息，如停电、停止服务等；有关乘客人身安全的临时信息，如乘车安全须知；逃逸、疏散方向指示，如紧急出口的指示。

（2）列车服务信息：列车时刻表；列车阻塞等异常信息；下班车的到站、离站时间；特别的列车服务安排信息。

（3）乘客引导信息：动态指示信息；逃逸、疏散方向指示；地铁服务终止通告；换乘站换乘信息；地面交通指示信息。

（4）一般站务信息和公共服务信息：日期和时钟信息；票务信息；公益广告信息；天气、新闻、股市等信息；地面公共交通汽车交通信息；公安提示（如当心扒手）。

（5）商业信息：视频商业广告；视频形象宣传片；图片商业广告；文字商业广告；各类分类广告。

3. 信息显示的优先级

地铁乘客信息系统建设的根本目的是确保乘客快速安全地到达其目的地，在保证安全运营的基础上，可以向乘客提供各类的信息服务，以及通过乘客信息系统提供的信息发布平台进行商业广告的运作。按照要求，信息显示的优先级规则为信息类型的优先级按照如下顺序递减：紧急灾难信息、列车服务信息、乘客引导信息、一般站务信息及公共信息、商业信息。规定：低优先级的信息不能打断高优先级信息的播出；高优先级的信息可以中断低优先级信息的播出；同等优先级的信息按设定的时间播出列表顺序播出；紧急灾难信息为最高优先级信息，发生紧急情况时可终止和中断其他所有优先等级的信息。

4. 媒体信息的显示方式

乘客信息系统采用了先进的图文处理技术，支持多种文字、图片、视频的显示方式，画面显示风格多样，同时支持同屏幕多区域的信息显示方式，极大地增加了各类信息的播出量，满足了不同乘客对不同信息的需求。显示方式有文本显示、动画和图像显示、视频播放、时钟显示。

第八节　低压配电与照明系统

一、地铁供电系统概述

地铁供电系统是地铁的动力能源，负责为地铁列车和动力照明负荷提供电源。它不仅要保证为电力用户提供安全、可靠、经济的电能，还要保证地铁的安全、正常运营，防止各类电气事故和灾害的发生。从系统组成上一般包括电源系统、牵引供电系统、动力照明系统和电力监控系统等。

二、低压配电及照明系统的组成及功能

低压配电及照明系统可分为照明和低压配电两个子系统。

1. 照明系统组成

车站照明系统采用 380 V 三相五线制、220 V 单相三线制方式供电。系统范围为车站降压所变压器后的照明设备、设施及线路。大致包括站台、站厅公共区的一般照明、节电照明（包括站名牌标示照明）、事故照明（包括疏散诱导指示照明）、广告照明和设备及管理用房的一般照明、事故照明；出入口的疏散诱导指示照明、一般照明与事故照明；电缆廊道的一般照明及区间隧道的一般照明、事故照明。

原则上在车站站台、站厅的两端各设置一照明配电室，室内集中安装各类照明配电控制箱。在站台两端各设置一事故照明装置室，室内安装一套事故照明装置。一般照明、节电照明、设备及管理用房照明的电源，分别在降压所的低压柜两段母线上各馈出一路电源，与照明配电室的两个配电箱连接，以交叉供电方式，向站台、站厅、设备及管理用房供电。事故照明电源是由低压所的低压柜两段母线上各馈出一路电源，经事故照明装置再馈出至各照明配电室的事故照明配电箱后配出。站台、站厅及人行通道的疏散诱导指示照明由事故照明配电箱配出单独回路供电。广告照明及其他各类

照明（区间隧道一般照明除外）也均由照明配电室配电箱配出。区间隧道一般照明由设在站台两端隧道人口处区间隧道一般照明箱配出。

事故照明及疏散诱导指示照明，正常时采用 380 V/220 V 交流电源供电，由两路 380 V/220 V 交流电源自降压所的低压配电柜两段母线上，各馈出一路电源至事故照明装置后配出。事故照明装置带有蓄电池，当进线电源交流失压后，装置电源切换柜自动切换为蓄电池 220 V 直流电源向外供电；当进线恢复供电后，又自动切换为交流向外供电。车站照明系统可分为三级控制：分别是就地级控制、照明配电室集中控制、站控室集中控制。

2. 低压配电系统组成

车站低压配电系统采用 380 V 三相五线制、220 V 单相三线制方式供电。它为站台、站厅和设备及管理用房的环控、排水、消防、电梯、自动扶梯、自动售检票及通信、信号、站控室等系统设备供配电和车站环控室内供配电设备的电控控制。

根据用电设备的不同用途和重要性，车站用电负荷分为三级。一级负荷：包括通信系统、信号系统、火灾报警系统、气体灭火系统、机电设备监控系统、屏蔽门、消防泵、废水泵、雨水泵、防淹门、站控室、事故风机及其风阀等；二级负荷：包括非事故类风机及风阀、污水泵、集水泵、扶梯、电梯、轮椅牵引机、自动售检票设备、民用通信电源、维护电源及冷水机组油加热器等；三级负荷：包括冷水机组、冷冻水泵、冷却水泵、冷却塔风机、电开水器、清扫电源等。

低压配电系统的控制位置及控制方式有以下几方面，分别为：

（1）对通信、信号、站控室、废水泵、电梯、自动扶梯等由降压所直接供配电的各系统设备，低压配电系统提供电源至各设备附近的配电箱或电源切换箱，工作人员可在降压所或设备附近的配电箱或电源切换箱上对各设备作电源通断或切换操作控制。

（2）对冷水机组及 FAS 系统相关设备（如风阀、防火阀、防火卷帘门、挡烟垂幕、CO_2 系统等）及 EMCS 系统、AFC 系统等由环控电控室直接供配电的设备，低压配电系统提供电源至各设备附近的配电箱或电源切换箱，工作人员可在环控电控室或设备附近的配电箱或电源切换箱上对该设备作电源通断或切换操作控制。

（3）对环控电控室直接控制的环控设备（如空调机、风机等），采用三地控制方式，即就地控制（设备附近）、环控电控室控制及站控室控制（通过 EMCS 系统控制）。

（4）自动扶梯正常时由现场控制，事故状态下可在站控室内按动应急停机按钮停止所有自动扶梯运行。

3. 系统主要设备配置及功能

（1）环控电控柜（开关柜、控制柜、继电器柜）：安装于车站环控电控室内，提供环控电控室直接供配电设备所需的电源，实现环控设备的电气控制及距离操作控制。

（2）环控设备就地控制箱：安装于车站各环控设备附近，用于维护调试各环控设备时的就地控制操作。

（3）防淹门控制柜：安装于过江隧道两端防淹门控制室及车站站控室，用于防淹门的操作控制。

（4）雨水泵控制柜：安装于地下隧道入口处雨水泵控制室内，用于地下隧道入口处雨水泵运行控制。

（5）废水泵、污水泵、集水泵控制箱：安装于车站废水泵、污水泵、集水泵用电设备附近，用于废水泵、污水泵、集水泵运行控制。

（6）区间隧道维护电源箱：安装于正线区间隧道内，约80 m设1台，提供隧道内设备维护作业时所需的电源。

（7）电源配电箱、电源切换箱：安装于车站各动力用电设备（如自动扶梯、水泵、信号设备、通信设备、自动售检票设备）附近，提供设备所需电源。

（8）防火阀（DC24 V）电源配电箱：安装于车站防火阀相对集中处附近，将AC220 V整流为DC24 V电源，提供给防火阀关闭电磁阀动作所需电源。

（9）自动扶梯应急停机按钮：安装于车站站控室内，用于在发生紧急状况（如火灾）时自动扶梯应急停机控制。

（10）灯具、照明电源：安装于车站各照明场所，用于车站各照明场所照明、疏散指示。

（11）灯塔：安装于车辆段内，用于车辆段内空旷区域照明。

（12）一般照明控制就地开关（翘板开关）盒：安装于各设备及管理用房门口处，用于各设备及管理用房一般照明就地控制。

（13）照明配电箱、照明控制盘：安装于各车站照明配电室、站控室和部分设备房，用于集中控制相应场所的一般照明、节电照明、事故照明及广告照明，实现照明配电室集中控制和站控室集中控制操作。

（14）事故照明电源装置：包括充电柜、交直流电源切换柜和蓄电池，安装于车站站台蓄电池室，实现蓄电池充电和事故照明电源交直流切换，为车站提供事故状态下的应急照明电源。

第九节 车站及机电布置设备

城市轨道交通建筑，是为城市轨道交通服务的各类建筑总称，包含车站、指挥控制中心和综合车辆基地三大类型。

一、分类

（一）地铁

地铁（railway 或 subway）是地下铁道的简称，一般是指建设在城市中，单向高峰小时客运量在 3 万~6 万人次以上的轨道交通系统，并不局限于地下运行，但必须享有专用路权，适合大中城市建设，也称"大容量轨道交通系统""城市铁路"或"快速轨道交通系统"。

（二）轻轨

轻轨是介于有轨电车和地铁之间的城市轨道交通系统，单向高峰小时客运量在 0.6 万~3 万人次，不必享有专用路权，适合大中城市的边缘集团、区域内交通或中小城市的骨干交通系统。现在的许多新型轨道交通系统可纳入轻轨范畴，如跨座式单轨、磁悬浮系统等。

（三）有轨电车

有轨电车是使用电力牵引、轮轨导向、单辆或多辆编组运行在城市路面线路上的低运量轨道交通系统。一般单向高峰小时客运量在 0.6 万人次，在城市路面上运行时，可以有专用路权，也可以与其他交通方式混行。

二、车站定义

车站是乘客集散的主要设施，是连接其他交通设施的枢纽或接口的重要组成部分，承担轨道交通运行，对城市发展有一定促进作用。

不同轨道交通系统车站的复杂程度不同，根据不同的系统制式，车站的规模和复杂程度存在较大差异，以地铁、轻轨和特殊制式轨道交通车站最为复杂，需纳入专门的交通建筑类别。

有轨电车车站的设计，可参照快速公交或一般公交车站进行设计。

三、车站功能组成

1. 地铁车站建筑根据功能，主要分为车站公共区和设备用房区，公共区主要供乘客使用，设备用房区主要满足车站运营相关功能和内部管理使用。

2. 轻轨车站的功能组成较为简单，只需提供供乘客候车和乘降使用的站台，以及供乘务人员使用的值班室等设施，满足基本的乘降功能。

表6-1 车站主体功能一览表

分类	组成	说明
公共区	出入口及通道	乘客进出车站的通路
	站厅公共区	乘客完成售检票到达乘车区及出站的区域
	站台公共区	乘客上下列车的区域
设备管理区	管理用房区	为地铁管理人员提供的办公、休息区域
	设备用房区	为地铁运营提供通风、供电、通信、信号等设备放置的区域
	风道及风亭	由通风机房延伸至地面,满足车站及区间通风、排烟要求的区域
	其他附属设施	无障碍电梯井、冷却塔等

续表

表6-2 不同类型的轨道交通车站特点

项目	地铁及特殊制式轻轨	无专用路权轻轨及有轨电车
出入口及通道	需设置专门的出入口地下通道或高架桥	一般与城市过街系统合用
乘客售检票设施	需设置专门的站厅供乘客进出站使用,售检票系统设置在站厅内	可与站棚结合设置或设在车上
站台	需设置专门的封闭站台公共区	一般站台区域可不封闭或部分封闭
管理用房和设备用房	需独立设置,并满足运营管理要求	一般不需要设置
建筑类型	需专门设计,遵守专用建筑设计规范	快速公交或一般公交车站

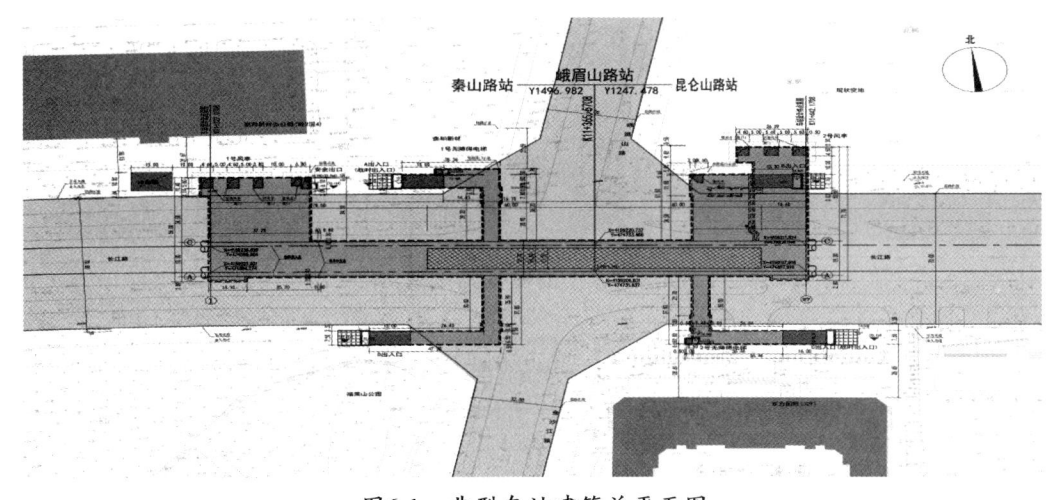

图6-1 典型车站建筑总平面图

四、车站的分类

1. 按运营功能进行分类,可分为中间普通站、中间配线站、尽端折返站、换乘站。
2. 按车展站台形式可分为侧式、岛式、组合式等。

图6-2 车展站台形式示意图

3.按线路敷设形式分类可分为地下站、地面站、高架站。

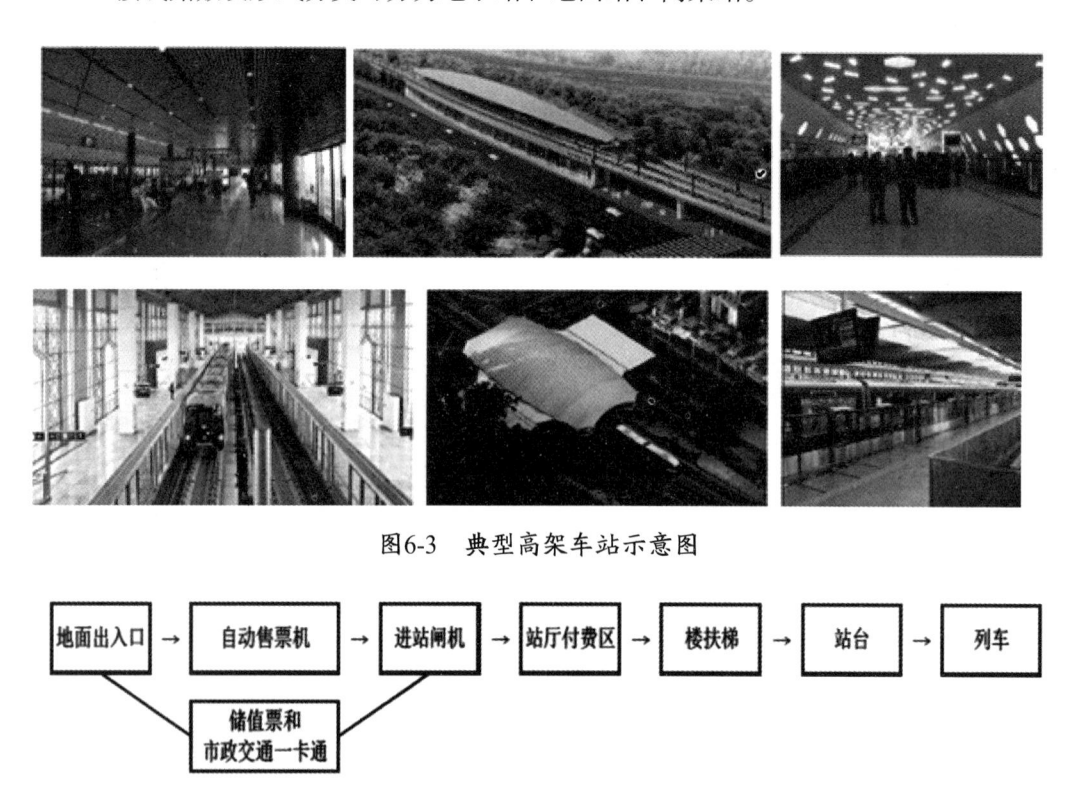

图6-3 典型高架车站示意图

图6-4 典型车站进出流线图

五、车站规模

车站规模是指车站建筑面积的大小，其主要影响因素有车辆选型、列车编组、客流预测、服务标准、设备系统及管理用房等。

表6-3 影响车站规模的因素

主要因素	说明
车辆选型	车辆采用不同车型的限界不同,从而影响车站宽度及高度的规模控制
列车编组	列车编组不同,直接影响车站长度方向的规模控制
客流预测	客流预测量直接影响侧站台、站台宽度,同时也影响车站各部位楼扶梯的宽度
服务标准	如站台至站厅或出入口是否设置上下行扶梯,将直接影响车站主体和附属设施的规模
设备系统	车站通风、供电等系统的选择直接控制车站主体及附属设施规模
管理用房	车站管理用房的数量及面积要求直接控制车站主体规模

六、客流与车站规模的关系

1. 车站各部位的规模

一般按高峰期1小时内的预测客流量控制,通常以早、晚高峰的客流量取较大者乘以超高峰系数进行计算获得。

2. 侧站台宽度

车站的侧站台宽度应该能够满足乘客候车及上下车客流交换的需要,因此需要通过早晚或控制时段高峰小时上车、下车的客流量计算,确定车站侧站台的宽度。

3. 楼扶梯宽度及数量

选定布局后,需要验算楼扶梯的通行能力是否同时满足正常状态下乘客上下车及事故状态下乘客疏散的需要,验算时楼扶梯宽度及数量应按上述两个状态的计算取值较大者作为控制条件。在这一计算中,车站高峰小时上下车客流量、进站断面的流量起决定作用。

4. 站台宽度

站台宽度主要由侧站台、楼(扶)梯、柱子及屏蔽门等因素决定。

5. 出入口通道宽度

出入口通道的宽度及楼扶梯数量,应满足正常状态下不同方向客流的进出站需要,并满足事故状态下的疏散需要。因此分向的进出站客流、高峰小时上下车客流量、进站断面的流量,将控制车站出入口通道的规模。

6. 换乘通道

换乘通道应满足换乘客流通行的需要,因此不同工况下换乘客流量将控制换乘通道的规模。

七、站厅的组成

站厅也称车站大堂，主要供乘客进出站，完成售票、检票的整个过程，内部布置售票、检票设施、乘客服务设施和垂直交通设施等，一般设在站台上方、下方，或贴邻站台，并应集中布置。

（一）付费区

付费区是供乘客检票后使用的站厅公共空间，应保持与非付费区的完全分隔。付费区内不宜布置与乘客集散功能无关的商铺等设施。

付费区隔离栏杆上应考虑乘客紧急疏散和消防救援设备使用的平开栅栏门。

（二）非付费区

非付费区是乘客进站安检、售检票和出站疏散的区域。

非付费区应便于运营管理，具有一定封闭的空间。

站厅非付费区内通常还布置电话、自助售票机、商铺等供乘客使用，但这些辅助设施不能布置在影响疏散的区域。

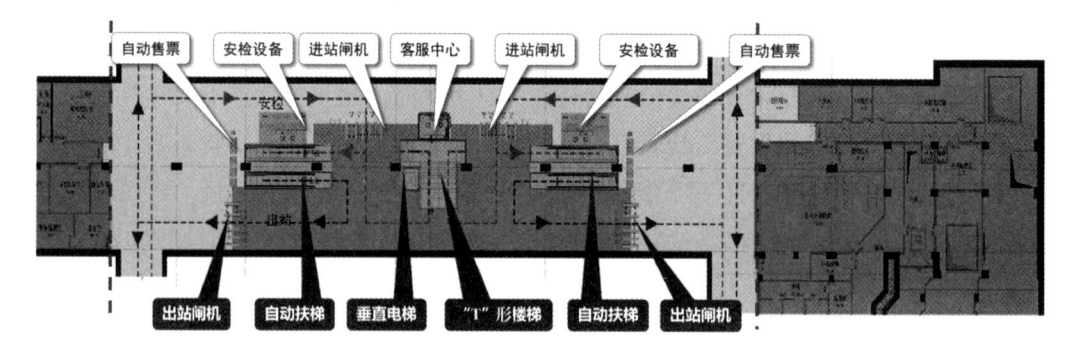

图6-5 典型车站公共区布局

（三）地下车站站厅布置主要形式

（1）贯通式站厅

这是最为常用的站厅布置方式，站厅设在地下一层。

（2）分离式站厅

站厅设在地下一层，每个站厅设置一组楼梯。

（3）分区式站厅

站厅设在地下一层，多组楼（扶）梯沿纵向布置，由自动售票、检票系统和栅栏划分为多个付费区或非付费区。

（4）站厅与地下商业街连通（一体化布置）

站厅设在地下一层。站厅加宽后作为多功能地下人行过街通道，在多处设有出入口，地铁站厅实际为地下开发的一部分。

（5）地面和高架车站站厅平面

布置站厅设在地面，用检票机群划分付费区和非付费区，付费区分为两个分区。

（四）站厅内乘客服务设施

（1）售票机械

自动售票机布置在乘客进站流线上，前部应留有一定的排队的空间。自动售票机背面与墙面的距离应满足工艺要求。

（2）检票闸机、售票亭和乘客服务中心

1）检票闸机

2）售票亭及乘客服务中心

售票亭内设置半自动售票机、查询机等设施，平时兼顾乘客问询处，部分城市独立设置乘客服务中心。

八、站台的组成

轨道交通车站站台由乘客乘降区、乘客集散区和垂直交通设施构成。

表6-4 站台平面布置形式

站台类型	设置适用条件
侧式	进出站楼梯设在中央，设备用房设在站台端部
鱼腹岛式	进出站楼梯设在中央最宽处，机电用房设在站端
双跨式	较为常用，多用两跨结构，多组楼梯沿纵向布置，机电用房设在端头内
跨岛式	较为常用，多用两跨结构，多组楼梯沿纵向布置，机电用房设在端头内
分离岛式	有粗大塔柱，侧站台要适当加宽，使用自动扶梯
组合式	多种类型的站台组合使用，可作为终点站和中间折返站，站台间通过站、厅、天桥或地道连接
喇叭岛式	一般布置在线路不平行的曲线上，多组楼梯沿纵向布置，机电用房设在两端

九、站台设施

（一）站台门（屏蔽门与安全门）

站台门是指在站台上以玻璃幕墙的方式包围轨行区与列车上落空间的装置。列车到达时，再开启玻璃幕墙上电动门供乘客上下列车，依据空调系统的不同要求分为安全门与屏蔽门两类。

近年为保证乘客及时安全疏散，国内轨道交通车站采用站台门较多。

（二）车站楼（扶）梯

（1）车站楼（扶）梯的布置原则

车站楼扶梯应对应列车停靠位置均匀布置，一般 2～3 节车厢对应布置一组楼（扶）梯。

车站楼（扶）梯布局时，前部应留有一定的集散空间，保证乘客顺利集散。

对于站台上横向流动乘客较多的站台，一般在楼梯侧面应留有通行空间。

（2）车站楼扶梯设置数量的验算

自动扶梯和楼梯总数及总宽度的计算，以出站客流乘自动扶梯向上到达站厅考虑。

十、管理用房

1. 车站管理用房由车站管理用房、车站生活和仓储用房、线路运营用房等组成。
2. 车站管理用房一般集中在车站某一部位，互相靠近，以压缩规模、防灾和便于管理。
3. 轨道交通车站内部管理用房与各城市运营管理企业内部体制相关，各条线路总体技术有详细需求。
4. 各城市轨道交通运营单位管理机构、管理办法不同，车站行车、管理、技术用房组成内容和面积也不同。

十一、设备用房

车站设备用房一般按各系统工艺要求，布置在车站两端相应的部位。车站设备用房组成根据各条线路总体设计技术要求设置。

十二、附属建筑组成

轨道交通车站一般由车站主体和车站附属设施组成，地下车站附属设施由出入口、风道、紧急疏散出口、无障碍电梯厅、冷却塔、电阻小室等构成；地面和高架车站则主要是指附属设备用房建筑和进出站天桥等进出站设施。

十三、换乘车站

换乘车站是指在地铁线网中，两条或多条线路相交时，各线路设置相互连通的供乘客转乘其他线路的车站。

车站间的换乘形式，可划分为节点换乘、同台换乘、通道换乘，节点换乘包括十字换乘、T形换乘、L形换乘；同台换乘包括叠摞平行换乘、平行双岛同台换乘；通道换乘包括单通道换乘、多通道换乘等。

表6-5 几种主要换乘形式

换乘形式			特点
节点换乘	十字换乘	岛岛换乘	岛式站台与岛式站台相互换乘，上层是岛式站台
		侧岛换乘	侧式站台与岛式站台相互换乘，上层是侧式站台
		岛侧换乘	岛式站台与侧式站台相互换乘，上层是岛式站台
		侧侧换乘	侧式站台与侧式站台相互换乘，上层是侧式站台
	T形换乘		上层站台中央与下层站台端部换乘
	L形换乘		上下层站台都在端部相交换乘
同台换乘	叠摞平行换乘		站台双层重叠布置，同方向（或反方向）同站台换乘
	平行双岛同台换乘		单层双站台同站台同方向换乘
通道换乘	单通道换乘		两个车站站厅用单个换乘通道连接付费区
	多通道换乘		两个车站站厅用两个以上换乘通道连接付费区

十四、常见开发方式及特点

地铁地下空间的综合开发和一体化建设，对土地资源集约利用、提升地下空间价值等方面起积极作用。常见地下空间开发方式及特点如下：

1.利用地铁车站富余空间综合开发明挖施工的地下轨道交通车站，为减少回填，利用明挖施工后富余覆土空间，把地下轨道交通车站建成多层、多功能、综合性的地下综合设施，车站内部空间局部进行地下综合利用。

此类开发一般不刻意扩大开挖深度和范围。开发部分的出入口、通风设施、各种设备用房与地铁车站相应设施应独立设置，不应合设。

2.车站与地下商业街及建筑物地下空间连通或结合。此种连接方式俗称一体化，是轨道交通与城市地下空间开发的趋势。

此类开发的商业部分与地铁部分的防灾疏散必须完全分开，内部设备独立设置，防灾信息应互通，地铁部分对外应有独立的出入口，并保证在地下商业停止营业后地铁的独立使用权。

十五、指挥控制中心

轨道交通指挥中心是集中、智能的城市轨道交通网络化运营、管理平台，融合了轨道交通网络化管理的现代理念，一般以线路控制中心集中设置的方式进行建设。

轨道交通指挥中心的建设，将分散设置的各线路控制中心（OCC）集中整合，并在其基础上建立网络化的指挥中心（TCC）、清算管理中心（ACC），保证了轨道交通指挥控制系统的协调统一、信息共享,打造控制中心的统一规划、分期实施的格局。

指挥控制中心的选址应方便地铁线路信息电缆的引入,距离地铁车站较近或有可实施的路由。

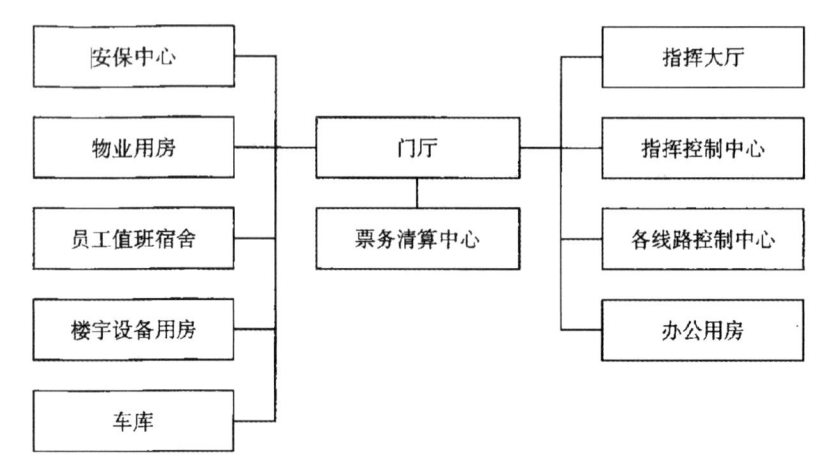

图6-6 轨道交通指挥中心结构图

十六、综合车辆基地

轨道交通车辆基地是地铁车辆停放、检查、整备、运用和修理的管理中心所在地。除承担全线车辆的运用、检修工作外,尚配有负责全线机电设备等维修的维修中心、负责物资的管理及存放的材料总库和职工技术培训中心等。

车辆基地主要负责车辆的运用及检修,主要功能如下。

1. 车辆停放及日常保养功能:地铁列车的停放和管理,司乘人员每日出、退勤前的技术交接,对运用车辆的日常维修保养及一般性临时故障的处理,车辆内部的清扫、洗刷及定期消毒等。

2. 车辆的检修功能:依据地铁列车的检修周期,定期完成对地铁列车的月修、定修、架修和厂修任务。

3. 列车救援功能:列车发生事故(如脱轨、颠覆)或接触轨中断供电时,能迅速出动救援设备起复车辆,或将列车迅速牵引至临近车站或地铁车辆基地,并排除线路故障,恢复行车秩序。

4. 设备维修功能:对地铁各系统,包括供电、环控、通信、信号、防灾报警、自动售检票、给水排水、自动扶梯等机电设备和房屋、轨道、隧道、桥梁、车站等建筑物进行维护、保养等。

根据承担功能、任务范围不同,车辆基地一般划分为车辆段和停车场,其中车辆段又划分为定修车辆段和厂架修车辆段。

1. 停车场主要配备停车列检库等设施，停放规模超过 12 列车时设置洗车库和月修库、临修库等必要的检修设施。根据线路长度，有必要时可设置镟轮库。

2. 定修车辆段在停车场的基础上，设置定修库、临修库和静调库、吹扫库等，并设试车线。

3. 厂架修车辆段在定修车辆段的基础上，增加了架修库、油漆库等车辆检修设施。

第七章 城市轨道交通运输能力

第一节 运输能力基本概念

为了实现运输生产过程,完成客运任务,轨道交通系统必须具备一定的运输能力。相对其他城市交通方式而言,城市轨道交通具有较强的运输能力。然而,如何计算系统能力,如何发挥城市轨道交通系统的综合效率,都需要进行仔细研究。目前,城市轨道交通系统运输能力的概念理论还不够成熟和系统。不同教材中阐述的概念理论有两种基础理论来源:铁路运输组织系统和城市道路交通系统,而两者并没有达成高度的一致,还没有从生产实际需要及运输组织优化的角度形成深入系统的研究成果。

运输能力是城市轨道交通系统最重要的参数。运输能力计算涉及系统设计、扩展、改建、舒适性设计及系统在不同时期内的发展。概括地说,包括以下方面的内容:新建及扩展项目的规划与运营分析;运输线路的评价;环境影响研究;新的信号与控制技术的评估;系统能力与运营随时间变化的估计;交通系统期望显著改善条件下,土地开发对能力的影响评估。

城市轨道交通系统的运输能力主要是指某线路上、某一方向、一小时内所能输送的总旅客数。运输能力是通过能力和输送能力的总称。运输能力的大小主要取决于固定设备、移动设备、技术设备的运用、行车组织方法和行车作业人员的数量、技能水平。

一、通过能力

1. 通过能力的概念

通过能力是指在采用一定的车辆类型和一定的行车组织方法条件下,轨道交通线路的各项固定设备在单位时间内(通常是高峰小时)所能通过的最大列车数。研究影响通过能力的因素,通过能力的计算和提高,通过能力的途径、措施等问题,对于新线设计和既有线的日常运能安排、扩能技术改造,都具有重要的理论和实践意义。

在实际工作中,通常还把通过能力分为设计通过能力、现有通过能力和需要通过能力三个不同的概念。设计通过能力是指新建线路或技术改造后的既有线路所能达到的通过能力；现有通过能力是指在现有固定设备、现有行车组织方法条件下，线路能够达到的通过能力；需要通过能力是指为了适应未来规划期间的运输需求，线路所应具备的包括后备能力在内的通过能力。

通过能力的正确计算和合理确定，在轨道交通系统的新线规划设计、日常运输能力安排及既有线路改造过程中都是一个重要的问题。

2. 通过能力的限制因素

（1）地铁、轻轨的通过能力主要按照固定设备进行计算

线路：其通过能力主要决定于信号系统的构成、列车运行控制方式、车辆的技术性能、进出站线路的平面和纵断面情况、列车停站时间标准和行车组织方法等。

列车折返设备：其通过能力主要决定于车站折返线的布置方式、信号和连锁设备的种类、列车在折返站停站时间标准，以及列车在折返站内运行速度。

车辆段设备：其通过能力主要决定于车辆的检修台位、停车线等设备的数量和容量等。

牵引供电设备：其通过能力主要决定于牵引变电所的座数、容量等。

（2）市郊铁路的通过能力主要按照固定设备进行计算

区间：其通过能力主要决定于区间正线数、区间长度、线路的平面和纵断面情况、信号系统的构成和机车类别等。

车站：其通过能力主要决定于车站到发线数咽喉道岔的布置等。

机务段设备和整备设备：其通过能力主要决定于电力和内燃机车的定修台位、段内整备线等设备的数量和容量。

牵引供电设备：其通过能力主要决定于牵引变电所和接触网等。

根据以上各项固定设备计算出来的通过能力，一般是各不相同的，其中通过能力最小的设备限制了整个线路的通过能力，因此，该项设备的通过能力即为线路的最终通过能力。由此可见，通过能力实质上取决于固定技术设备的综合能力，所以各项固定设备的能力力求相互匹配，避免造成某些设备的能力闲置。

在影响城市轨道交通线路通过能力的诸多因素中，权重最大的是列车运行控制方式和列车停站时间。列车运行控制方式是指列车运行间隔、速度的控制方式和行车调度指挥的方式，取决于采用的列车运行控制设备类型。

由于城市轨道交通车站一般不设置配线，列车只能在车站正线停车办理客运作业，致使列车追踪运行经过车站时的间隔时间远大于列车在区间追踪运行时的间隔时间。因此，列车停站时间是限制城市轨道交通线路通过能力的又一主要因素。

二、输送能力

输送能力是指在一定的车辆类型、固定设备和行车组织方法的条件下，按照现有移动设备的数量、容量和乘务人员的数量，轨道交通线路在单位时间内（通常是高峰小时）所能运送的乘客人数。

输送能力是衡量轨道交通技术水平与服务水平的重要指标。通过能力与输送能力的关系为通过能力从固定设备的角度确定线路所能开行的列车数，输送能力则是从移动设备与行车作业人员配备的角度确定线路所能运送的乘客人数。

输送能力以通过能力为基础，输送能力是运输能力的最终体现。在通过能力一定的条件下，线路最终输送能力还与车站设备（如站台、售检票设备、楼梯、通道和出人口等）的设计容量或能力存在密切关系。

第二节　运输能力的影响因素

一、线路能力

线路能力是指在采用一定的车辆类型、信号设备和行车主旨方法条件下，城市轨道交通系统线路的各项固定设备在单位时间内（通常是高峰小时）所能通过的列车数。线路能力主要取决于最小列车间隔和车站停留时间。在设计能力中，最小列车间隔与闭塞分区长度、信号系统参数、列车长度、交叉口和折返影响有关，而列车在车站的停留时间则与站台高度、车门数量与宽度、验票方式及车站能力限制有关。

1. 最小列车间隔

一般情况下，城市轨道交通线路上的列车通常是采用追踪运行方式。所谓追踪运行方式，是指在线路的同一个方向上、同一个区间中，可以有两列及以上的列车运行，彼此之间以闭塞分区作为间隔。追踪运行的两列车在运行过程中互相不受干扰的最小列车间隔时间称为追踪列车间隔时间。

（1）列车控制系统和闭塞区间长度的影响

运输能力主要涉及线路采用的列车运行控制系统及相应的闭塞区间长度。目前，国内大部分城市轨道线路采用 ATC 系统。ATC 系统通过车载设备、轨旁设备、车站和控制中心组成的控制系统完成对列车运行的控制。通过调节列车运行间隔和运行时分，实现列车运行的安全高效和指挥管理有序。按闭塞制式，城市轨道交通 ATC 可分为：

固定闭塞 ATC 系统、准移动闭塞 ATC 系统和移动闭塞 ATC 系统。

1）固定闭塞 ATC 系统。固定闭塞将线路划分为固定的闭塞分区，不论是前后列车的位置还是前后列车的间距，都是用轨道电路等来检测和表示的，线路条件和列车参数等均需在闭塞设计过程中加以考虑，并体现在地面固定区段的划分中。固定闭塞的闭塞分区长度是按最长列车、满负载最高速度、最不利制动率等不利条件设计的，分区较长，且一个分区只能被一列车占用，不利于缩短列车运行间隔。

此外，由于列车定位是以固定不变的分区为单位的，系统只识别列车在哪个闭塞分区中。因轨道电路传输的信息量有限，难以实现对列车运行速度的实时连续控制，所以固定闭塞的速度控制是分级的，即速度划分为若干等级。因此，固定闭塞 ATC 系统下列车运行间隔较长。北京地铁 1 号线、13 号线和上海地铁 1 号线均采用固定闭塞 ATC 系统。

2）准移动闭塞 ATC 系统。准移动闭塞在控制列车的安全间隔上比固定闭塞更加进步。它采用报文式轨道电路辅之环线或应答器来判断分区占用并传输信息，信息量大；可以告知后续列车继续前行的距离，后续列车可根据这一距离合理地采取减速或制动，列车制动的起点可延伸至保证其安全制动的地点，从而可改善列车速度控制，缩小列车安全间隔，提高线路利用效率。但准移动闭塞中后续列车的最大目标制动点仍必须在先行列车占用分区的外方，因此它并没有完全突破轨道电路的限制。

基于 ATC 系统的准移动闭塞的列车追踪间隔和列车控制精度除取决于线路特性、停站时分、车辆参数外，还与 ATP/ATO 系统及轨道电路的特性密切相关，如闭塞分区的长度、地—车传输信息量的多少、轨道电路分界点（或计轴点）的位置等。准移动闭塞的列车控制系统的最小追踪间隔一般可达到 90s。与固定闭塞相比，列车运行间隔缩短。广州地铁 1 号和 2 号线、南京地铁 1 号线、上海地铁 2 号和 3 号线等都采用的是准移动闭塞 ATC 系统。

3）移动闭塞 ATC 系统。移动闭塞可借助感应环线或无线通信的方式实现。早期的移动闭塞系统大部分采用基于感应环线的技术，即通过在轨间布置感应环线来定位列车和实现车载计算机（VOBC）与车辆控制中心（VCC）之间的连续通信。而今，大多数先进的移动闭塞系统已采用无线通信系统实现各子系统间的通信，构成基于无线通信技术的移动闭塞。

基于通信的列车控制（Communications Based Train Control，CBTC）实现了车—地之间双向、大容量的信息传输，达到连续通信的目的，在真正意义上实现了列车运行的闭环控制。当列车和车站一开始通信，车站就能得知所有列车的位置，能够提供连续的列车安全间隔保证和超速防护，在列车控制中具有更好的精确性和更大的灵活性，并能更快地检测到故障点。而且，移动闭塞可以根据列车的实际速度和相对速度来调整闭塞分区的长度，尽可能缩小列车运行间隔，提高行车密度进而提高运输能力。

通过车载设备和轨旁设备的实时交互通信，根据列车目标距离的变化实时派生列车运行速度控制曲线，可做到实时的目标距离连续速度曲线控制，实现列车的"高密度、高效率、高可靠性"运行。由于列车运行间隔较小，线路得到充分利用，列车运行平稳舒适。采用移动闭塞 ATC 系统的有上海地铁 8 号线、北京地铁 10 号线、广州地铁 4 号和 5 号线等。

（2）折返站的折返能力分析

折返站的折返能力是地铁线路能力的关键环节，中间站、终端站折返能力的大小直接影响整个系统的运输能力和效率。折返站折返形式根据完成折返作业的位置，可以分为两种：站前折返和站后折返。

站前折返指列车在中间站或者终点站利用站前渡线进行折返作业。列车折返的过程中会占用区间线路，从而影响后续列车的闭塞，并且对行车安全保障要求较高。城市轨道交通行车组织中较少采用这种折返模式，特别是当行车密度高、列车运行间隔短的条件下，一般不会采用站前折返方式。站前折返的优点在于渡线设置在站前，可以在一定程度上减少项目建设的投资，缩短列车走行的距离。

国内外的城市轨道交通通常采用站后折返的方式，即列车在中间站、终点利用站后渡线进行折返作业。这种方式站间接发车采用平行作业，不存在进路交叉，行车安全，有利于提高列车运行速度。

站前折返一般设一个岛式站台。为防止上下车人流拥挤，设计两岛一侧站台形式。中间大岛站台为乘客上车站台，两侧的站台为下车站台，小岛站台的另一侧还固定作为故障列车、火灾列车和存车之用，以便使事故列车对其他列车的影响减到最低程度。站后折返站台形式，可采用侧式站台或岛式站台，两正线间可采用 5m 线间距，这对压缩车站主体结构宽度有利。车客流各在岛式站台一侧，当采用岛式站台时，上下车站台上也不存在客流交叉问题，楼、扶梯系统减少设备投资和用电、维修、运营费用；岛式站台仅设一套，宽度相对较宽，空间较开阔，乘客不易产生压抑感。一条与出发正线连接最近的折返线折返，另一条折返线可作备用。站后折返不像站前折返受列车到站或出发的干扰，折返能力较大，较规范规定的远期最大通过能力每小时不少于 30 对列车，能力有较多储备。

2. 车站停留时间

在满足服务安全性的前提下，列车在站点停留时间越短越好，如果平均站点停留时间过长就会影响到下一趟列车，产生级联效应。城市轨道交通线路通常是采用双线，列车在区间实行追踪运行，并在每一个车站停车供乘客乘降。而为了降低车站的造价，城市轨道交通线路又一般不设置车站配线，列车是在车站正线上办理客运作业。根据行车及客运作业和车站线路设备的这种特点，列车停站时间变为影响线路能力的主要因素之一。

列车在车站的停留时间一般包括客流上、下车时间，开、关门时间，车门关闭后的等待开车时间。

车站停留时间的确定一般需要考虑以下因素：

（1）列车牵引力与车门连锁系统，主要包括列车停站前的延误和车门关闭后的延误。

（2）车门运行，指实际开关门时间加上警告时间及其他施加于车门的约束。

（3）客流量，指上、下车的平均旅客数量。在无约束条件下，某一方向上、下旅客的速率约为 0.5 m/s（每单人宽度）。

（4）车门的数量、宽度和间隔。

（5）站台周转情况。若站台过窄或出口通道较窄，站台上的拥挤会造成列车上、下乘客的延误。上、下混行时速率会进一步下降。

（6）单、双向上、下车，列车上运用某一侧的车门是正常的，不过，具有站台条件的繁忙车站可以运用两侧车门。

（7）站台的高度。车站停留时间在许多情况下是决定最小列车间隔的主导因素，而确定列车间隔的另一个因素是各种运营裕量。在某些场合下这类裕量可以附加到停站时间内，形成一个可控制的停站时间。例如，在纽约的格兰德中心站，平均停站时间是 64 s，大约为列车实际平均间隔时间 165 s 的 39%，该位置的列车最小列车间隔时间是 55 s，实际列车平均间隔减车站停留时间和最小列车间隔时间后的值为 46 s，这一结果可以被认为是一种运营裕量。现实的列车间隔还必须考虑各单个列车间的间隔因素，主要包括以下几个方面：

（1）驾驶员行为。驾驶员对系统有明显影响，直接受影响的变量包括：始发站发车延误（即使是由自动发车系统的信号控制也如此）、加减速度（后者对于手动条件下控制列车进站尤其重要）、列车间隔（期望信号、纯手动条件下的跟踪距离）、最大速度（在采用超速自动加载的紧急制动系统时尤其如此）。

（2）车辆性能。主要指牵引力大小，牵引力小的列车在全线的约束条件较多。

（3）外部干扰。共享环境（如街道、平面交叉、升降桥等）时会产生延误，从而影响间隔。

（4）时刻表恢复问题。在最小间隔下运行的系统一般没有为延误提供恢复余地。较小的间隔其实就意味着较大的运输量，如果系统没有裕量，延误就会持续到高峰期结束。

（5）车站停留时间的确定。车站停留时间影响着全部周转时间和系统的平均生产率。中间站的停留时间还影响着运行速度和服务的吸引力。更重要的是个别最小运营间隔或瓶颈处的车站停留时间还影响着系统能力。

二、列车能力分析

列车能力是每辆车载客数量与每列车编组辆数的积。通过发散系数，可以将多辆列车中负荷不均匀的情况考虑后换算为实用能力，其中，每辆车的定员受多个因素的影响，它是能力计算中需要重点研究的问题。

三、车站对能力的约束

某些情况下，车站能力约束限制了客流抵达站台及列车的效率，从而减少了可用能力。这方面的研究主要是交通供给者的任务，它需要考虑以下因素：

1. 车站能力，包括占有率的限制；
2. 站台客流限制，主要是由于出、入口的数量及宽度限制引起的；
3. 车站停留空间不足；
4. 收费系统的能力限制。收费口的设计一般应与需求匹配，包括一些特别的高峰期间采取手工售验票的方法。不过，在极特殊的场合，车站能力仍会受售票系统能力的影响。例如，轻轨系统是在旅客上车后再售票，这将影响能力。通勤轨道运输系统中的在车站检票一般被认为是一个运营问题，而非售检票问题。

四、其他能力影响分析

可用能力是设计（最大）能力和一系列现实因素的产物，这些现实因素反映了人的感觉和行为，包括特定场合下的差异（期望、文化背景、运输方法等）。在能力计算中还有许多现实因素未考虑到，例如：

1. 站立密度不是绝对的 5 人/m²，在拥挤条件下，人们可以挤得更紧；
2. 一般不可能设想多单元列车上所有车辆均同样拥挤；
3. 一些其他因素会减少列车能力，如牵引力大小、车门问题、操作者的差异。它们不仅会导致列车间隔的增大，还会增加间隔的变化幅度；
4. 最小间隔在概念上没有给运行图留出间隙，以作为恢复晚点延误的空当，它使得系统不能适应服务的变化；
5. 旅客需求在高峰期内一般也不是平均分布的，存在一些需求"波"，它们与特定的工作开始和结束时间有关；
6. 日常需求还存在一些随星期、季节、假期、天气而发生的波动，如周一与周五不同等，这增加了需求的不可预测性；
7. 客运需求是有一定弹性的，有时可以有一些拥挤和延误。它们决定了一个重要的安全阀值。

第三节 加强运输能力的措施

在一定时期内，城市轨道交通系统的运输能力通常是相对固定的。但随着城市经济的不断发展和市民出行需求的不断增加，客流则往往是呈逐年增长的态势，这样运输能力不足的问题就会逐渐凸现出来。对于特定的轨道交通线路，运能不足时可以通过增加列车缩小发车间隔。如已达到最小行车间隔时，必须采用设备改造等措施提高运输能力。因此，为了适应客流的增长，轨道交通系统应及时和有计划地采取加强运输能力的措施，提高运输能力。

一、运能—运量适应分析

在研究解决运输能力不足时，是否需要采取和何时采取提高运输能力的措施，应通过运能—运量适应分析来确定，即根据轨道交通线路的高峰小时现有运输能力能否适应规划年度高峰小时需要运输能力来确定。高峰小时需要运输能力，可根据预测的规划年度高峰小时最大断面客流量进行计算确定。

二、影响运输能力的变量

城市轨道交通系统运营过程中，影响运输能力的因素较多，主要有以下六个方面：
1. 线路：包括正线数目、路权是否专用、交通控制方式等；
2. 车辆：包括车辆定员数、最高运行速度、门数及车门宽度和座椅布置方式等；
3. 车站：包括站间距、站台高度和宽度、下车区域是否分开等；
4. 列车运行控制：包括信联闭（信号、连锁、闭塞）类型和列车自动控制系统组成等；
5. 运输组织：包括追踪列车间隔时间、列车编组辆数、列车在折返站停留时间、列车正点率、客流的时间和空间分布特征；
6. 其他交通：在路权混用和平面交叉时，其他交通的量及特点等；影响因素中最重要的是正线的数目、追踪列车的间隔时间、列车的编组辆数和车辆的定员数等。

三、加强运输能力的措施

运输能力是通过能力与输送能力的统称。在地铁轻轨等线路上，通过能力主要是由线路通过能力和列车折返能力两者中的能力较小者所决定；在市郊铁路上，通过能力主要是由区间通过能力所决定。提高运输能力的措施多种多样，各种提高运输能力的措施解决问题的内涵也不一样，但尽管如此，提高运输能力的措施大体上还是可以分为运输组织措施和设备改造措施两大类。

运输组织措施是指无须大量投资，运用比较完善的运输组织方法，更有效地使用既有技术设备，就能使运输能力达到需要水平的提高能力措施。如优化列车运行图、合理规定列车停站时间、合理组织列车折返作业、改善列车乘务制度等措施。

设备改造措施是指需要一定投资来加强技术设备的措施。随着科学技术的进步，不断地以先进的技术设备来装备轨道交通系统，以加强轨道交通运输的物质技术基础，提高运输能力。这些措施包括新建线路、改造既有线路与车辆段、采用先进的信号和列车运行控制系统及购置新型车辆等。

根据各国轨道交通的运营实践，在扩能的措施方面，提高既有线运输能力，通常运输组织措施和设备改造措施两者并用，如增加行车密度和增加列车定员来提高既有线运输能力，并以增加行车密度为主。但在线路行车密度已经很大的情况下，要较大幅度地提高运输能力，往往需要采用设备改造措施来实现。

1. 提高线路通过能力的措施

决定线路通过能力的是追踪列车间隔时间，可通过压缩列车的进站时间、加减速附加时间和停站作业时间来提高线路通过能力。

（1）修建双线或四线

在既有单线或双线基础上建成双线或四线、平行双线能大幅度提高线路通过能力，在市郊铁路的繁忙地段可修建平行双线。

（2）改造线路平、纵断面

采用该措施能提高行车速度，进而提高线路通过能力。但改造线路的平面和纵断面会受到诸如工程经济性、施工困难和影响日常行车等因素的制约。因此该措施通常在旧式有轨电车线路改造为轻轨线路时采用；而在既有轻轨或地铁线路上，则更倾向于采取用新型车辆来适应线路条件的做法。

（3）在客流较大的中间站修建侧线

采用该措施是将侧式站台变成岛式站台，单向运行列车能在站台两侧轮流停靠，这样可以缩短构成追踪列车间隔时间的列车停站时间部分，较大幅度地提高线路通过能力。该措施一般适用于郊区地面线路情况。

（4）在客流较大的中间站增建站台

该措施通常在岛式站台情况下采用，使停站列车的两侧均有站台，乘客能从两侧上、下车或上、下车分开缩短列车停站时间，提高线路通过能力。此外，在增建站台时也可根据客流需求同步修建侧线，该措施一般也适用于郊区地面线路情况。

（5）使用新型车辆

新型车辆的含义包括车辆运行性能改善和安装车载控制设备等。车辆运行性能主要包括车辆构造速度、车辆起动加速度和制动减速度等运行参数，车载控制设备主要有车载制动自动控制和车载道岔自动转换设备等，车辆运行性能改善和安装车载控制设备能提高列车运行速度，缩短追踪列车间隔时间。

（6）改进车辆设计

车辆上的新设计通常是针对缩短列车停站时间、增加车辆定员和提高乘车舒适度等进行的。如可设计制造每侧6个车门的车辆，以缩短乘客上、下车的总时间。

（7）采用先进的列车运行控制系统

采用先进列车运行控制系统能较大幅度调高线路通过能力。列车自动控制系统（ATC）由列车自动防护（ATP）、列车自动驾驶（ATO）和列车自动监控（ATS）三个子系统组成，在实践中，也有单独采用基于计算机控制的ATP子系统的情况，它的主要功能是列车的调速制动实现连续化、自动化，以达到提高列车运行速度及缩短追踪列车间隔时间的目的。

（8）改用移动闭塞

在列车追踪运行过程中，移动闭塞能使后行列车与前行列车始终保持一个自动控制程序规定的最小安全间隔距离，而不是原先固定闭塞时规定必须间隔若干个闭塞分区形成的安全间隔距离。因此，用移动闭塞取代固定闭塞，能缩短追踪列车间隔时间。

2. 提高列车折返能力的措施

在行车密度比较高的情况下，线路终点站的列车折返能力会成为限制通过能力的薄弱环节。影响列车折返能力的主要因素包括：在站后折返情况下，有出发列车驶离车站闭塞分区时间。车站为折返线列车办理调车进路时间、列车从折返线至出发站线的走行时间和图定终点站列车停站时间等；在站前折返情况下，有出发列车驶离车站闭塞分区时间、车站为进站列车办理接车进路时间、列车从进站信号机至到达站线的走行时间和图定终点站列车停站时间等。针对上述各种影响因素，折返站提高列车折返能力的措施有：

（1）增建站台

采用该措施形成岛式与侧式站台的组合形式，可以缩短乘客上下车总时间，加速列车折返作业过程。该措施一般适用于地面线路情况，由于土建工程量较大，是否采用应在与提高运输能力方案进行技术经济比较后确定。

（2）优化道岔与轨道电路设计

如将渡线道岔按两个单动道岔进行设计和将站内轨道电路进行分割等，采用这些措施后能减少列车等待进路空闲情况，缩短列车的折返时间。

（3）采用自动信号设备

采用该措施后，道岔转换、排列、进路信号开放及进路解锁等能根据列车折返运行情况自动进行。这样，列车在折返作业过程中，能减少办理调车或接车进路时间，从而达到加速列车折返的目的。

（4）在折返线上预置一列车周转

在前行列车已经腾空出发站线，而续行列车还未进入折返线或在折返线停留过程中，采用该措施能提高列车折返能力。

从实际的运营和维护角度上看，不采用交替折返时，仅仅使用了两条折返进路中的一条，另一条仅作为存车线或停车线用，其结果会造成部分线路的偏磨，不利于线路的维护和实际效益的发挥。但是采用交替折返模式时，将会出现不均衡的发车间隔和接车间隔，这种情况将给全线的行车组织和运营管理增加一定难度。

3. 提高输送能力的措施

在通过能力一定的条件下，决定输送能力的因素是列车编组辆数和车辆载客人数。因此，提高输送能力的措施主要有以下几种。

（1）增加列车编组辆数

采用该措施能较大幅度提高输送能力，但列车扩大编组受到站台长度、运营经济性等因素的制约。

（2）采用大型车辆

由于大型车辆定员多，是目前新建轨道交通系统，尤其是地铁等大容量城市轨道交通系统的首选车型。

（3）优化车辆内部布置

该措施的基本出发点是在车辆尺寸一定的条件下，通过将双座椅改为单座椅或将纵向布置的固定座椅改为折叠座椅，来增加车辆载客人数。改为折叠座椅后，在高峰运输期间可翻起座椅增加车内站立人数，同时也能提高乘客舒适程度。

第四节　提高运行效率的措施

一、提高城市轨道交通运行速度的措施

提高城市轨道交通运行速度，有减少加减速时间、减少列车运行时间和减少列车停站时间三个途径。

1. 减少加减速时间

减少加减速时间是指减少列车在加速距离或制动距离内的运行时间，但有时也指减少列车起停车附加时间。两者虽然含义不同，但在此并没有实质性区别。减少加减

速时间的措施主要有：

（1）改善车辆的加速与制动性能。改善车辆的加速与制动性能可减少加减速时间，但提高起动加速度与制动减速度既有车辆动力学的极限，也有乘客的生理承受和安全方面的限制。过高的起动加速度与制动减速度会使站立乘客失去稳定性，导致乘车舒适度下降和不安全因素。

（2）合理设计地下车站线路段的纵断面。在车辆起动加速度与制动减速度一定的条件下，地下车站线路段采用凸形纵断面设计与采用平道或凹形纵断面比较，能减少加减速时间。

2. 减少列车运行时间

减少列车运行时间的关键是提高列车运行速度，而列车运行速度本身又是车辆构造速度、列车运行控制方式和站间距等多因素综合作用的结果。减少列车运行时间的措施主要有：

（1）提高车辆构造速度。车辆构造速度是限制列车运行速度的因素之一。因此，要提高列车运行速度就必须提高车辆构造速度。

（2）采用列车运行自动控制系统。列车运行自动控制系统能连续、自动地对列车运行进行控制，由于提高了列车的制动限速，列车能在安全的情况下以较高速度运行。

（3）提高列车的制动能力。列车运行速度必须和列车的制动能力匹配，否则就不能保证安全。因此，在制动能力较大的情况下，允许的列车运行速度也越高。

（4）适当延长站间距。随着站间距的延长，列车稳定运行距离也相应延长，列车运行速度可较高。但当站间距增加到一定的程度后，列车运行速度的提高会趋于平缓。

3. 减少列车停站时间

对于一次列车停站，列车停站时间取决于高峰小时车站的上、下车乘客数和平均上、下一位乘客所需时间等。但对于一次单程列车运行，列车停站时间还与站间距和列车运行方案等因素有关。减少列车停站时间的措施主要有：

（1）增加车辆的车门数及车门宽度。采用该措施能使平均上、下一位乘客所需时间减少，从而减少列车停站时间。

（2）采用高站台或低地板车辆。在轻轨线路上，采用高站台或低地板车辆能减少列车停站时间。

（3）组织乘客均匀分布候车。组织乘客在站台上均匀分布候车，可使乘客在列车内也均匀分布，缩短上、下车时间。

（4）适当延长站间距。在列车单程运行距离一定的情况下，适当延长站间距能减少列车停站总次数及停站总时间。

（5）采用跨站停车和分段停车等列车运行方案。在站间距和列车单程运行距离均一定的情况下,采用跨站停车和分段停车等列车运行方案也能减少列车停站总次数,从而减少列车停站总时间。

二、提高出行速度的途径与措施

提高出行速度有三个途径:减少乘客从出行始、终点至车站的时间,减少乘坐城市轨道交通列车时间,减少乘客进、出车站及候车、换乘的时间。

1. 减少乘客从出行始、终点至车站的时间

从空间和时间的角度,可提出下列减少乘客从出行始、终点至车站时间的措施。

(1)增加城市轨道交通网的密度。逐步修建城市轨道交通线路,增加城市轨道交通网的密度能缩短乘客步行至轨道交通车站的距离或乘坐接运交通工具的距离。不过,增加城市轨道交通网的密度除需要大量的建设资金外,还要经历一个较长的发展过程。

(2)合理规划车站周边地区的土地使用。在城市土地用途规划中,周围地区的土地用途应尽可能规定为出行生成和吸引量大的住宅和非住宅类型,以缩短乘客步行至城市轨道交通车站的距离或乘坐接运交通工具的距离。

(3)优化接运交通的设计。开辟衔接城市轨道交通车站的快、中速接运交通线路,组织接运交通与城市轨道交通的紧凑换乘,以减少乘客从出行始、终点至车站的时间。

2. 减少乘坐城市轨道交通列车的时间

减少乘坐城市轨道交通列车时间的有关措施前面已做过介绍,参见相关内容。

3. 减少乘客进、出车站及候车、换乘的时间

乘客在城市轨道交通车站内消耗时间的长短与车站设计的合理性和行车密度等因素有关。减少乘客进、出车站及候车、换乘时间的措施有以下几种。

(1)尽可能采用浅埋车站或地面车站。与深埋车站相比,浅埋车站或地面车站可缩短乘客进、出站时间。但在决定车站埋深时,除考虑乘客出行速度因素外,还要考虑城市轨道交通沿线的地质、水文和地形条件,以及现有地面建筑状况、工程造价和运营费用等多方面因素。

(2)保证通道、升降设备和售检票设备等设施的通过能力。在车站出、入口至站台的水平和垂直距离一定的情况下,乘客进、出站时间取决于乘客在站内的通行速度。为保证乘客的无阻通行,车站有关设备的能力应按超高峰期客流确定。

(3)适当增加行车密度。适当增加行车密度是减少乘客候车时间的有效措施。但如客流较小,高密度行车也存在运输成本较高的问题。为兼顾乘客和运输企业的利益,可考虑采取小编组、高密度的行车组织方式,而高峰小时的客流运送可通过开行部分大编组列车的办法解决。

（4）优化换乘站的设计。乘客换乘时间主要是由于乘客在不同线路站台间的换乘行走引起，而不同线路站台的组合又有多种形式。从站台组合布局紧凑、换乘走行距离较短的角度，应优先考虑采用站台组合为平行形和十字形的换乘站设计方案。

第八章　城市轨道交通信号与通信系统

第一节　城市轨道交通信号系统

一、信号系统的组成

在城市轨道交通系统中，信号系统是一个集行车指挥和列车运行控制为一体的非常重要的系统，它直接关系到城市轨道交通系统的运营安全、运营效率及服务质量，它具有保证列车和乘客的安全，实现列车快速、高密度、有序运行的功能。其核心是列车自动控制（ATC）系统，ATC系统由计算机连锁、列车自动防护（ATP）子系统，列车自动驾驶（ATO）子系统和列车自动监控（ATS）子系统组成。各子系统之间相互渗透，实现地面控制与车上控制相结合、现地控制与中央控制相结合，构成一个以安全设备为基础，集行车指挥运行调整及列车驾驶自动化等功能于一体的自动控制系统，它是现代城市轨道交通核心控制技术之一。信号系统的设备主要由基础设备（包括信号机、转辙机、轨道电路）、连锁系统和列车自动控制（ATC）系统组成。

二、行车信号基础

（一）行车信号基本知识

1. 信号概念与作用

城市轨道交通信号是指用特定的器具所发出的声光电信息，用来指示列车运行与调车工作开展的命令，它传达指挥者的意图，指示列车运行条件，表示有关行车设备的位置和状态等，是行车指挥的一种形式。信号装置就是实现信号含义的专用装置。

我们日常生活中经常遇到的，如地面道路交通、地铁航海运输、航空运输都必须要有统一规范的行业内公认的信号来确保运转安全和保证运输能力的发挥。甚至在其他领域都必须用标准的规范和命令来实现功能，如先进的信息高速公路同样要有相关的命令和标准规范的制约才能实现信息的快速传输。所以，信号是实现和保障交通运输运行的最重要工具与手段。在整个的运输过程中，有关行车人员必须严格按信号指示的要求执行，任何单位、个人均不得违反，而任何违反都将造成十分严重的后果及无法挽回的损失。

2. 信号的基本类型

根据器官感受的区别把信号分为视觉信号和听觉信号两大类；按信号是否可以移动把信号分为固定信号、移动信号和手信号三类；按信号的用途和功能，将信号分为信号机和信号表示器。

3. 信号常用颜色及其表示意义

信号颜色应用的基本依据。《地铁设计规范》对信号显示未做统一规定，各城市轨道交通企业可根据具体情况对信号显示做出有关规定。但是一般城市轨道交通运输组织中使用的视觉信号主要有四种基本颜色，分别表示不同的意思。红色—停车；黄色—注意或减速运行；绿色—按规定速度运行；月白色—按规定要求允许越过该架信号机。

4. 地面信号机设置与显示制度

（1）信号机的设置。地面信号机设置原则。城市轨道交通采用右侧行车制，地面信号机设于列车运行方向的右侧，地下部分一般装在隧道壁上。特殊情况下，可设于列车运行方向的左侧或其他位置。信号机的设置。城市轨道交通采用ATC，地面信号机失去主体地位，一般不设置通过信号机，车站可设置进出站信号机，线路尽头设置阻挡信号机。车辆段出入段设置出进段信号机，其他位置根据需要设置调车信号机。

（2）信号机命名。一般情况下，正线下行、上行、防护、阻挡信号机等信号机冠以"X""S""F""Z"等，其下缀编号方法为：下行方向为单号，上行方向为双号，从站外向站内顺序编号。车辆段进段冠以"JD"，下缀编号方法为：下行方向为单号，上行方向为双号，从站外向站内顺序编号。列车调车信号机冠以"D"，下缀编号方法为下行咽喉为单号，上行咽喉为双号，从段内向段外顺序编号。

（3）信号显示制度。信号显示定位：信号机经常显示的状态为信号机定位，其定位的选择一般考虑行车安全、行车效率等，除进出站信号机和通过信号机以绿色为定位，其他信号机以禁止信号为定位。信号机关闭时机：调车信号机在调车车列全部通过该信号机自动关闭，其他信号机都在列车第一轮对越过该信号机后自动关闭。视作停车信号：信号机灯光熄灭，显示不明或显示不正确时，视作停车信号。

（二）视觉信号

色灯信号机是运行组织过程中最基本的信号设备，它通过固定装置上的各种光色的变化来表达电动列车或其他车辆运行的条件对列车、车辆的开行指示命令。正线使用两种色灯信号机：防护信号机和阻挡信号机。基地内设有调车信号用以指示基地的调车和转线等作业。

1. 正线行车色灯信号机的显示方式和意义

（1）进站信号机。防护车站和指示列车运行条件的信号机。禁止或允许列车进入站台，设于车站入口处。它有以下两种状态的显示：

一个红色灯光：不准列车越过该架信号机，即要求列车在该信号机外方停车；一个绿色灯光：准许列车按规定速度越过该信号机，进入站内。

（2）出站信号机。防护发车进路及运行线路。禁止或允许列车从车站发车，设于列车运行方向出口处。它有以下两种状态的显示：

一个红色灯光：禁止列车越过该架信号机，即列车不得出站；一个绿色灯光：准许列车按规定速度越过该信号机，出站运行。

（3）防护信号机。是列车运行正线上对道岔及运行进路进行防护而设置的信号，它对通过的列车或车辆显示信号。它有以下四种状态的显示：

一个红色灯光：不准列车越过该架信号机；一个绿色灯光：表示前方进路道岔在直向位置，准许列车按规定速度越过该信号机；一个月白色灯光：表示前方进路道岔在侧向位置，准许列车按规定速度越过该信号机；一个红色灯光及一个白色灯光：引导信号显示，准许列车在该信号机前方不停车以不超过规定的速度（一般 20 km/h）越过该信号机，并准备随时停车。

（4）阻挡信号机。一般设置在线路的尽头线，用以指示列车的停车位置或者在停运检修期间指示检修作业位置，阻挡列车（车辆）越过，确保安全。显示状态：

一个红色灯光：不准列车（车辆）越过该架信号机。对于如何在接近线路终端的作业，在安全运行规则中有具体的规定，包括运行速度和接近距离规定。

（5）复示信号机。受地形、地物影响，主体信号机的显示达不到规定的显示距离时，调车、出站信号机前应设置复示信号机，复示主体信号机的显示状况，它有两种状态显示：

一个黄色灯光：前方主体信号机显示为红色灯光或引导信号（红灯＋白灯），允许列车（车辆）越过该架信号机，继续运行，但随时准备停车。一个绿色灯光：前方主体信号机显示为绿色灯光或白色灯光，允许列车（车辆）越过该架信号机，继续运行。

2. 车场色灯信号机的显示方式和意义

（1）基地调车信号机。是对基地内进行调车作业的列车（车辆）指示准许或禁止作业条件和要求的信号机。显示状态：

一个红色（或蓝色）灯光：禁止越过该架信号机进行调车作业；一个白色灯光：准许越过该架信号机进行调车作业。

（2）基地进场信号机。是对基地内进入停车基地的列车（车辆）指示准许和要求的信号机。显示状态：一个绿色灯光：准许列车按规定速度通过基地。表示进场信号机在开放状态，进路上的道岔均开通直向位置。一个黄色灯光：准许列车经道岔直向位置，进入基地内准备停车。两个黄色灯光：准许列车经道岔侧向位置，进入基地内准备停车。

一个红色灯光：不准列车越过该信号机。一个红色灯光及一个白色灯光：引导信号显示，准许列车在该信号机前方不停车、以不超过规定速度（一般20 km/h）进基地，并准备随时停车。

（3）基地出场信号机。对基地内进入场外（车站）的列车（车辆）指示准许和要求的信号机。显示状态：

一个红色灯光：不准列车越过该信号机。一个绿色灯光：准许列车按规定速度运行至下一架信号机所防护的位置。一个月白色灯光：准许列车越过该信号机调车。

（三）听觉信号

在行车工作中，各工种或作业相互之间有些不能通过口头、电话及视觉信号的方法取得联系，因此必须使用听觉信号进行相互的联络，维持工作的持续、效率、安全。听觉信号使用标准为：

1. 长声显示时间为3 s；短声显示时间为1 s；音响的间隔时间为1 s。如果需要重复鸣示时，每次（组）须间隔5 s以上。

2. 在一般情况下隧道内取消列车、机车启动鸣笛和声响联络，如遇运行中危及行车安全及人身安全的突发事件和特殊情况时除外。

3. 地面车站、基地作业时应充分考虑居民区等情况，执行城市社会生活的有关规定。

（四）手信号

手信号是列车运行系统的重要的信号显示，在运行实践中经常要使用手信号来表示或传达相关的行车指示和命令，它与运行安全有着密切的联系。手信号是列车运行中普遍采用的一种视觉信号，它是用信号旗或信号灯及显示信号的人用手臂显示的信号，主要通过旗、灯、手臂的状态变化使接收信号的行车人员明确显示的意义并遵守执行。

1. 手信号的作用与要求

手信号基本作用是机动地指挥列车运行和调车作业，对相关的行车事项进行联络。手信号显示的准许通行信号、停车信号、注意或减速信号、引导信号同固定信号机所显示的含义具有相同的作用。

2. 手信号显示原则及时机

（1）手信号显示原则。

1）地面车站及基地内，昼间使用信号旗，夜间使用信号灯。

2）地下车站一律使用信号灯，按夜间规定办理。

3）显示手信号时左手持红旗，右手持绿旗（扳道员右手持黄旗）。

（2）手信号的显示时机。手信号的显示时机是指正确及时地掌握显示手信号的时间，即什么时候开始显示手信号，在什么时候收回所显示的手信号；时机的掌握对安全行车与提高行车效率有着直接密切的关系。如果过早显示将影响行车工作效率，易产生行车节奏被打乱现象，而太迟显示将不能够保证列车运行安全和失去显示要求所要达到的目的。

1）显示通过、停车等信号时，必须在看见列车灯光时开始显示，待列车头部越过显示信号地点后方可收回。

2）显示发车信号必须在确认列车起动后方可收回。

3）显示引导信号要待列车越过显示地点后方可收回。

4）显示调车手信号须待司机回示后方可收回。

5）显示停车信号和临时停车信号须待列车或车辆停车后方可收回。

（五）行车标志

轨道交通运行中的有关行车标志分为线路标志和信号标志。它们是行车工作指示的一个重要组成部分，主要用来对列车运行时的驾驶及运行设备的巡检、维修等指示相关目标、条件操作要求。

1. 线路标志

线路标志表示建筑物及线路设备位置或状态的标志。通过各种线路标志可以使工作人员知道或明了线路情况，方便进行各种设备维修、检查，使列车操纵能够掌握和依据各种标志指示的条件与要求驾驶列车，达到运行安全和规范行车的目的。与行车直接有关的线路标志主要有公里标、百米标、桥梁标、坡度系、曲线标等。

2. 信号标志

信号标志表示运行线路所在地点的情况和状态，指示行车人员依据标志的要求，及时、正确地进行相关作业与操作的标志。

在信号标志中，有些标志具有警告意义和防护功能，运行列车必须在其标志的内方停车，不得越过或者相碰，一旦越过或者相碰将构成行车事故（事件），如警冲标、车挡表示器、接触网终止标等，它们与行车信号显示有相同性质的含义。

三、区间闭塞设备

（一）行车闭塞法概念

两站之间的线路称为区间。列车在区间运行，必须区间空闲，而且必须杜绝其对向和同向同时有列车运行的可能，即必须从列车的头部和尾部进行防护。因此，为了安全、准确、迅速、协调地完成运输生产任务，轨道交通部门在行车管理上设置了一套行车设备和相应的行车组织制度，用来控制轨道车辆的运行，这种为确保列车在区间运行安全而采取一定措施的方法称为行车闭塞法，简称闭塞。

行车闭塞法的作用是控制轨道车辆与轨道车辆之间保持一定安全距离，以保证轨道车辆安全运行。

（二）区间行车组织的基本方法

为了保证轨道车辆的安全运行，就得设法把两轨道车辆分开。到目前为止，普遍采用的方法是隔离法。隔离法共有两种形式：一种是空间间隔法，另一种是时间间隔法。在正常情况下，一般采用空间间隔法。

1. 空间间隔法

空间间隔法即把线路划分为若干个段落（区间或分区），在每个段落内同时只准许一列列车运行，这样使前行列车和追踪列车之间必须保持一定距离的行车方法。我国的轨道交通线路以车站为分界点划分为若干区间，采用区间作为列车运行的空间间隔。

2. 时间间隔法

时间间隔法即列车按照事先规定好的时间由车站发车，使前行列车和追踪列车之间必须保持一定时间间隔的行车方法。实际上是一种不确切的空间间隔法。即在一个区间内，用规定的时间将同方向运行的轨道车辆彼此间隔开运行，以达到轨道车辆之间的空间间隔。由于时间间隔法因追踪列车不能确切地得到前行列车的运行状况，没有设备上控制，容易发生人为的行车事故，安全性较差。所以，时间间隔法不能确保行车安全，原则上不采用该方法，只有在特殊情况下（如临时性的缓和轨道车辆堵塞、事故起复后的车流疏散等）采用。

（三）闭塞区间的划分

区间与站内的划分，是行车组织工作的一项重要内容，也是划定责任范围的依据。列车进入不同地段时必须取得相应的凭证或准许，在我国列车占用区间的凭证通常为车站出站信号机的准许显示或目标点和速度码。在城市轨道交通线路上采用的闭塞方式不同，闭塞区间的划分也不相同。

采用站间闭塞时，在单线上以两个车站的进站信号机机柱的中心线为车站与区间的分界线；在双线或多线上，分别以各线路的进站信号机机柱或站界标的中心线为车站与区间的分界线。两站间的线路区段称为站间区间。

采用大区间闭塞时，并非所有的车站都是闭塞区间的分界点，通常根据作业需要将某些大站（或重要车站）设置为闭塞区车站，两闭塞区车站之间的线路区段称为大区间，其他车站则为大区间内的闭塞分区分界点。

采用移动闭塞时，是以同方向保持最小运行间隔的前行列车尾部和追踪列车头部为活动闭塞区间的分界线。

（四）闭塞制式的实现

闭塞就是用信号或凭证来保证列车按照空间间隔制运行的技术方法。空间间隔制就是前行列车和追踪列车之间必须保持一定距离的行车方法。从各种不同的角度闭塞可以有各种不同的分类，总的说可分为站间闭塞和自动闭塞两大类。

1. 站间闭塞

站间闭塞就是两站间只能运行一列列车，其列车的空间间隔为一个站间。按技术手段和闭塞实现方法又可分为电话闭塞、路签闭塞、路牌闭塞、半自动闭塞、自动站间闭塞。电话闭塞把它作为一种最终的备用闭塞。路签和路牌闭塞在我国已经淘汰。

半自动闭塞就是人工办理闭塞手续，列车凭信号显示发车后，出站信号机自动关闭的闭塞方法。其特征为：站间只准走行一列列车；人工办理闭塞手续；人工确认列车完整到达和人工恢复闭塞。

自动站间闭塞就是在有区间占用检查的条件下，自动办理闭塞手续，列车凭信号显示发车后，出站信号机自动关闭的闭塞方法。其特征为：有区间占用检查设备；站间区间只准运行一列列车；办理发车进路时自动办理闭塞手续；自动确认列车到达和自动恢复闭塞。

2. 自动闭塞

自动闭塞就是根据列车运行及有关闭塞分区状态自动变换信号显示，而司机凭信号行车的闭塞方法。其特征为：把站间划分为若干闭塞分区，有分区占用检查设备，可以凭通过信号机的显示行车，也可凭机车信号或列车运行控制的车载信号行车；站间能实现列车追踪；办理发车进路时自动办理闭塞手续，自动变换信号显示。

从保证列车运行而采取的技术手段角度来看，自动闭塞可分两大类：传统的自动闭塞和装备列车运行自动控制系统的自动闭塞。

（1）传统的自动闭塞。传统的自动闭塞属固定闭塞的范畴，一般设地面通过信号机，装备有机车信号，保证列车按照空间间隔制运行的技术方法是用信号或凭证来实现的。传统的自动闭塞通常就称自动闭塞，在此因为要与装备列车运行自动控制系统的自动闭塞进行区分，故冠以传统的自动闭塞之称。目前，传统的自动闭塞一般适用于列车最高运行速度在 160 km/h 及以下，它可分为三显示自动闭塞、四显示自动闭塞、多信息自动闭塞。

（2）装备列车运行自动控制系统的自动闭塞。列车运行自动控制系统（简称列控系统）保证列车按照空间间隔制运行的技术方法是靠控制列车运行速度的方式来实现的。从闭塞制式的角度来看装备列车运行自动控制系统的自动闭塞可分为三类：固定闭塞、准移动闭塞（含虚拟闭塞）和移动闭塞。称为准移动闭塞，说明它还不是移动闭塞，所以有时仍把它归入固定闭塞。

1）固定闭塞：列控系统采取分级速度控制模式时，采用固定闭塞方式。运行列车间的空间间隔是若干个闭塞分区，闭塞分区数依划分的速度级别而定。一般情况下，闭塞分区是用轨道电路或计轴装置来划分的，它具有列车定位和占用轨道的检查功能。固定闭塞的追踪目标点为前行列车所占用闭塞分区的始端，后行列车从最高速开始制动的计算点为要求开始减速的闭塞分区的始端，这两个点都是固定的，空间间隔的长度也是固定的，所以称为固定闭塞。

固定闭塞将轨道划分为固定的闭塞分区，不论前车还是后车都是用轨道电路来监测的，所以系统只知道轨道车辆在哪个区段并不知道轨道车辆的具体位置，所以轨道车辆的控制必然是分级的，阶梯式的。在这种制式中，需要向被控制列车"安全"传送的只是代表少数几个速度级的速度码。

固定闭塞方式无法满足提高系统能力、系统安全性和互用性的要求。传统 ATP 的传输方式采用固定闭塞，通过轨道电路判别闭塞分区占用情况，并传输信息码，需要大量的轨旁设备，维护工作量较大，并存在较多缺点。

2）准移动闭塞：准移动闭塞方式的列控系统采取目标距离控制模式（又称连续式一次速度控制）。目标距离控制模式根据目标距离、目标速度及列车本身的性能确定列车制动曲线，不设定每个闭塞分区速度等级，采用一次制动方式。准移动闭塞的追踪目标点是前行列车所占用闭塞分区的始端，当然会留有一定的安全距离，而后行列车从最高速开始制动的计算点是根据目标距离、目标速度及列车本身的性能计算决定的。目标点相对固定，在同一闭塞分区内不依前行列车的走行而变化，而制动的起始点是随线路参数和列车本身性能不同而变化的。空间间隔的长度是不固定的，由于要与移动闭塞相区别，因此称为准移动闭塞。

准移动闭塞（也可称为半固定闭塞）是介于固定闭塞和移动闭塞之间的一种闭塞方式。它对前、后列车的定位方式是不同的。前行列车的定位仍沿用固定闭塞的方式，而后续列车的定位则采用连续的或称为移动的方式。准移动闭塞可解释为"预先设定列车的安全追踪间隔距离，根据前方目标状态设定列车的可行车距离和运行速度、介于固定闭塞和移动闭塞之间的一种闭塞方式"。

由于准移动闭塞同时采用移动和固定两种定位方式,因此它的速度控制模式,必然既具有无级(连续)的特点,又具有分级(台阶)的性质。若前行列车不动而后续列车前进时,其最大允许速度是连续变化的;而当前行列车前进,其尾部驶过固定区段的分界点时,后续列车的最大速度将按"台阶"跳跃上升。

准移动闭塞在控制列车的安全间隔上比固定闭塞进了一步。它采用报文式轨道电路辅之环线或应答器来判断分区占用并传输信息,信息量大;可以告知后续列车继续前行的距离,后续列车可根据这一距离合理地采取减速或制动,列车制动的起点可延伸至保证其安全制动的地点,从而可改善列车速度控制,缩小列车安全间隔,提高线路利用效率。但准移动闭塞中后续列车的最大目标制动点仍必须在先行列车占用分区的外方,因此它并没有完全突破轨道电路的限制。

3)虚拟闭塞:是准移动闭塞的一种特殊方式,它不设轨道占用检查设备,采取无线定位方式来实现列车定位和占用轨道的检查功能,闭塞分区是以计算机技术虚拟设定的,仅在系统逻辑上存在有闭塞分区和信号机的概念。虚拟闭塞除闭塞分区和轨旁信号机是虚拟的以外,从操作到管理等,都等效于准移动闭塞方式。虚拟闭塞方式非常有条件将闭塞分区划分得很短,当短到一定程度时,其效率就接近于移动闭塞。

4)移动闭塞:移动闭塞是全球铁路及轨道交通信号界公认的最先进的信号系统,国际上已有不少城市开始采用移动闭塞。这种新技术对现有的城市轨道交通列车控制系统进行更新,我国武汉轨道交通1号线、广州地铁3号线等城市轨道交通线路也采用了移动闭塞。该技术的应用,对保证行车安全、缩短列车运行间隔、提高线路通过能力均可起到重要作用,也给运营部门带来良好的经济效益和社会效益。因此,采用移动闭塞方式是城市轨道交通发展的一种趋势。

5)自动闭塞:城市轨道交通列车间隔控制(即闭塞)均由列车运行自动完成,故为自动闭塞。由于采用了ATC系统,各个轨道电路区段(即闭塞分区)均不设通过信号机,而由车载ATP系统予以显示,也没有铁路那样专用的闭塞设备的概念,闭塞作用由ATP系统完成。

准移动闭塞和移动闭塞ATC系统可以实现较大的通过能力,对于客运量变化具有较强的适应性,可以提高线路利用率,具有高效运行、节能等作用,并且控制模式与列车运行特性相近,能较好地适应不同列车的技术状态,其技术水平较高,具有较大的发展前景。虽然固定闭塞ATC系统技术水平相对较低,但由于可满足2 min通过能力的行车要求,且价格相对低廉,因此也宜选用。根据实际情况,因地制宜选择三种不同制式的ATC系统是完全必要的。

四、车站连锁设备

城市轨道交通信号系统的任务是保证行车安全、协调列车运行、提高运输效率。铁路或城市轨道交通车站及车辆段都有很多线路，线路的两端以道岔连接，根据道岔的不同位置组成列车的不同进路，每条进路只允许一列列车使用。列车能否进入某条进路，是否会发生过路冲突，这些都由连锁系统来协调。连锁系统是信号系统中保证列车行车安全的核心设备。

（一）进路与连锁

1. 进路

（1）进路：在车站、车场或规定停留地点的列车、车辆由一个地点到另一个地点运行中所经由的路径叫进路。进路可以分为列车进路和调车进路两种。

（2）敌对进路：所谓敌对进路指在连锁范围内的固定进路，如果不能以道岔的位置分开敌对关系的都是敌对进路。敌对进路的基本状态有：

1) 同一到发线上对向的列车进路与列车进路；
2) 同一到发线上对向的列车进路与调车进路；
3) 同一咽喉区内对向或顺向重叠的列车进路与调车进路；
4) 同一咽喉区内对向重叠的列车进路与列车进路；
5) 同一咽喉区内对向重叠的调车进路与调车进路；
6) 同一咽喉区内对向重叠的列车进路与防护进路。
7) 信号机放在侵限轨道电气绝缘处，禁止同时开通的进路。

2. 连锁

（1）连锁。在轨道交通运输中，为了确保列车运行安全和调车作业运行的安全，在运行的线路上通过相互制约作用，使进路、道岔、信号机的信号显示建立一定的关系，用来保障行车安全，维持正常的运行秩序。我们把进路、道岔、信号三者之间相互制约、相互检查、相互依存的关系称为连锁或连锁关系。

（2）连锁关系的基本条件。在连锁关系中，我们要了解以下几个关系：

1) 进路不对或敌对信号机没有关闭，有关信号机就不能开放。
2) 进路上的信号机一旦已经开放，显示进行信号，进路就被锁闭，进路上所有有关道岔就不能被扳动，敌对信号机就不能开放。
3) 当进路上有停留的列车（车辆）时，列车进路就无法开放，包括不能扳动道岔和开放防护信号机的进行信号。

（3）连锁的基本内容。连锁的基本内容包括防止建立会导致机车车辆相冲突的进路;必须使列车或调车车列经过的所有道岔均锁闭在与进路开通方向相符合的位置;必须使信号机的显示与所建立的进路相符。

进路上各区段空闲时才能开放信号,这是连锁最基本的技术条件之一。如果进路上有车占用,却能开放信号,则会引起列车、调车车列与原停留车冲突,这是绝对不容许的。进路上有关道岔在规定位置才能开放信号,这是连锁最基本的条件之二。如果进路上有关道岔开通位置不对却能开放信号,则会引起列车、调车车列进入异线或挤坏道岔。信号开放后,其防护的前进路上的有关道岔必须被锁闭在规定位置,而不能转换。敌对信号未关闭时,防护该进路的信号机不能开放,这是连锁最基本的技术条件之三。否则列车或调车车列可能造成正面冲突。信号开放后,与其敌对的信号也必须被锁闭在关闭状态,不能开放。

(二)连锁的原理与功能

1. 连锁的原理

连锁是"通过技术方法,使信号、道岔和进路必须按照一定程序并满足一定条件,才能动作或建立起来的相互关系"。也就是说,为了保证车站行车安全,必须制定一系列连锁规则以制约信号的开放与关闭、道岔转动和进路的建立;必须以技术手段来实现这些连锁规则。连锁系统以电气设备或电子设备实现连锁功能,以信号机、动力转辙机和轨道电路室外设备三大件来体现连锁功能。

根据系统内各设备在功能上的分工和所在的位置,连锁系统可分解成连锁机构(连锁层)、人机会话层和监控层。连锁机构、监控层都必须符合故障—安全原则,其设备设在车站信号楼的机械室内;人机会话层设在车站值班室。

连锁机构是连锁系统的核心,它除了接受来自人机会话层的操纵信息外,还接受来自监控层所反映的室外信号机、转辙机和轨道电路状态的信息,并根据连锁条件,对这些控制信息和状态信息进行处理,产生相应的信号控制命令和道岔控制命令。

人机会话层的主要功能是操作人员在该层向连锁机构输入操作信息,接受连锁机构反馈的设备状态信息和行车作业情况信息。

监控层的主要功能是接受连锁机构的控制命令,通过信号控制电路来改变信号机显示;接受连锁机构的道岔控制命令,驱动道岔转换;向连锁机构反馈信号机状态、道岔状态和轨道电路状态信息。

2. 连锁的功能

连锁设备具有以下功能:轨道电路的处理、进路控制、道岔控制、信号控制、进路自动设置功能。

(1)轨道电路处理功能。轨道电路处理功能是接收和处理轨道区段的"空闲、占用"状态信息,并把该状态信息转发给其他相关设备。

（2）进路控制功能。进路控制功能就是建立和解锁进路的功能。建立进路的过程就是从开始办理进路到防护该进路的信号开放的过程。解锁进路的过程就是从列车驶入进路到越过进路中全部轨道区段的过程，或是操作人员解除已建立的进路的过程。

1）建立进路。建立进路的过程有四个阶段，即进路选择、道岔控制、进路锁闭和信号控制。进路建立后，一直保持锁闭状态；当发出取消进路命令或有车正常占用又出清后，进路才能取消。进路选择的检查条件是操作手续符合操作规范；所选进路处于空闲状态；进路始端信号机灯丝完好；对进路有侧向防护要求的所有轨道区段都处于空闲状态；在进路中没有轨道区段被占用。如果进路检查的条件成立，那么连锁设备开始转换道岔，锁闭道岔，开放信号。如果进路检查的条件不成立，或没有在指定点检测到道岔位置，则向控制中心回送一个无效命令停止建立进路的操作。当进路内有关道岔的位置符合进路要求，而且进路在空闲状态没有建立敌对进路等条件得到满足时，实现进路锁闭。进路锁闭后，进路内的道岔不能再被操纵，与该进路敌对的其他进路就不能建立了。

2）解锁进路。如果进路和进路的接近轨道区段处于空闲状态，那么控制中心发出取消进路指令，进路立即取消。当列车接近进路时，若此时由于某种原因需取消进路，则取消进路的操作需延时生效，以确保即使列车冒进，此时进路仍处于锁闭状态，道岔不会转换，列车不会颠覆，不致产生危险。

（3）道岔控制功能。

1）监测。全天候监控所有道岔的状态，道岔的状态信息反馈到人机会话层。如果发生列车挤岔等不正常情况，可由道岔检测设备反映到控制室，并给出声光报警。

2）锁闭。道岔锁闭电路接收到控制中心送来的锁闭道岔指令，对道岔进行锁闭操作，并返回一个锁闭成功或锁闭失败的状态信息给控制中心。根据需要还可以对每组道岔进行单独锁闭。

3）错开道岔动作时间。只有当道岔区段空闲道岔不在指定位置并未被锁闭时，才能也才需要对道岔进行转换操作。为了消除操作多组道岔时瞬间电流过大的现象，连锁设备需要错开转辙机转动时间。

（4）信号控制功能。信号控制功能负责监视轨旁信号状态，并依据进路轨道区段、道岔和其他轨旁信号状态信息对其进行自动控制。当收到控制中心送来的信号更新指令时，则更新信号状态。若进路建立的连锁条件得到满足，则点绿灯或黄灯或白灯（这三种灯光为允许行车灯光，其中绿灯和黄灯是列车运行时的允许灯光，白灯为调车情况下的允许灯光），表示进路在锁闭状态；若进路建立的连锁条件不满足，则点红灯。如果信号开放后，某种原因条件又不满足，则信号自动关闭。直到条件满足后，在收到信号重新开放指令时，才重新点亮允许灯光。

（5）进路自动设置功能。正常情况下，地铁中只需要开通某一固定进路。根据列车的目的地，进路自动设置功能在适当时间自动请求进路。进路自动设置功能有以下两种模式。

1）根据列车时间表自动设置进路。根据当前列车识别号和列车位置，由当前时刻表设置进路。自动进路设置功能必须考虑时刻表定义的时间顺序；当进路或轨道电路发生变化时，此功能将检查等待列表，并发送一个请求信息。

2）根据列车识别号自动设置进路。在某些降级模式下，虽然列车时刻表无效，但自动进路设置仍可根据列车识别号来确定，实际列车识别通过位于每个站台和正线车辆上的应答器来定义进路控制，设置适当的进路。

（三）连锁设备

控制车站的道岔、进路和信号，并实现它们之间的连锁关系的设备，称为连锁设备。连锁设备可以采用机械的、机电的或电气的方法来实现，可以分散控制也可以集中控制。连锁设备有继电集中连锁和计算机连锁两大类设备。

用电气的方法集中控制和监督全站的道岔、进路和信号机，并实现它们之间连锁的设备称为电气集中连锁设备，简称电气集中连锁。若是用继电器组成的电路来进行控制并实现连锁的设备，称为继电式电气集中连锁，简称继电集中连锁。继电集中连锁采用色灯信号机，道岔由转辙机转换，进路上所有区段均设有轨道电路，在信号楼进行集中控制和监督。

电气集中连锁把全部道岔、进路和信号集中起来控制和监督，在一定程度上实现了站内行车指挥的自动控制，能准确及时地反映现场行车情况，不再需要分散控制时所需的联系时间，而且完全清除了因联系错误而引起的事故，因而大大提高了行车安全程度和作业效率，并且极大地改善了行车人员的劳动条件。电气集中连锁具有操作简便、办理迅速、表示完善、安全可靠等一系列优点。

计算机连锁大大提高了继电集中连锁的功能，并方便设计、施工、维修和使用。计算机连锁正在迅速发展，是车站连锁设备的发展方向。方式主要有贴尖式与藏尖式两种。

1. 轨距拉杆。一根位于两条尖轨间的连接拉杆。轨距拉杆是用来维持两条尖轨距离的，并加强尖轨间的联系，提高尖轨的稳定性。

2. 转辙拉杆。是一根用来控制尖轨位置转换的拉杆，并与转辙机械相连，以实现尖轨的摆动。

3. 此外还有一些转辙机械上的零配件，如有滑床板、轨撑、顶铁、各种特殊形式的垫板等。

第二节　城市轨道交通通信系统

为保证城市轨道交通系统列车运行的安全、可靠、准点、高密度和高效率，实现运输的集中统一指挥，行车调度自动化和列车运行自动化，城市轨道交通系统必须配备专用的、完整的、独立的通信系统，供构成城市轨道交通系统的各职能部门之间的有机联系和行车的调度指挥。城市轨道交通对通信的要求是能迅速、准确、可靠地传递和交换各种信息。例如，将各站的客流量、沿线列车的运行状况等信息及时地传送到调度所，并将调度所发布的各项调度命令及各种控制信号传送至各个车站的执行部门和机构，从而使轻轨系统的运行始终处于有条不紊的状态。

通信系统是实现运输集中统一指挥、行车调度自动化、列车运行自动化、提高运输效率的有效手段。通信系统是既能传输语音信号，又能传输文字、数据和图像等信息的综合业务数字通信网。通信系统按其用途可分为传输系统、电话系统、无线调度系统、闭路电视、广播系统、时钟系统、商用通信系统、旅客信息系统等。

一、通信传输系统

传输系统是系统各站点与中心及站与站之间的信息传输，不同线路的信息交换的通道。因为它担负着城市轨道交通几乎所有通信系统信息传输的重任，所以在城市轨道交通通信系统中的地位非常重要。

1. 通信网的基本结构

构成通信网的基本要素是终端设备、传输设备和交换控制设备。将终端设备、传输设备和交换控制设备按照适当的方式连接起来，就可构成各种形式的通信网。城市轨道交通系统的通信网的构成方式必须与城市轨道交通系统本身的构成方式相适应。根据城市轨道交通系统中控制中心和各车站的地理位置分布及线路的构成情况，城市轨道交通系统的通信网大体上有总线型、星形—总线型和环型等几种基本构成形式。

2. 通信网的组成

根据城市轨道交通系统对通信的要求，在控制中心和各个车站均配置相应的设备。其中 B 为广播设备，C 为闭路电视设备，E 为交换设备，与这些设备相连接的有各种终端。例如，与交换设备相连接的有普通电话机、传真机、数据终端和调度电话机等。

3. 通信传输系统的运行方式和故障恢复

传输系统采用双环路运行方式，一个环路运行，负责传送信息，另一环路备用，两个环路功能一致，系统运行，不断监测备用环路，确保备用环路能随时启动，主路故障，备用环路立即启动。

为了保证系统的可靠性，当系统发生故障时，系统自动重新配置线路的传输路径，使系统仍然正常工作。当主环故障时，系统自动将信息传输通道切换到备用环路。当次环故障时，系统不采取网络重组动作，但是会将次环路状况信息报告控制中心。双环路故障（同点）时，采用回环措施，即一节点将输出的主环信息接入到次环，另一节点将次环信息接入到主环。节点故障也使用回环措施。多故障同时发生时，自动恢复机制执行，将系统分隔成独立的子系统，各子系统正常操作。

二、电话系统

1. 公务电话

公务电话以数字程控交换机设备为核心，连接办公室、OCC、车站、设备室等电话分机，以满足城市轨道交通对内和对外的通信，为保证安全和减少成本使用专网网络构建。公务电话网是由数字交换机通过传输系统构成环形结构。该网络是用三个数字交换机组成的网络，这样组网，当任意两台交换机之间的传输中断时，可以通过迂回传输线路保证链路的畅通，从而保证通信的顺利进行。

2. 调度电话

调度电话系统为运营、电力、维护和救灾等提供有效的通信，为控制信息的调度人员行调、环调、电调、维调等提供专用直达通信。调度电话由调度总机、调度台、调度分机组成。

调度分机，调度总机与分机间点对点连接，调度台呼叫分机，热线功能方式，无须拨号，分机呼叫调度台，一般呼叫，紧急呼叫调度台信号显示。

调度电话均配备有录音设备，录音系统应确保地铁控制中心调度员与车站运营人员之间调度指令和安全指令的正确保存，可对每个话路进行录音、监听、回放及识别来电号码，为各级管理人员提供准确、及时的分析数据，提高管理的工作效率。录音采用控制中心的集中录音方式。

OCC各系统中心调度员与各站相应系统分机和OCC各调度之间直接通话，各分机间不允许通话，必需的分机间通话需要由调度台转接。

3. 站内和轨旁电话

站内电话是为了适应站内岗位之间频繁通话建立的独立的内部电话系统。站内电话主要提供车站内部通信和与相邻车站、连锁站间直达通信。站内电话是一个车站内部的电话系统，一般采用小型交换机实现。

轨旁电话是为系统运营和维护及应急需要，让列车司机和维修人员在紧急情况下及时联系车站及相关部门的装置。轨旁电缆连接轨旁电话与站内交换机，区间内150~200 m 安装一部电话、3~4 部轨旁电话机，并使用同一号码，通常在一条区间线路是几部电话交叉配置以提高可靠性。轨旁电话可同时接站内电话和公务电话，通过插座或开关实现号码转换。

三、无线调度系统

无线调度系统是调度与司机通信的唯一手段，也是移动作业人员、抢险人员实现通信的重要手段。无线调度系统有两种形式，专用频道方式和集群方式。

专用频道方式是根据用途配置频道，多少用途多少频道，每种频道只作一种用途，空闲也不作他用。专用频道方式有着设备简单，通话相应速度快的特点，但是在话务负荷上分布不均，某些繁忙的信道经常阻塞，而某些信道又经常处在空闲状态。

集群方式是所有用途共用一个频道，根据需要临时分配，设置一个控制频道和若干通话频道，通话频道数目少于用途数，平时移动台接收中心控制和向中心返回信息，通话时由中心分配通话频道，结束自动返回。集群方式有着共用频率，共用设施，共享覆盖区，共享通信业务，分担费用，改善服务的优点。

1. 集群通信系统的分类

集群通信系统按信令方式分为公路信令和随路信令，公路信令，设定专门控制信道传送信令，信令传送速度快，但信道利用率低；随路信令，在一个信道中同时传送语音和指令，信令不单独占用通道。

按信令占用信道分，固定式，起呼占用固定信道，实施简单；搜索式，起呼占用随机信道，不断搜索变化的信令信道，忙时信令信道作语音信道，新空出的语音信道接替控制信道。

按呼叫处理方式分为损失制系统，语音信道占满时，呼叫示忙，通话需重新呼叫；等待制系统，信道占满，对新的呼叫采用排队处理，不需重新申请。

按占用信道分为消息集群、传输集群、准传输集群。消息集群又称信息集群，通话期间分配固定无限信道，信道保留时间 6~10 s，保留时间内，原用户按 PTT，保持原来信道，超过保留时间，信道分配给其他通话；传输集群又称发射集群，按下 PTT 开关，占用一个空闲信道，通话完毕，松开 PTT，释放信道，重新分配，PTT 一旦松开，信道丢失，重新通话需重新分配信道；准传输集群又称准发射集群，兼顾消息集群和传输集群，缩短信道保留时间到 0.5~6 s，高峰话务时信道保留消除延时，保证通话完整。

按控制方式分为集中控制和分散控制。集中控制采用专用信道作控制信道中央控制器，集中控制和管理系统内信道的方式，其特点是接续快、功能设置多、连续分配信息、遇忙排队、自动呼叫等。分散控制就是基站台转发器单独的智能控制器负责信道控制和信号转发，各转发器信息交换通过高速数据总线进行，移动平台在任何空闲信道接入，其特点是时间短、可靠性高、效率高。

2. 无线集群调度系统的运行方式

调度呼叫下属用户，调度台人机界面选中移动台名称，系统通过CAD服务器转变为无线标识号，中央控制设备经处理传输到用户注册基站发送，移动台接收控制信号比较，证实呼叫。

移动台与调度通话，移动台发送呼叫调度请求，调度回呼。手持电台之间组呼，本组组呼：组选择按钮在本组，按PTT通话；呼叫他组用户：组选择按钮到他组，按PTT；保持在本组号旋钮，监视对方扫描功能呼叫。移动台单呼另一移动台，拨出对方ID号或预编对方名称呼出。

车载电台呼叫车站，组选按钮到呼叫车站组，按PTT呼叫；车站电台私密呼叫车站台；所有车站设置到同组，不需呼叫车载电台调到自身组，呼叫时到此组。车站呼叫车载电台，所有车站设置到同组，不需呼叫车载电台调到自身组，呼叫时到此组；车载电台设置优先监视功能，所有车载电台统一设扫描功能，车站呼叫选择此按钮，按PTT呼叫。

结　语

城市轨道交通网络作为城市公共交通运输的骨干网络，为解决城市交通拥堵问题做出了重要贡献，同时城市轨道依托城市而建设，两者之间密切相关，这种互联互动的关系相互影响。城市轨道交通网络规划的优劣不仅体现在客运量、负荷强度、周转量等客运指标上，还体现在城市轨道交通规划网络的形态结构与城市规划的空间形态结构协调性、城市轨道交通规划网络与城市的供需协调性方面。在城市轨道交通规划网络与城市交通需求的协调性方面，张杰提出了轨道交通网络在建设规划编制时就需要考虑供需的协调性；王晓荣也指出空间供给与需求不匹配会产生交通拥堵，应基于需求对轨道交通网络进行形态优化；张晓东则提出城市轨道交通规划网络与城市的协调发展需要结合城市的人口、空间结构、交通出行等多个方面全面分析。

考虑更多的城市轨道交通规划网络与城市规划的协调性影响因素，例如：城市轨道交通规划网络与城市公交规划网络的协调性、城市轨道交通规划网络与城市经济发展的协调性、网络长度限制下城市轨道交通规划网络与城市规划的协调性等，是下一阶段需要重点深入研究和分析的问题。

参考文献

[1] 盛来芳. 基于时空视角的轨道交通与城市空间耦合发展研究 [D]. 北京：北京交通大学，2012.

[2] 五一. 城市轨道交通网络系统效能问题研究 [D]. 成都：西南交通大学，2011.

[3] 贺东. 城市一体化客运轨道交通运输体系构建研究 [D]. 成都：西南交通大学，2011.

[4] 范征. 城市轨道交通系统经济效益分析 [D]. 成都：西南交通大学，2012.

[5] 陆明. 城市轨道交通系统综合效益研究 [D]. 北京：北京交通大学，2012.

[6] 肖雪梅. 城市轨道交通网络化运营风险与安全评估：基于拓扑的方法 [D]. 北京：北京交通大学，2014.

[7] 魏华. 轨道交通与常规公交衔接优化关键问题研究 [D]. 西安：长安大学，2014.

[8] 鲁放. 城市轨道交通网络系统运输效率理论 [D]. 北京：北京交通大学，2016.

[9] 华宇虹. 我国城市轨道交通战略成本动因研究 [D]. 北京：北京交通大学，2014.

[10] 钱堃. 城市轨道交通客流强度特征和换乘组织研究 [D]. 北京：北京交通大学，2015.

[11] 任利剑. 城市轨道交通系统与城市功能组织协调发展研究 [D]. 天津：天津大学，2014.

[12] 赵金宝. 城市轨道交通站点辐射区基础理论及其应用研究 [D]. 南京：东南大学，2015.

[13] 吴珂琪. 城市轨道交通定价及补贴策略研究 [D]. 北京：北京交通大学，2016.

[14] 周玮腾. 拥塞条件下的城市轨道交通网络流量分配演化建模及疏导策略研究 [D]. 北京：北京交通大学，2016.

[15] 袁朋伟. 城市轨道交通系统脆弱性研究 [D]. 北京：北京交通大学，2016.

[16] 武容宇. 城市轨道交通发展的政策效应研究 [D]. 北京：北京交通大学，2015.

[17] 王艺儒. 成都市市域铁路与城市轨道交通换乘衔接研究 [D]. 成都：西南交通

大学，2018.

[18] 王俊龙. 城市轨道交通票价定价策略及模型研究 [D]. 兰州：兰州交通大学，2014.

[19] 王亚红. 基于Logit模型的城市轨道交通票价制定方法研究 [D]. 北京：北京交通大学，2007.

[20] 戚宇杰. 我国城市轨道交通票价制定问题研究 [D]. 西安：长安大学，2006.

[21] 刘婉玲，主编. 城市轨道交通运输设备 [M]. 成都：西南交通大学出版社. 2010.

[22] 吴晓，主编. 城市轨道交通运输基础实践教程 [M]. 杭州：浙江大学出版社. 2012.

[23] 张国宝，编著. 城市轨道交通运输组织 [M]. 北京：中国铁道出版社. 2000.

[24] 费安萍，主编. 城市轨道交通运输设备的运用 [M]. 成都：西南交通大学出版社. 2008.

[25] 林瑜筠. 城市轨道交通运输设备（第二版）[M]. 北京：中国铁道出版社. 2019.

[26] 牛红霞，主编. 城市轨道交通运输设备 [M]. 成都：西南交通大学出版社. 2016.

[27] 梁淑晶，杨艳杰，主编. 城市轨道交通运输设备运用 M+Book版 [M]. 北京：北京交通大学出版社. 2016.

[28] 刘浏，白红，主编. 城市轨道交通运输设备及应用 [M]. 北京：机械工业出版社. 2014.